VOLUME 2

PAULO MACCEDO

COPYWRITING
A HABILIDADE DE OURO USADA POR MILIONÁRIOS
PARA TRANSFORMAR PALAVRAS EM LUCRO

Guia avançado de escrita persuasiva
para geração de riqueza

São Paulo, 2020
www.dvseditora.com.br

COPYWRITING
A HABILIDADE DE OURO USADA POR MILIONÁRIOS PARA TRANSFORMAR PALAVRAS EM LUCRO

Copyright© DVS Editora Ltda 2020
Todos os direitos para a língua portuguesa reservados pela editora.

Nenhuma parte dessa publicação poderá ser reproduzida, guardada pelo sistema "retrieval" ou transmitida de qualquer modo ou por qualquer outro meio, seja este eletrônico, mecânico, de fotocópia, de gravação, ou outros, sem prévia autorização, por escrito, da editora.

Arte de Capa: Rubens Lima
Revisão Gramatical: Danilo Rodrigues Bezerra
Diagramação: Schaffer Editorial
Tradução: Duda Amorim
Colaboração em pós-revisão: Rafael Censon

```
          Dados Internacionais de Catalogação na Publicação (CIP)
                  (Câmara Brasileira do Livro, SP, Brasil)

      Maccedo, Paulo
         Copywriting : a habilidade de ouro usada por
      milionários para transformar palavras em lucro :
      guia avançado de escrita persuasiva para geração de
      riqueza / Paulo Maccedo. -- São Paulo : DVS Editora,
      2020.

         Bibliografia.
         ISBN 978-85-8289-238-1

         1. Comunicação comercial 2. Comunicação escrita e
      impressa 3. Marketing 4. Negócios 5. Planejamento
      estratégico I. Titulo.

  19-31834                                       CDD-659.13
                     Índices para catálogo sistemático:
            1. Marketing : Comunicação : Propaganda   659.13
              Cibele Maria Dias - Bibliotecária - CRB-8/9427
```

Nota: Muito cuidado e técnica foram empregados na edição deste livro. No entanto, não estamos livres de pequenos erros de digitação, problemas na impressão ou de uma dúvida conceitual. Para qualquer uma dessas hipóteses solicitamos a comunicação ao nosso serviço de atendimento através do e-mail: atendimento@dvseditora.com.br. Só assim poderemos ajudar a esclarecer suas dúvidas.

PAULO MACCEDO

COPYWRITING
A HABILIDADE DE OURO USADA POR MILIONÁRIOS PARA TRANSFORMAR PALAVRAS EM LUCRO

Guia avançado de escrita persuasiva
para geração de riqueza

Ao Primeiro Grande Escritor.

"No princípio era o Verbo, e o Verbo estava com Deus, e o Verbo era Deus. Ele estava no princípio com Deus. Todas as coisas foram feitas por ele, e sem ele nada do que foi feito se fez."

— *Apóstolo João*

"A palavra escrita é a fonte mais forte de poder em todo o universo."

— *Gary Halbert*

SUMÁRIO

PREFÁCIO DE CONVIDADO: Marcelo Braggion 9
PREFÁCIO DE AUTOR: O Caçador de Tesouros 13
PREÂMBULO: A Chave do Baú 19
A Busca 23

Parte 1: ENQUADRAMENTO 29
1. O poder é todo seu 31
2. Habilidade de ouro 35
3. Onde está o dinheiro? 41
4. Poetas Assassinos 45
5. Você será convertido 49
6. Os 7 Tesouros 65

Parte 2: ESCOLA 71
7. Tapas leves e socos pesados 73
8. Não fuja da escola 81
9. Grande case, grande ideia 89
10. Eu sou A Lenda! 97
11. O copywriter mais roubado do mundo .109
12. Mina de ouro 127

Parte 3: CONCEPÇÃO 133
   13. O Monstro de 3 Cabeças. 135
   14. Mensagem Subliminar 147
   15. O poço de dor e prazer. 153
   16. Medo, raiva e amor 159
   17. A Grande Pirâmide dos Desejos 173
   18. Uma questão de comportamento 179

Parte 4: ARTIFÍCIOS. 185
   19. Estratégia 187
   20. Estratégia Emocional. 197
   21. A arte de explorar mercados. 209
   22. Morte às objeções. 219
   23. Big Idea 227
   24. Afiando o machado. 237

Parte 5: SÍNTESE 253
   25. Máquina de escrever 255
   26. Headlines 263
   27. Lead 283
   28. A carta 297
   29. Chamada para ação. 311
   30. Técnicas avançadas 317

   Epílogo 345
   Sobre o autor 349
   Bibliografia comentada 351

Prefácio de convidado
MARCELO BRAGGION

Eu conheci o Paulo Maccedo sem planejar conhecê-lo, no dia 21 de setembro de 2019, quando o encontrei em um evento onde nós iríamos participar de um painel para tratar dos assuntos mais importantes sobre o universo do copywriting e tirar dúvidas da plateia.

No entanto, apesar de conhecê-lo por acaso, sua boa reputação já o precedia. Eu havia sido presenteado há muito tempo antes com o seu best seller – Copywriting: O Método Centenário de Escrita Mais Cobiçado do Mercado Americano, o famoso "Livro Vermelho do Copywriting".

Naquele dia em que o conheci, uma coisa eu já tinha certeza, Paulo era um estudioso contumaz da "habilidade de ouro usada por milionários para transformar palavras em lucro". Aliás...

Este é exatamente o subtítulo da incrível obra que você tem em mãos agora. O que equivale a dizer que você está em posse de um tesouro inestimável. Saber usufruir da riqueza de conceitos, técnicas e exemplos práticos imediatamente aplicáveis, vai, definitivamente, transformar você em um detentor da mesma habilidade de ouro para ser capaz de transformar palavras em dinheiro.

Sim, tudo isso eu já sabia sobre o Paulo no dia em que nos conhecemos, mas havia uma coisa que eu não fazia ideia e que foi muito bom descobrir.

Nós tínhamos, ou melhor, temos, muitos pensamentos e atitudes semelhantes em relação ao mercado potencialmente mais lucrativo do mundo – que é o mercado de copywriting. Nosso jeitão de ser, cada um com sua autenticidade, encontrou sinergia mútua quase imediata, por isso, no momento em que nos conhecemos conversamos por mais de uma hora sem parar.

A forma como buscamos autoralidade em nossos projetos, nossa intenção genuína de desenvolver em nós mesmos um estilo próprio de escrever, considerando todo o ecossistema que isso envolve; e não apenas organizando ou amontoando palavras tiradas de um repertório viciado de expressões prontas, foi o que nos aproximou.

Inclusive, compartilhamos da ideia de que em copy nada é uma regra absoluta para ser assumida como uma verdade definitiva. Pois, devemos criar copies cada vez mais envolventes diante de uma audiência cada vez mais treinada.

Por essas e outras (como brindar um bom chopp) que eu admiro o Paulo e acredito na eficácia prática dessa obra. Ela vai transformar você em uma pessoa que pensa e age como copywriter de verdade, como copywriter profissional, mantendo seu radar sempre ligado para saber o que fazer quando for escrever "um texto persuasivo de resposta direta", ou seja, quando for escrever um copy com o objetivo de impactar uma pessoa e transformar positivamente a vida dela com o produto, serviço ou ideia que está promovendo.

No entanto, nada disso vai funcionar se você não seguir o passo a passo deste livro, o guia avançado de escrita persuasiva para geração de riqueza.

Paulo dissecou o processo em 5 etapas:

1. Enquadramento – você vai assumir sua autonomia e iniciar seu caminho de desenvolvimento da habilidade de ouro.
2. Escola – você vai aprender com a trajetória que forjou os maiores copywriters da história sendo inspirado a praticar o que funciona.
3. Concepção – você vai entender porque o comportamento humano é mais suscetível às estruturas de copy baseadas no instinto, na emoção e na razão.
4. Artifícios – você vai descobrir que o copywriter que pensa estrategicamente ganha vantagem sobre os outros por que não se limita apenas a escrever.
5. Síntese – aqui você vai dominar a prática da habilidade de ouro ao mergulhar nas cartas de vendas que materializam tudo que você aprendeu no livro.

A esta altura, se você ainda não conhecia o Paulo Maccedo, deve estar com a mesma impressão que eu tinha antes de conhecê-lo. Definitivamente, ele é um estudioso, mas nessa obra ele prova que também é um perito na habilidade de ouro.

E é exatamente por isso que eu desejo a você uma maravilhosa leitura, ou melhor, uma maravilhosa caça ao tesouro de palavras. Pois acredito que cada pepita/palavra preciosa que você encontrar nas próximas páginas, vai deixar seus copies e o seu bolso cada vez mais ricos.

Marcelo Braggion – Copywriter Profissional, sócio Proprietário da MR Lançamento e da Propagare Marketing.

Prefácio de autor
O CAÇADOR DE TESOUROS

"Há um momento na vida de todo menino normal em que surge um desejo furioso de ir a algum lugar e descobrir um tesouro enterrado."

"O que um menino faz no sonho faz também quando está acordado."

– Mark Twain, em As Aventuras de Tom Sawyer.

Em uma noite de julho de 1722, um barulho retumbante vindo de uma embarcação ancorada chegou aos ouvidos de quem estava na Baía de Guanabara, entre a ilha das Cobras e o antigo Forte de São Tiago, no centro do Rio de Janeiro. O capitão do navio se preparava para jantar no Mosteiro de São Bento quando foi surpreendido pela notícia: um marinheiro esqueceu uma vela acesa nas proximidades do compartimento de estoque de comidas e acabou iniciando um incêndio.

As chamas alcançaram os barris de pólvora guardados no porão, a embarcação explodiu, partiu-se ao meio e afundou levando consigo um tesouro estimado em 1 bilhão de reais. Por sorte, a tripulação toda sobreviveu. Era o fim de uma história e o começo de outra: a busca pelas preciosidades dessa nau, a Rainha dos Anjos, uma embarcação de guerra portuguesa armada com 56 canhões. Hoje, uma grande relíquia cobiçada por caçadores de tesouros.

Há uma certidão da Alfândega de Lisboa, datada 6 de julho de 1722, em que a Coroa contratou Jorge Mainarde para fazer o salvamento do que fosse possível no Rainha dos Anjos. Esse contrato encerrava em 24 de junho de 1724. Ou seja, durante quase dois anos foi feita a exploração dos restos do navio, com mergulhadores que podem ter tirado grande parte dos tesouros da embarcação.

Na época, os mergulhadores desciam a 18,20m de profundidade e voltavam à superfície diversas vezes para retomar o fôlego e mergulhar novamente. Como a exploração na época do naufrágio não tinha os melhores recursos, certamente ainda há muita coisa lá embaixo. Acredita-se que os objetos estavam meticulosamente embalados para resistir às mais diversas provações e, por isso, estariam inteiros ainda hoje. E mesmo que estejam quebrados, formam um tesouro arqueológico imensurável, incluindo 136 vasos de porcelana e vidro esmaltado da era Kangxi (1661-1722) e, possivelmente, diversas joias e barras de ouro. A embarcação levava da China para Portugal um carregamento que foi avaliado em US$ 450 milhões. Se encontrada, a carga poderá ter seu preço multiplicado e o retorno deve ultrapassar o valor orçado para as buscas.

Entre os anos 2010, estimou-se que costa brasileira teria mais de 8 mil navios afundados, muitos, como o Rainha dos Anjos, com tesouros de valor inestimável. Em cada embarcação encerra-se uma espécie de cápsula do tempo da época do desastre. As promessas de riqueza da Rainha dos Anjos são as que atraem mais curiosidade e cobiça, potencializadas por um anúncio da natureza: o encontro de dois fragmentos de madeira a cerca de 80m da Ilha das Cobras, no fim de 2009.

Muitos anos depois do Rainha dos Anjos ganhar o fundo do oceano, um homem chamado Denis Albanese fez fama entre os caçadores de tesouros submarinos. Tudo porque encontrou o Vacama, outro navio naufragado, no litoral de Búzios, que era alvo de expedições inglesas e alemãs (morei por quinze anos em Cabo Frio, cidade vizinha a Búzios, e não imaginava que poderia haver navios com tesouros escondidos ali, na "piscina de casa"). Para localizar a embarcação afundada em Búzios, Albanese contou com a ajuda de um único assistente — um pescador da região.

A empresa de Albanese, a Salvanav, chega a gastar até três milhões de reais num único projeto e conta com o apoio logístico dos maiores especialistas na área, como os americanos da Odyssey Marine Exploration. A Salvanav detém os dois principais projetos de resgate de naufrágios na costa brasileira atualmente em curso, incluindo o Rainha dos Anjos e Santa Rosa — este último, possivelmente dono da maior carga mundial de ouro perdida no mar: cerca de 4 toneladas.

Ao ler o caso de Denis Albanese, lembrei da infância quando brincava de navio pirata como meu irmão e primos, imaginando tesouros escondidos nos terrenos baldios da periferia do Rio de Janeiro. Hoje, já adulto, caço outro tipo de tesouro, usando outro tipo de navegação: *lucros conseguidos através da investigação de negócios — encontrados através de mapas criados com recursos de marketing*. Sou um tipo de Albanese das vendas e uso algumas "ferramentas mágicas". Aliás, a ferramenta que mais gosto ajuda a descobrir tesouros na própria cabeça — e é sobre isso que este livro trata.

Eu gosto sempre de lembrar da minha primeira remuneração como profissional de escrita: R$ 5,00 por 1 artigo de 800 a 1000 palavras. Para quem ganhava um salário razoável como diretor executivo de um pequeno negócio local de comunicação, receber R$ 5,00 foi como tomar um banho de água fria no couro. O motivo de eu aceitar esse valor como pagamento? Bem, eu precisava de um primeiro trabalho como redator para ver como era e, a partir desse primeiro texto, conseguir experiência mínima para encarar outros projetos maiores.

Deu certo. Ingressei no mercado digital como redator freelancer e comecei a ganhar um dinheiro melhor escrevendo textos para agências e blogs corporativos. Usando estratégias de marketing, consegui garantir resultados para os clientes e também para projetos próprios com os textos que produzi. Foi insuficiente, no entanto. Os resultados e ganhos permaneciam no mesmo nível, e eu precisava de mais.

A impressão era que ficaria preso naquele ciclo por muito tempo, por isso a ideia de ter emprego novamente retornou várias vezes. Pouca gente sabe, mas cheguei a trabalhar como entregador de pizza à noite para complementar o orçamento conseguido com redação. Mas como sempre gostei de continuar caçando tesouros, o cheiro do rastro de algum baú de ouro era mais forte que o de calabresa com mussarela que subia pelas brechas das caixas de pizza.

Mantendo o esforço e o foco, em determinado momento encontrei o recurso que faltava para mergulhar mais fundo sem perder o fôlego: copywriting — que inicialmente chamei de *o método centenário de escrita mais cobiçado do mercado*. Na verdade, quem me despertou para ele foi um antigo contratante que viria a ser parceiro de negócios. Ele dizia, na época: "Paulo, se você quer realmente ser um redator acima da média e ter um bom retorno financeiro, precisa estudar copywriting". Ele bateu tanto nessa tecla que decidi entrar de cabeça nos estudos sobre o tema.

Como gosto de "dominar pela profundidade" e não "brincar no raso", mergulhei no contexto histórico e conheci a biografia de grandes mestres do copy.* Li os principais livros em inglês e português, fiz cursos, li centenas artigos, enfim, fiz uma viagem sobre os estudos de escrita persuasiva desenvolvidos durante mais 100 anos. Conheci o trabalho do insolente John Emory Powers, que ganhava US$ 100,00 por dia no final do século XIX e gerava resultados estrondosos para seus contratantes usando o que conhecemos como copy (de uma forma bastante peculiar, por sinal); o Claude Hopkins, que trabalhou como redator no início do Século XX e foi pioneiro em muitas técnicas que usamos atualmente (inclusive, um dos responsáveis por você escovar os dentes todos os dias); pesquisei sobre os redatores da era de ouro da publicidade, como David Ogilvy, Bill Bernbach e Rosser Reeves; depois me especializei no que eu chamo de Escola da Resposta Direta, apoiando-me nos trabalhos de Gary Halbert, John Carlton, Dan Kennedy e Jay Abraham. Enfim, percebi que vários gênios do marketing contemporâneo, como Mark Ford, ainda usam técnicas de copywriting para gerar riquezas.

Ancorei-me em todo conhecimento desenvolvido pelos mestres para aumentar o nível do meu trabalho. Treinei incansavelmente; testei, errei, acertei; testei mais e finalmente consegui garantir ganhos maiores para negócios próprios e negócios de clientes. Em três anos, tornei-me um dos criadores de conteúdos mais requisitados do mercado digital brasileiro, alinhando SEO (técnicas de ranqueamento em motores de busca) e copywriting, que garantia a conversão de quem encontrava os textos pelo Google ou outro buscador. Depois, consolidei-me como estrategista e escritor de copy para projetos de vendas online. E também apliquei técnicas de copy em minha carreira como autor (quando lancei "O Livro Vermelho do Copywriting", ele se tornou best-seller e esgotou a primeira edição em apenas 24 dias — tudo isso com o uso de copy).

Depois de "navegar bastante pelo oceano azul", gosto de dizer que conquistei minha própria praia particular com um tesouro enterrado. Quatro anos depois do meu primeiro texto, aquele que me rendeu R$ 5,00, criei um negócio de múltiplos 6 dígitos de faturamento usando minha mente e um computador. E passei a desfrutar não apenas de melhores condições

---

* Todas essas referências estão no Livro: "Copywriting: O Método Centenário de Escrita Mais Cobiçado do Mercado Americano.

financeiras, como também de coisas que sempre valorizei: reconhecimento profissional, liberdade criativa e liberdade geográfica (valores que estão acima do dinheiro para mim).

Para quem sempre teve uma vida com intensa escassez de recursos, que quando criança brincava de caçar tesouros em terrenos próximos às favelas cariocas, e que adulto começou do zero, sem apoio moral e financeiro, isso se tornou muito significativo. Foi um grande marco no meu crescimento pessoal e profissional. Um aumento expressivo de ganhos de até dez vezes e uma cadeia de ativos não financeiros gerados, sim, é algo para se comemorar. Mas esse tipo de coisa só é possível se você fizer uso inteligente de suas habilidades e, claro, de uma estratégia eficiente.

É bem provável que você que esteja lendo este livro já saiba o que é copywriting. Ou, se não, foi tomado por uma curiosidade sem igual ao ler a sinopse em alguma livraria ou biblioteca. De qualquer forma, saiba que aprender sobre esse modelo de comunicação poderá torná-lo bem-sucedido. E se você for alguém determinado, como eu acredito que é, poderá desenterrar baús em mercados em que se possa garimpar (em quase todos eles, isso ainda é possível). Isso soa animador, não é?

Voltando a Denis Albanese, aos 79 anos, 40 deles dedicados a pesquisar relíquias no fundo do mar, o explorador disse em entrevista: "Isto que fazemos não é um negócio. Mergulhamos pela aventura... Se não for assim, você se torna um pirata." O experiente mergulhador rejeita o rótulo de caçador de tesouros: "Sou caçador de sonhos." Eu entendo o que ele quer dizer: não é apenas pelos bens materiais valiosos, é por "algo a mais". E é por esse "algo a mais" que eu escrevo livros e compartilho o meu conhecimento como este registrado aqui. Com ele você pode encontrar tesouros valiosos. Em outras palavras, o que prenderá aqui dará a você um "Cérebro de Ouro" — você saberá o porquê.

Seja bem-vindo ao mundo dos caçadores de tesouros e sonhos!

Preâmbulo
A CHAVE DO BAÚ

> "Há sempre fartura de capital à disposição dos que podem traçar planos práticos para serem levados a efeito."
> — *Napoleon Hill*

O poder é um dos objetivos básicos do esforço humano. Há duas classes de poder: a que é desenvolvida através da coordenação das leis físicas naturais; e a que nasce da organização e classificação de conhecimento. O poder que se origina do conhecimento organizado é o mais importante, pois nos dá um instrumento que pode ser usado para nos fazer alcançar os objetivos que traçamos.

Há dois métodos principais para obter conhecimento. O primeiro é listar e usar fatos que já tenham sido organizados por outras pessoas. O segundo é colher, organizar e classificar, por método próprio, os fatos pela sua experiência pessoal. Procuro fazer uso dos dois modos. Primeiro apoio-me em fatos organizados por outras pessoas; e também colho, organizo, por método próprio, aquilo que eu acredito ser essencial. Então faço uma ponte entre as informações e aplico no contexto pessoal e profissional.

O trunfo que eu quero entregar a você antes de entrar no conteúdo principal deste livro é este: *construa um conhecimento organizado que o leve a conquista de resultados, a conquista dos seus objetivos pessoais e profissionais.* O objetivo pode ter a ver com satisfação, realização, acúmulo de capital, enfim, o que fizer sentido para você. Aprendi isso com um grande ser humano que viveu no Século XX, Napoleon Hill.

Imagine se você estivesse em frente ao homem mais rico do mundo hoje e ele fizesse um convite para você, dando apenas 60 segundos para você decidir. Foi isso que aconteceu com o Napoleon Hill. Em 1908, por causa de suas reportagens para um jornal, ele teve a oportunidade de entrevistar Andrew Carnegie, que não só era o homem mais rico do mundo na época, mas o segundo homem mais rico que a humanidade já conheceu.

Andrew Carnegie, na ocasião com 73 anos, viu um brilho diferente nos olhos do jovem Napoleon Hill e decidiu revelar ao jovem repórter sua crença de que seria possível, por meio de extenso trabalho de pesquisa, identificar em homens de triunfo características que poderiam ser desenvolvidas nas pessoas. Era a ciência pela qual tinha prosperado e se tornado um homem tão importante, uma espécie de "fórmula para o sucesso", uma seleção de virtudes que, se combinadas, garantiriam o completo êxito de tal indivíduo.

Carnegie disse que era necessário identificar as características dos homens e mulheres de sucesso. E mostrar que isso poderia ser implementado pelo homem comum, contanto que houvesse um método. O milionário então propôs a Hill que iniciasse um grandioso projeto para investigar minuciosamente essas virtudes em pessoas triunfadoras. E que desenvolvesse um curso detalhado que permitisse aos interessados desenvolver estas características.

O Sr. Andrew Carnegie deu ao jovem Napoleon Hill exatos 60 segundos (sem que ele soubesse disso) para decidir se aceitaria ou não este desafio. Segundo o milionário, os homens que tomam decisões prontamente são capazes de mover-se com uma determinação de propósitos muito maior. Napoleon aceitou prontamente e passou 25 anos estudando os hábitos de sucesso depois do convite. Então selecionou as "16 Leis do Triunfo". Uma das leis diz que todo homem que alcança êxito em suas profissões pensam com exatidão e traçam planos práticos para chegar aos objetivos. Por causa disso, Hill é um dos responsáveis por eu ter virado *especialista em comunicação persuasiva*. E é baseado no trabalho dele também que hoje ofereço planos práticos para outros especialistas.

Na sua principal obra, "A Lei do Triunfo", Hill também diz que existem dois tipos de conhecimentos: o geral e o especializado. Quando se trata de obter resultados, pouco importa a quantidade e a qualidade do conhecimento geral. Ele diz o seguinte: "O conhecimento só atrai dinheiro quando direcionado de forma organizada e inteligente, por meio de planos de ação práticas com um fim específico." Você pode trocar o termo dinheiro por outro objetivo, o importante é que se envolva com o conceito. O desconhecimento desse fato tem sido motivo de confusão para várias pessoas que acreditam fielmente que conhecimento é poder. Não, o conhecimento só é poder quando é organizado e bem direcionado.

Veja bem, eu não sou o Andrew Carnegie e você não é o Napoleon Hill, mas você está diante de uma oportunidade de aprender a criar planos práticos por meio do "conhecimento especializado em comunicação persuasiva". É isso o que você verá a partir das próximas páginas. Talvez você passe pelo mesmo problema que muitos profissionais de marketing, empresários e empreendedores: o acúmulo de conhecimento sobre canais, modelos de vendas modernos, ferramentas e técnicas específicas; mas lhe falta o que deveria ser prioridade: *a habilidade com a venda de serviços, produtos ou ideias.*

A habilidade que uma pessoa tem de vender muitas vezes é superior ao produto. Por exemplo, alguém que tem em mãos um produto que ajuda homens a consertar o próprio carro; pode ser o curso mais revolucionário no mercado, mas por falhas no processo de persuasão e oferta, pode estar em quarto ou quinto lugar numa lista de vendas. Já um outro que não possui tanto conteúdo transformador, mas que tem uma boa oferta e uma comunicação poderosa, pode se destacar nas vendas e possuir um melhor resultado.

Qual o seu objetivo hoje? O que você deseja conquistar agora, amanhã e depois? Ajudar pessoas e oferecer um bom produto? Certo, você precisa vender, de qualquer forma. Não importa se o seu produto ou serviço é maravilhoso se você não souber se comunicar e direcionar essa comunicação para a venda. Sendo mais claro e objetivo, aprender copywriting e usar o poder das palavras é certamente positivo e vai levá-lo a maiores resultados na vida e na carreira, pois isso o ajudará a escrever e vender melhor.

Então, a "chave do baú" se apoia na seguinte ideia: "Gerar resultados financeiros tem a ver com como você aplica conhecimento organizado na direção dos seus objetivos". Aprender copywriting e criar um conhecimento especializado nisso é uma das maiores armas que alguém pode ter. Foi com esse conhecimento organizado que eu deixei o *status* de pobre menino da periferia para me tornar um escritor lido por milhares de pessoas no Brasil — e em outras partes do mundo. E agora é a sua vez de testar o que proponho e aplicar o conhecimento organizado no seu projeto de vida ou iniciativa profissional.

A BUSCA

> "Somos todos feitos do que os outros nos dão: primeiro nossos pais, depois aqueles que nos cercam; a literatura abre ao infinito essa possibilidade de interação com os outros e, por isso, nos enriquece infinitamente."
>
> — *Tzvetan Todorov*

Fui aquele tipo de garoto que odiava a escola, mas sempre amei estudar. Na época do ensino fundamental, costumava matar aulas para ler. Escondia-me na biblioteca para escapar de algumas matérias que já dominava ou simplesmente porque não estava a fim de cumprir regras. Eu gostava de aprender com os livros, envolvido pelo silêncio que passeava pelos corredores da biblioteca pública. Isso foi bem antes da internet chegar às massas da periferia fluminense.

Com essas fugas intelectuais, acabei desenvolvendo uma habilidade de encontrar em livros o que desejava aprender. Foi assim com desenho de histórias em quadrinhos, depois com música e, por fim, com marketing. Então, se hoje sou homem de marketing e escritor, devo isso primeiro ao *rato de biblioteca* que se formou aqui dentro na época de adolescente.

Anos mais tarde, quando aprendi usar o extinto "Cadê?" e, posteriormente o Google, o menino curioso evoluiu e se formou "descobridor profissional". Fiz uma espécie de "mestrado" em pesquisa livre. Inclusive, além do desejo de trabalhar com redação, foi a habilidade de fazer pesquisas que me ajudou a ingressar no mercado online de redação.

O meu trabalho não funciona sem pesquisa. Seja para criar anúncios, cartas de vendas ou livros como este, ajo antes como garimpeiro. Lido com informação como exploradores na extração de pedras preciosas, ou de ouro, nos terrenos de aluvião ou quebrando cascalhos para a busca de metais preciosos. Então, posso afirmar, sem medo de errar: este material que você tem em mãos nasceu disso.

Se não fosse a minha inclinação ao buscar *o porquê das coisas acontecerem como acontecem*, talvez nunca tivesse me despertado para o método de escrita mais cobiçado do mercado, o copywriting; e este livro sobre a *habilidade de ouro* usada por milionários poderia não ter sido escrito.

Um dos alunos de David Ogilvy, o lendário Gary Bencivenga (que também estudou com vários outros grandes redatores), disse certa vez: "Os melhores redatores são os pesquisadores mais tenazes. Como os mineiros, eles cavam, perfuram, dinamitam e picam até que tenham cargas de minério valioso. John Caples me aconselhou uma vez a reunir informações sete vezes mais interessantes do que eu poderia usar... A pesquisa é a cura infalível para o bloqueio de escritor."

Você encontrará mais sobre o processo de criação deste material na Seção Dois, Capítulo Doze, "Mina de Ouro". Mas o que quero que fique agora é: pesquisa é uma das habilidades mais importantes para o trabalho com escrita de copy. Você precisa desenvolver isso, caso queira ter sucesso com a *habilidade de ouro usada por milionários*.

APRENDER SEM PENSAR É TEMPO PERDIDO

Ainda garoto, quando a internet ainda não mandava no pedaço, também lembro de ficar fascinado com comerciais de tevê que continham roteiros criativos. "Quero fazer isso um dia!", dizia eu. "Compre Baton!"; "Cremutcho"; "Peixe cantando sobre carros"; "Tartaruga fazendo embaixadinha com latinha"; "Caranguejo rebolando na praia"; "Pôneis malditos", e os meus preferidos, "Limões da Pepsi" e "Vaquinhas do Toddy", criados pelo meu amigo publicitário José Luiz Martins. Esses foram alguns comerciais brasileiros que me influenciaram muito na época de menino.

O tempo passou e aqui estou fazendo o que desejei quando jovem. A diferença é que, por força do destino, em vez do copywriting publicitário, me especializei em copywriting de resposta direta. Você saberá a diferença em breve, mas a essência é semelhante: usar a criatividade e a escrita para ajudar marcas e produtos ganharem as mentes e os corações de seus públicos.

Como é de se imaginar, no entanto, o trabalho de um copywriter não é apenas sentar, imaginar e escrever o que se deduz criativo. Se assim fosse, livros como este não teriam que ser escritos. Para um copy ser bom — e isso significa cumprir objetivos comerciais — é preciso usar diferentes e sofisticados recursos, pensar em variáveis, analisar dados enquanto usamos também a Imaginação Criativa. Enfim, é preciso se entregar e queimar neurônios para chegar a uma execução funcional do texto persuasivo.

Para melhorar minhas percepções, gosto de me apoiar no pensamento de Winston Churchill: "Quanto mais longe você conseguir olhar para trás, mais longe você verá à frente." Alguém, em algum momento, iniciou o que você faz, ou ao menos usou partes do que você acha inovador hoje. É um dever seu ter acesso ao que foi feito antes, estudar o que deu certo em outras épocas e, claro, valorizar quem abriu caminho para que você pudesse prosseguir sem obstáculos.

Antes de decidir escrever livros sobre escrita persuasiva, percebi que poucos especialistas no Brasil falavam sobre copywriting de uma maneira consistente e embasada, tratando, por exemplo, dos contextos histórico e cultural. Era sempre o "copy de agora", como se a arte de escrever para vender tivesse sido inventada no último domingo por algum *guru de internet marketing*, após um lapso criativo enquanto este assistia Breaking Bad, na Netflix.

Hoje muito do que usamos de copywriting é uma junção de toda uma evolução, principalmente no que foi consolidado no marketing direto. Copywriters são chamados de "redatores de resposta direta" nos EUA. Esses redatores têm um conjunto específico de habilidades baseadas em técnicas comprovadas de marketing direto. O objetivo é levar pessoas a realizar ações específicas, "sem precisar esperar muito tempo".

Infelizmente, até a escrita deste livro, nenhum *guru de copy brasileiro* explicou isso de forma clara, detalhada e aberta em algum lugar. Digo isso após passar anos lendo dezenas de livros americanos e brasileiros, acessando sites, consumindo conteúdo e cruzando dados e informações. O único profissional que conseguiu abrir minha mente para isso no Brasil — e a ele dou os créditos — foi o Gustavo Ferreira, ao tratar da influência de grandes mestres das cartas de vendas (por isso costumo citar seus livros nos meus trabalhos).

Quando assumi o meu posicionamento como copywriter de resposta direta, decidi não ser apenas alguém vendendo fórmulas prontas, entregando *templates* e dando incentivo ao "copie e cole". Isso é marmotagem das bravas. Trago isso à luz para fazê-lo entender que, se um copywriter não é capaz de dominar de forma enraizada os conceitos mais básicos do que trabalha, se não é capaz de olhar para trás e identificar as raízes, e se não consegue aplicar o que sabe em seu contexto de mercado, ficará sempre refém desse tipo de coisa.

Se parte do mercado de criação de copy é ruim, deve-se ao fato de estar cheio de gente vendendo e comprando coisas que não resistem ao tempo, que servem apenas para tentar preencher o vazio de um negócio sem estrutura. Isso explica porque os ensinamentos de David Ogilvy continuam valendo hoje, mesmo tendo sido tratados há quarenta ou cinquenta anos; enquanto os conceitos abordados no curso *mega-revolucionário* de dois anos atrás estão desatualizados. Isso explica também porque alguns negócios se solidificam e outros somem como vapor. Então, já antecipando outra possível lição deste livro, destaco que...

UM CAÇADOR DE TESOUROS NÃO PERDE TEMPO COM COISAS PASSAGEIRAS

Fazendo uma espécie de transição agora, trago a história de Tom Sawyer, o típico garoto do interior que há muitos e muitos anos morava à beira do Rio Mississipi. Tom vivia atrás de um tesouro, cheio de ouro, mas por causa de suas obrigações, não conseguia procurá-lo. Por ser brincalhão, esperto e arteiro, e por sempre estar aprontando, sua Tia Polly dava-lhe tarefas duras como castigo. Numa dessas situações, Tom foi confrontado com o nada invejável trabalho de pintar a cerca.

O garoto fez tantos planos para se divertir, mas agora lá estava com um balde de tinta e um pincel de cabo longo, diante da cerca que se estendia por uns trinta metros de comprimento e quase dois de altura. O trabalho teria que ser feito à vista dos seus amigos, que passariam por ali e provavelmente zombariam dele. Mas Tom — que não era nada bobo — teve uma brilhante ideia...

Quando os amigos apareceram, começou a movimentar o pincel com intensa alegria. Passou a pintar com notável entusiasmo, às vezes recuando para observar sua obra com orgulho de artista. Ou seja, em vez de parecer que estava sendo torturado com o trabalho, fingiu que estava tendo *uma oportunidade rara e única de fazer algo extraordinário.*

Os amigos de Tom acabaram sentindo vontade de participar da pintura. Como não tinham que pintar a cerca por obrigação e castigo, viram a tarefa como diversão, do modo que o dono dos pincéis estava vendendo a ideia. Então o pequeno vendedor convenceu aos amigos a negociar objetos para que ele os deixasse pintar também. Tudo começou com Ben Rogers, que deu uma maçã em troca de ser deixado pintar a cerca. Não demorou muito para que outros meninos chegassem para serem vencidos pelo desejo de participar do trabalho. E todos cederam objetos ao esperto Tom para desfrutarem do mesmo privilégio.

Os negócios foram de vento em popa e, no fim do dia, Tom era um "menino rico". E lá estava ele observando os amigos trabalharem enquanto comia a maçã de Rogers e manuseava os objetos que ganhou dos outros garotos.

Nosso personagem descobriu uma grande lei de ação humana: "Que para fazer um homem ou um menino cobiçar uma coisa, é apenas necessário mostrar entusiasmo e fazer a coisa difícil de atingir." Talvez Tom Sawyer não tenha percebido, mas conseguiu um tesouro mais valioso que um pote de ouro: o poder de influenciar pessoas.

As águas já estão no joelho... vamos mergulhar mais fundo.

Nota: Este livro dá sequência ao material anterior, "Copywriting: O Método Centenário de Escrita Mais Cobiçado do Mercado Americano". O primeiro funciona como uma boa e estruturada "graduação", enquanto este, como um programa de "pós-graduação". Diferentemente da graduação, generalista por excelência, esta pós-graduação lhe dará habilidades técnicas específicas por meio de um programa mais avançado de redação persuasiva. Bons estudos!

PARTE 1

ENQUADRAMENTO

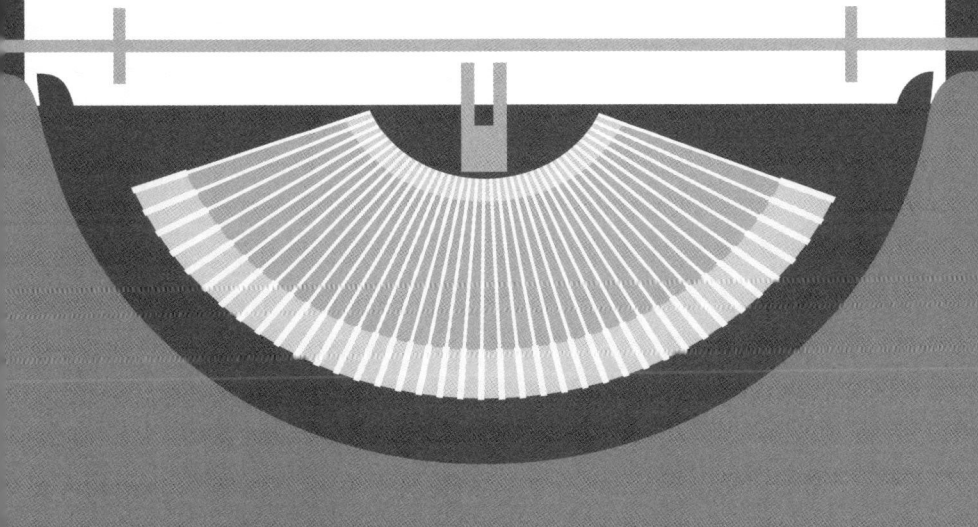

O PODER É TODO SEU

> "Nossa força maior não está na capacidade de pensar, mas em algo mais poderoso: o poder de controlar e direcionar nossos pensamentos para onde quisermos."
>
> — *Napoleon Hill*

Flávio Augusto da Silva é um bilionário conhecido por ser dono do time de futebol Orlando City, criador da Wise Up e autor best-seller. No livro a "Arte De Escrever Para A Web", cito a seguinte fala dele: "Aprenda a escrever bem. Com o avanço da internet, a necessidade de produção de conteúdo online cresce todos os dias. Logo, quem souber escrever bem encontrará várias oportunidades de negócios na web". Flávio Augusto é, como a maioria dos grandes empresários, uma pessoa muito ocupada, mas postou textos pessoalmente em suas redes sociais por vários anos. Além disso, compôs a popular série de livros "Geração de Valor" e o campeão de vendas "Ponto de Inflexão", dispensando, inclusive, um *ghost writer* para que esta última obra tivesse sua essência.

Seth Godin, um dos magos do marketing moderno, é o que podemos chamar de autor bem-sucedido. Ele mantém um blog atualizado desde o começo dos anos 2000; foram mais de 6000 posts segundo ele. Godin também escreveu muitos livros sobre diversos temas, mas foram os livros que veiculam suas ideias de marketing que o tornaram mais famoso. Ele é autor de mais de 18 títulos que são sucesso em vendas. Quando lançou "This Is Marketing", este virou best-seller nos primeiros dias de lançamento.

Quando o assunto é publicidade, cito apenas três nomes: Claude Hopkins, David Ogilvy e Bill Bernbach. Um ajudou a formar várias gerações de redatores e homens de marketing com suas pesquisas, outro tornou-se o mago mais procurado da indústria de publicidade, e o terceiro é chamado de pai da propaganda criativa. Os três ajudaram marcas a conquistar fama, tornaram-se comunicadores requisitados e até hoje são lembrados pela maestria com a escrita. Todos construíram fortuna usando a habilidade em escrita.

Napoleon Hill e Dale Carnegie foram dois mestres do desenvolvimento pessoal. O primeiro foi um escritor influente na área de realização e o segundo na área de oratória e comunicação pessoal. A principal obra de Napoleon Hill, "A Lei do Triunfo", já passou por mais de 50 edições e traduções; já Dale Carnegie vendeu durante e pós-vida mais de 60 milhões de cópias de livros, que foram impressas e publicadas em nada menos que 38 idiomas. Os dois fizeram bom uso do poder das palavras.

No livro anterior a este, cito quatro americanos e quatro brasileiros (alguns amigos próximos) que se valeram — ou se valem — da escrita para fazer negócios. Todos eles usaram — ou usam — palavras para se comunicar melhor com seus públicos e, assim, conseguem tornar suas empresas maiores e mais lucrativas.

O ponto central da minha mensagem — além de contribuir com a comunicação de marketing e negócios — é mostrar que é possível viver da habilidade de escrita e transformar palavras em capital. Não falo de erudição, nem de escrita artística; não me refiro a criar literatura atemporal propriamente dita, nem ser o próximo Machado de Assis ou G. K. Chesterton. Isso, definitivamente, é para quem tem vocação. Estou falando de comunicação no mais alto nível, de ser capaz de redigir um texto poderoso, de se fazer ser entendido, de inspirar pessoas através do que se comunica, e, no caso do tema deste livro, copywriting, levar pessoas à tomada de decisão. Todo mundo aprende — ou pelo menos deveria aprender — a escrever. Mas poucos aprendem a escrever bem. E menos ainda aprendem a escrever a ponto de influenciar pessoas e fazer negócios com isso.

Nos últimos anos, treinei direta e indiretamente centenas de redatores com meus blogs, cursos e livros. Sempre destaquei para eles: "Vocês têm o poder em mãos se conseguem escrever bem, pois conseguem levar pessoas à ação". Daí vem a ideia de *escrita poderosa*, presente em meus conteúdos e obras.

Infelizmente, poucos redatores aprendem a se destacar no mercado. A maioria ainda não entendeu que não basta ser bom e ganhar algum dinheiro, tem que ser um excelente comunicador, pensar e agir grande. E isso não se consegue apenas lendo *posts* em redes sociais e consultando manuais de redação, mas buscando um conhecimento profundo, dominando pela raiz, como eu gosto de dizer.

Também falo dos empreendedores e homens de marketing. Vejo muitos deles se esforçando para aprender inúmeras coisas, mas pouquíssimos decidindo aprender a se comunicar com verdadeira eficácia. Eles não sabem que boa parte de seus problemas seria reduzido com um bom domínio da língua. E com o esforço direcionado desse domínio à influência indireta ou direta de pessoas. O copywriting talvez seja o método-conceito de escrita que mais se vale desse esforço. Vamos a um resumo:

Método-conceito

Copywriting é um método de escrita usado para desenvolver comunicações persuasivas. Nele são utilizadas estruturas e palavras que visam levar um público-alvo a uma tomada de decisão como, por exemplo, a compra de um produto.

Esse método pode ser usado em diversos meios e canais para compor variados tipos de textos, sejam eles para mensagens institucionais, publicitárias ou de vendas. Aprendendo a usá-lo com eficácia, é possível fazer de um leitor um cliente.

O copywriter é o profissional que cria textos para os mais diversos segmentos. A profissão costuma gerar excelentes retornos financeiros e o especialista pode escrever comunicações poderosas para si próprio ou prestar serviços para outras pessoas ou empresas.

O copywriter precisa, antes de tudo, ser vendedor. Não existe um bom copywriter que não compreenda o básico de como funciona a psicologia da venda. O especialista em copy é o profissional que tem mais do que informações sobre o produto: entende o que o cliente está pensando.

Ele sabe das motivações que um consumidor tem para comprar algo e conhece o percurso que o mesmo precisa seguir para fechar a compra. Assim, desenvolve discursos atraentes e guia o cliente pela jornada de compra até o fechamento da negociação. Essa é basicamente a psicologia por trás da venda e você precisa dominá-la se quiser escrever para vender.

Em outras palavras, o seu papel como copywriter é convencer o possível cliente de que o produto vale muito mais do que o dinheiro cobrado por ele. Ele tem que estar convencido de que há um ganho muito maior na compra e que está diante da solução para algum problema ou mesmo de um recurso para obtenção de prazer.

Qualquer especialista que esteja disposto pode dominar o copywriting: investidores, empresários e empreendedores; profissionais liberais, autônomos e prestadores de serviços; estrategistas, criadores de produtos e profissionais de marketing; jornalistas, assessores de imprensa e editores; escritores, professores e oradores; publicitários, redatores e profissionais criativos; entre outros.

Tudo o que estabelece uma comunicação entre pessoas, e que tenha como objetivo uma ação do leitor-alvo no final, pode se valer do copywriting: textos de anúncios, *scripts* de comerciais, mala direta, cartas e vídeos de vendas, e-mails e *autoresponders*, catálogos de vendas, menus de restaurante, fachadas, *outdoors* e comunicação de rua, boletins informativos, artigos para revistas, blogs e mídia impressa, videos de lançamento, lançamentos relâmpago *et cetera*.

Em resumo, a tarefa do profissional de copy é escrever para vender (ideias, produtos ou serviços) usando a ferramenta mágica chamada copywriting. Um bom domínio de persuasão, alta habilidade em escrita e controle sobre inúmeros processos de comunicação e vendas tornam o copywriter único.

Essa é uma boa forma de começar, não acha?

HABILIDADE DE OURO

"Sem uma língua comum não se
podem concluir os negócios."
— *Confúcio*

Num artigo publicado na Forbes, o escritor e profissional de marketing, Jeff Bradford, mostrou que desempenhar qualquer forma de comunicação com eficácia exige boas habilidades de escrita. Ele explica que qualquer consultor de gestão dirá que as habilidades de comunicação são vitais para o sucesso nos negócios. "Um negócio consiste em, fundamentalmente, garantir que outras pessoas executem coisas — que os funcionários sejam produtivos, que os clientes comprem seu produto ou serviço, que o governo não dificulte sua vida — e você não pode fazer isso acontecer se não conseguir se comunicar da maneira correta."

A comunicação pode ter várias formas: vídeos, fala, telefonemas, ilustração, mensagens de texto, e-mail, sinalização, publicidade, blogs, entre outros. Desempenhar bem qualquer uma delas exige boas habilidades de escrita. Isso acontece porque uma boa escrita é aquela que segue um caminho lógico, e é de fácil compreensão. E não há melhor maneira de organizar os pensamentos do que escrevendo o que se deseja comunicar.

Naturalmente, uma boa escrita é mais do que a lógica em ação. Ela também deve tocar o leitor, o ouvinte ou o espectador emocionalmente.

Caso contrário, você não o levará à ação. Este livro foi publicado para ajudá-lo com isso também. Além de aprender a escrever melhor, você unirá o útil ao agradável. Ou seja, aprenderá a vender usando sua habilidade de escrita.

Por ora, vamos começar nos atendo aos pontos citados por Jeff Bradford no artigo da Forbes. Isto será útil ao que vamos tratar em breve:

1. **Clareza.** É impossível escrever bem sem pensar de forma clara. Você deve entender o que quer dizer e ser capaz de explicá-lo. E não estamos falando de inteligência. Uma pessoa não tão desenvolvida mentalmente pode escrever melhor do que uma pessoa brilhante, isso, lógico, se compreender claramente o que deseja comunicar, sem se desviar para irrelevâncias. Na verdade, as pessoas inteligentes às vezes escrevem pior porque o desejo de se exibir confunde a mensagem.
2. **Domínio.** Os melhores escritores quebram as regras da gramática, mas somente depois de as terem aprendido a ponto de serem de segunda natureza. "A diferença entre um mestre e um *hack painter* da arte abstrata" — diz Bradford — "é que o mestre primeiro aprendeu a pintar a arte representacional. Ele tinha uma base para começar e, como resultado, seu trabalho abstrato tem um equilíbrio e uma harmonia que o trabalho do *hacker* nunca possuirá. Pablo Picasso disse que teve que primeiro aprender a pintar como Rafael antes que ele pudesse pintar como uma criança."
3. **Leitura.** Simplesmente conhecer as regras da gramática e saber soletrar não faz de você um escritor. Você tem que ler bons escritores para saber como é a boa escrita. Por isso trate de ler uma variedade de bons escritores. Também encha seu cérebro com muita informação que você pode usar em sua escrita. Os escritores devem ler amplamente — não apenas boa literatura, mas também bons livros de não-ficção sobre uma variedade de tópicos, como história, biografia, ciência, política, arte e tecnologia.
4. **Curiosidade.** Ser curioso leva você a ler muito, é claro, mas também é importante observar atentamente o mundo ao seu redor — além de fazer perguntas e procurar pessoas que conheçam coisas que você não conhece. A ideia é ser um aprendiz vitalício, assim você aumentará continuamente a capacidade cognitiva e emocional de que pre-

cisa para ser um bom escritor — porque aprenderá o que move as pessoas a agir.
5. **Empatia.** Como diz o ditado, "ninguém se importa com o quanto você sabe até que eles saibam que você se importa". A falta de empatia pelos outros, especialmente pelo leitor, é a culpada pela maioria dos escritos ruins no mundo. Isso leva a bobagens pomposas. Para ser um bom escritor, você deve ser capaz de penetrar nas cabeças e corações dos outros; você deve sair de si mesmo. Isso permitirá que você faça duas coisas importantes: diga algo interessante porque você é capaz de justapor os pensamentos dos outros com seus próprios pensamento; unir as coisas de maneiras novas. Toque na inteligência emocional que alimenta toda boa escrita.
6. **Economia.** É preciso esforço para ser sucinto, mas seu leitor irá apreciá-lo. Nunca use três palavras quando uma resolve o assunto. Não diga a mesma coisa duas vezes de maneiras diferentes. Não escreva um preâmbulo antes de chegar ao cerne da questão. A menos que haja uma razão para não se apegar a simples palavras anglo-saxônicas e evitar as palavras latinas e normandas francesas que se infiltraram no inglês (passe a ideia para o português). Diga "comer" em vez de "ingerir", "bondade" em vez de "probidade", "subir" em vez de "ascender". E quando você disser o que quer dizer, pare. Leia Hemingway — especialmente seus primeiros livros. São excelentes exemplos de escrita econômica.

Estas são as dicas de Jeff Bradford para escrever bem. Ele diz que esses ensinamentos serviram de base nos seus 39 anos que passou como escritor profissional, e boa parte também para o seu trabalho com marketing. Siga-os, mas saiba que existem tantas maneiras de escrever bem quanto há bons escritores. O principal é encontrar um caminho para uma boa escrita que funcione para você — porque nada é mais importante para o sucesso nos negócios ou na vida.

Acredite, pensar claramente é fundamental para o sucesso de qualquer negócio; aprender a escrever lhe ensinará a pensar, e pensar lhe ajudará a conquistar seus objetivos como copywriter mais facilmente.

Não é coisa de professor

"Algumas pessoas chegam até mim e perguntam: "Cara, copywriting pode me ajudar como?". Eu acho que uma das maiores injustiças que se pode cometer contra essa habilidade é classificá-la apenas como "escrever bem".

Tanto o empreendedor quanto o empresariado sempre classificaram a boa escrita, e o hábito da leitura, como atividades de segunda classe. Coisa de intelectual que não põe a mão na massa; ou acham que é coisa de professor. Quantas vezes você já não ouviu que quem estuda muito não tem tempo de ganhar dinheiro?

Certa vez caí no perfil de um cara que se auto-denominava "coach de imagem". Um cara bonito, bem apresentado, que parecia morar em um Iate e com as roupas mais modernas que eu já vi. O cara dormia mais arrumado do que eu vou a um casamento. Cabelo impecável, dentes branquíssimos, sapatos elegantes, shape em dia, relógio caro no braço...

Daí você lia os posts do sujeito e pegava, no balde, meia dúzia de erros básicos por parágrafo. Até umas concordâncias bobas, que eu brigaria se o meu sobrinho de 12 anos cometesse.

Dei play em um vídeo e peguei um "pra mim fazer". Sinceramente? Esse cara, para mim, acabou. Todas as preocupações dele são externalidades; é tudo autoimagem das mais baratas. O sujeito se diz profissional da imagem e não percebe que falar bem e escrever bem é a verdadeira apresentação.

Copywriting não é só produzir textos: páginas de vendas, páginas de eventos, roteiros para vídeos, funis de e-mails, posts em redes sociais... A atividade te faz escrever melhor, pensar melhor, arranjar as coisas de maneira mais eficiente na sua cabeça; te torna mais agradável, te faz discutir com maior qualidade... Te faz buscar referências. Você para de fazer as coisas porque "é assim que as pessoas fazem no mercado". Além do quê, é uma atividade extremamente polivalente.

Hoje, 100% dos canais grandes de Youtube trabalham com roteiristas. Quem é o cara que faz isso? Um redator. Redes sociais? Um redator. Os textos para sites? Um redator. O trato nos BOTS e nos e-mails? Um redator...

Se o cara achar que porque ele é empresário, porque vende roupas ou porque é dentista, não precisa escrever bem, ele está ferrado. Sempre que for flagrado em um erro terá que se esconder atrás do "eu não sou professor de português."

Ainda que você nunca trabalhe na área, nunca venda uma única linha de texto na sua vida, o ganho de imaginação, de vocabulário, de capacidade de estudo e leitura é tão grandes que o estudo da área já se justifica por si só.

Sabe aquele cara que fala tudo errado? Que só usa 50 palavras pra construir todas as frases no dia a dia dele? Dificilmente você para pra pensar, mas ele pensa da mesma forma. E imagine que prisão é viver assim."

(Texto de Ícaro de Carvalho).

ONDE ESTÁ O DINHEIRO?

> "O dinheiro não traz felicidade – para quem não sabe o que fazer com ele."
> — *Machado de Assis*

No contexto do copywriting, há o sonho de ter um "negócio como estilo de vida de múltiplos seis dígitos", buscando o que eu conheço como "As três liberdades". Algo como: 1) Controle sua agenda e trabalhe quando quiser (liberdade de tempo); 2) Trabalhe em qualquer lugar, em casa, na praia ou no *coworking* (liberdade geográfica); 3) Ganhe o quanto quiser, com base no quanto você está disposto a trabalhar (liberdade financeira).

Uma vida maravilhosa longe do trânsito de São Paulo ou Rio de Janeiro, que o livra de aturar o chefe chato que pede relatórios todos os dias às 17h52 — e você nem precisará se humilhar para ter um salário miserável, que não sobra nem para um *milk shake* de R$ 7,00 vendido no Bob's da praça de alimentação do shopping da esquina. Quer saber a verdade? Isso realmente é atraente e absolutamente possível. E se você se tornar um bom redator (nem precisa ser o melhor), essa é realmente uma possibilidade real para você, seja no Brasil ou em outras partes do mundo.

Uma receita mensal ou anual de seis dígitos, controle sobre o próprio tempo, poder trabalhar em qualquer lugar e uma oportunidade de renda passiva estão disponíveis. Há possibilidade de ganhar muito dinheiro com copywriting, garantindo um excelente padrão de vida, mesmo que isso não te transforme num bilionário.

A habilidade com as palavras pode ajudá-lo sempre quando se trata de crescimento profissional. Conheci pessoas que começaram como redatores freelancers e construíram notáveis patrimônios pessoais, não apenas financeiros (eu sou um deles). Há alguns casos raros cuja riqueza pessoal é de centenas de milhões, se não de bilhões de dólares (nos EUA, principalmente). No entanto, é preciso dizer: há uma enorme diferença entre esses especialistas e um redator médio.

A primeira coisa que você precisa fazer se quiser ganhar dinheiro escrevendo é jogar fora o *sonho isolado da vida de escritor*. Isso é verdade, a vida de escritor não traz riquezas incalculáveis, pelo menos não em 99% dos casos. Sim, você pode ganhar a vida. Não, você provavelmente não ficará rico demais. Por isso mesmo, eu, Paulo Maccedo, decidi fazer ambos: ser escritor e copywriter. Ser um autor de livros (meu grande sonho) me realiza e me dá satisfação enquanto me gera pequena renda passiva; ser copywriter (minha atividade principal) abre as portas e me traz dinheiro.

Entende aonde quero chegar? Você pode querer ganhar muito dinheiro com suas habilidades de copywriting enquanto desfruta do estilo de vida de escritor. Não é que um seja necessariamente melhor que o outro; apenas são coisas diferentes, buscadas e conseguidas de acordo com o perfil, desejo e objetivo pessoal — além de visão de mundo e mercado.

Agora, para clarear suas ideias, leia este exemplo abaixo:

Bob Bly

Robert W. Bly, nascido em 21 de julho de 1957, é um escritor americano que produz materiais sobre redação, escrita freelancer e muitos outros assuntos, desde ciência e ficção científica até comunicações para pequenos negócios. É um copywriter bem conhecido.

Bly cresceu em Fair Lawn, Nova Jersey, graduou-se em engenharia química em 1979 na Universidade de Rochester e iniciou sua carreira como redator trabalhando por quatro anos no jornal diário da escola.

Quando se formou, Bly começou como escritor corporativo para a Westinghouse Electric e depois trabalhou para uma empresa de engenharia de Nova York durante alguns anos. Publicou seu primeiro livro sobre redação técnica em 1982. Em 1985, com a idade de 27 anos, publicou seu décimo livro, "The Copywriter's Handbook".

Bly é um grande exemplo de como usar a escrita para os negócios e criar negócios em torno da escrita. Ele criou processos que lhe permitiu viver de sua habilidade e ficou famoso com isso, sendo convidado para participar de dezenas de programas de tevê e rádio, e sendo destaque nos principais meios de comunicação, desde o LA Times e o Nation's Business, até o New York Post e o National Enquirer.

Como copywriter, Bly escreveu copy para mais de 100 clientes, incluindo Network Solutions, ITT Fluid Technology, Medical Economics, Intuit, Business & Legal Reports e Brooklyn Union Gas. Também escreveu mais de 95 livros, incluindo "The Digital Marketing Handbook", da Entrepreneur Press.

Bly vende cartas de vendas, pacotes de mala direta, anúncios, campanhas de e-mail marketing, folhetos, artigos, comunicados à imprensa, whitepapers, sites, boletins informativos, roteiros e outros materiais de marketing que os clientes precisam para vender seus produtos e serviços. Ele também presta consultoria a clientes sobre estratégia de marketing, venda por correspondência e programas de geração de leads.

Aqui está outra grande chave deste livro: para ganhar dinheiro e ser bem-sucedido financeiramente, você precisa adotar a mentalidade de empreendedor, dono de negócio ou, especialmente, um parceiro de negócios, assim como Bob Bly. Em suma, é isso que você tem que fazer se você quiser ganhar dinheiro de verdade com suas habilidades em escrita.

Você precisa ter uma participação ativa em uma empresa, ajudar a criá-la ou a crescer. Pode ser um negócio que você inicia e executa ou você pode negociar uma participação na empresa em troca de ser o "homem do marketing". Você investe seu tempo e experiência para conseguir rentabilidade e lucro e todos saem ganhando.

Para a maioria dos redatores eu recomendo o caminho da parceria, sociedade ou co-produção em vez assumir um negócio inteiro sozinho. Isso porque a maioria dos homens de escrita (falo por experiência própria) é um pouco inepta quando se trata de administrar um negócio. Por ter sido dono de agência por muitos anos, tenho certeza do que estou falando: perdi os cabelos antes dos 30 anos para não falir. Há muitas outras coisas fora do trabalho da escrita e do marketing que levam em conta o crescimento de um negócio. Quando você começa a lidar com toda a burocracia de folha de pagamento e contabilidade, sente falta de apenas sentar para escrever cartas de vendas.

A habilidade de um profissional de marketing ou copywriter tem um papel muito importante nos negócios. Fazemos vendas e garantimos lucro. Sem esse papel sendo preenchido, nenhuma das outras coisas importa nos negócios. Você tem que reconhecer quais são seus pontos fortes. Faça isso e **diga não** às outras responsabilidades. A melhor maneira de fazer isso é se envolver desde o início como "parceiro de marketing". A não ser, claro, que você tenha tino para empreender.

4
POETAS ASSASSINOS

> "A maioria dos bons redatores cai em duas categorias: poetas e assassinos. Os poetas veem um anúncio como um fim. Os assassinos como um meio para um fim. Se você é tanto assassino quanto poeta, fica rico."
>
> — *David Ogilvy*

Seguindo com nossas reflexões sobre o "Cérebro de Ouro", quero agora falar sobre poetas e assassinos — e o melhor, como eles podem, e devem — ser a mesma pessoa.

Se você é um viciado em história do marketing como eu sou, deve saber quem foi David Ogilvy, um dos mais criativos e originais publicitários de todos os tempos, com um talento especial que combinava arte e vendas. Ele também ficou "podre de rico". Ogilvy era um copywriter magistralmente persuasivo que co-fundou uma das agências de publicidade mais bem-sucedidas do mundo, a Ogilvy & Mather, ainda hoje uma potência. Um leitor atento deve perceber que costumo citar Ogilvy em todas os meus livros de escrita.

Quando ele fez suas observações sobre ser "poeta e matador", estava falando de experiência pessoal. O mestre Ogilvy era maravilhosamente espirituoso, mas nunca deixava que uma palavra ou frase inteligente atrapalhasse os seus anúncios. Ele usou suas próprias experiências como base para peças perfeitamente escritas, mas também insistiu em testar e medir a resposta à sua publicidade.

O pai da propaganda moderna notoriamente desprezou a criatividade por si mesma. Não tinha paciência para o tipo de publicidade que ganha prêmios e elogios, mas que não gera o mais importante: vendas. "Quando escrevo um anúncio, não quero que você me diga que o considera "criativo". Eu quero que você ache tão interessante que você compre o produto". Ogilvy pensava no que chamamos atualmente de conversão (nesse caso, quando convertemos um prospecto em cliente).

David Ogilvy também favoreceu a publicidade que usou conteúdo real para educar os clientes em potencial, seja um "Guinness Guide of Oysters" de dar água na boca, ou um tutorial de uma página sobre "Como Remover Manchas Com o Detergente Rinso". Difundiu, de certa forma, parte do que conheceríamos mais tarde como marketing de conteúdo, promovendo o máximo de informações sobre o produto e seus benefícios a fim de educar o cliente antes da compra.

Por todo o famoso desdém da Ogilvy pela criatividade isolada, ele também reconheceu que a criatividade inteligentemente aplicada era crucial para anúncios eficazes. Como todos os grandes redatores, entendia que as fórmulas costumam funcionar, mas que "quebrá-las é regra". Isso faz total sentido quando afirmamos que o marketing precisa tanto de "poetas quanto de assassinos".

A verdade é que a maioria dos bons copywriters não são bons escritores. Se você for bom nas duas coisas, acredite, tem o potencial para uma vantagem competitiva imbatível. Sempre procurei passear pelos dois mundos, lutei e ainda luto fazer esses dois animais caminharem lado a lado aqui dentro. A parte difícil para alguns pode ser trazer o assassino interior. E para isso, você precisa fazer as pazes com sua ambição — o desejo de gerar resultados financeiros para si e para os seus clientes — sem deixar de fazer algo bonito e admirável.

Você, copywriter, tem que ser um discípulo da "Escola Da Resposta Direta" (vamos falar sobre isso na próxima seção). Você estudou o que funciona para fazer as pessoas agirem agora. Você escreve, testa, mede e mantém os olhos abertos. O problema surge ao pensar que talento não importa. Não seja tolo, o talento é a diferença entre um anúncio de R$ 9 mil e um anúncio de R$ 9,1 milhões.

Não despreze aquele esquecido lado poético de sua alma porque acha que é ruim para os negócios. Na verdade, é ótimo para os negócios. Você só precisa saber direcioná-lo. Todo ser humano é criativo quando criança. É poeta, artista, astronauta, capitão de navios e caçador de tesouros. A única razão pela qual deixamos de ser todas essas coisas quando adultos é que nos tornamos medrosos. Adultos costumam ter medo. Medo de não conseguirem, de serem rejeitados, de passarem vergonha. Mas assassinos não temem, eles encaram coisas assustadoras.

Use essa ideia para tornar seu copywriting realmente extraordinário. Coloque arte em seu marketing, não jogue fora todas as idéias excêntricas e seja livre de medos. Independente do trabalho que você faça, passe algum tempo exercitando a linguagem e sendo cobiçoso sobre os tesouros que se encontram no *x do mapa*. Para criar um trabalho inovador, e não apenas um trabalho bom, você precisa conduzir essas duas forças: como um poeta, deve retratar a lua com sonetos usando palavras que até uma criança do primário entenderia; como um matador, deve guerrear e acertar alvos. É algo como ser o Luiz de Camões com a coragem e ousadia do John Rambo.

Em 07 de setembro de 1982, Ogilvy enviou uma nota interna para seus empregados. Nela, ele destacava: "Quanto melhor você escrever, mais alto você pode chegar aqui na Ogilvy & Mather. As pessoas que pensam direito, escrevem direito. Boa redação não é um dom natural. Você tem que aprender a escrever bem."

10 DICAS PARA VOCÊ DESENVOLVER SUAS HABILIDADES COMO POETA ASSASSINO

1. **Leia muito.** Parece óbvio, mas já conheci copywriters que não tinham paciência para ler. É o cúmulo do absurdo! Se você não gosta de ler, por favor, procure outra profissão. Vá fazer contas, tirar fotos ou fritar hambúrguer. Aversão à leitura fará de você um copywriter fraco e isso irá doer tanto no seu bolso quanto no bolso dos seus clientes.
2. **Misture o tipo de leitura.** Bons escritores viajam em diversos tipos de leitura: blogs, jornais, revistas, romances, você escolhe. Da mesma forma que um bom *chef* faz a amostragem de muitos tipos diferentes de culinária, quanto maior for a sua lista de leitura, melhor será sua capacidade de produzir copies nítidos, frescos e impactantes.

3. **Jogue pelo dinheiro.** Soa muito capitalista, mas é isso mesmo. Se você não se sente bem trabalhando para ganhar muito dinheiro, busque outro ofício. Marketing e copywriting são atividades que exigem que você seja bem-resolvido com questões financeiras. Caso contrário, ficará *patinando na manteiga* e viverá arranjando desculpas para apoiar sua mentalidade anticapital.
4. **Não jogue apenas pelo dinheiro.** Ok, você não precisa ser mercenário. Existem outras coisas além de grana. Atenção, influência, *status* e cultura são outros tipos de moedas que um homem de marketing pode valorizar e buscar. Não é apenas dinheiro — é dinheiro também.
5. **Treine em público.** Uma das melhores formas de se desenvolver como redator é treinar em público. Assim, você consegue testar para saber o que as pessoas acham, pensam e como se sentem sobre sua escrita. Há hoje diversos canais que você pode usar como laboratórios de criação; as redes sociais, por exemplo.
6. **Seja apaixonado por histórias.** Para escrever bem em qualquer estilo, você precisa beber na fonte do *storytelling*. Por isso estou sempre tratando disso. A arte de narrar é superior e quem a domina alcança patamares mais elevados na comunicação. Contar histórias é algo universal e você precisa dedicar parte do tempo para dominar isso.
7. **Aprenda a fazer pesquisas.** Todos os grandes nomes de copywriting e publicidade sabem o valor da pesquisa. Ogilvy falava da importância de "encher sua mente consciente com informações" para trabalhar seu copy. Lembre-se: a pesquisa é a cura infalível para o bloqueio de escritor.
8. **Escreva de forma simples.** Deixe a erudição para os intelectuais. Copywriters precisam ser bons comunicadores, o que significa saber passar a mensagem de forma simples e clara. Sua comunicação precisa ser direta, objetiva e sem complicação. Troque "prosopopéia para acalentar bovinos" por "conversa para boi dormir."
9. **Seja bom estrategista.** Desenvolva habilidades estratégicas, mesmo sentindo que isso não é "sua praia". Muito do sucesso com redação persuasiva parte da habilidade de observar, criar planos e dominar aspectos além do texto.
10. **Atire para matar.** Não caia no erro de fazer redações "mais ou menos", mesmo que, de alguma forma, esteja desmotivado. Deve haver entusiasmo de sua parte na hora de criar copy. Entre em cena para ganhar, atire para matar; sua carreira depende disso.

Você está pronto para seguir em frente!

VOCÊ SERÁ CONVERTIDO

> "Copywriters são vendedores cujo trabalho é convencer as pessoas a comprar produtos."
> — *Bob Bly*

Este capítulo, como os anteriores, nasceu as minhas anotações pessoais sobre copywriting em cadernos e arquivos de computador. Na época, minha intenção era apenas catalogar ideias, críticas e reflexões éticas e filosóficas a respeito do tema, sem pretensões editoriais. Mas como minha compulsão por escrever livros ainda não foi resolvida — até porque não levo isso para terapia simplesmente porque não desejo ser curado — decidi transformar este ensaio em algo maior.

O objetivo com escritos como este é trazer alguns pontos de reflexão sobre o poder das palavras e as oportunidades financeiras que um especialista em copywriting pode aproveitar. E isso vale tanto para um redator que deseja *ter suas habilidades cobiçadas por donos de negócios* quanto para *donos de negócios que cobiçam as habilidades de copywriting*. No fim, algo que todos buscam: mais vendas, mais lucro, mais realização. No fim, todos caçam tesouros como Tom Sawyer.

Para clarear ainda mais as ideias, darei agora dois exemplos do uso do copywriting em dois diferentes contextos. Num deles, o copywriter se coloca como solução para empresas; no outro o empresário também é o copywriter.

Ambos usam o poder das palavras para terem seus trabalhos desejados pelo público. O que quero que perceba é como esses dois mestres da escrita conseguem fazer com que as pessoas os queiram ter em seus projetos:

EXEMPLO 1: MARK SANDOVAL

"Aumentando Suas Conversões Com Resultados Consistentes e Previsíveis"

Da mesa de Mark Sandoval:

Caro Colega De Marketing,

Você sabe melhor do que ninguém...

Não há nada mais frustrante do que trabalhar com copywriters amadores que fazem o manjado ctrl C + ctrl V nas campanhas de outros profissionais de marketing enquanto aprendem copywriting nas suas custas.

Como a sua área de atuação entende o valor do copywriting, todo autoproclamado copywriter com um laptop quer trabalhar nessa área – mas eles ralaram o suficiente para obter resultados reais? NÃO.

Uma das cinco principais reclamações que ouço dos meus clientes é de os copywriters entregarem uma copy absurdamente, exageradamente forçada que não pode nem ser usada de forma legal; e que, portanto, é necessário reescrever e reescrever novamente.

Então, em seguida é feito um árduo "trabalho de açougueiro", o copywriter fica desmotivado e já não está mais empenhando em se esforçar de verdade e você – o cliente – acaba sendo mal atendido.

FINALMENTE... um copywriter que não somente entende de resposta direta, mas que é focado no cliente e que fará de você e seu projeto sua principal prioridade...

Meu nome é Mark Sandoval e eu sou um copywriter de resposta direta com formação profissional.

- Minhas cartas de vendas geram um aumento médio de 361% nas conversões
- Minha taxa média de abertura de e-mail é de 28% em uma grande variedade de mídias
- Minhas palavras fazem meus clientes acidentalmente comprarem seus próprios produtos

Aqui está o porquê de você poder contar comigo para lhe entregar copies vibrantes, persuasivas, nos mínimos detalhes e geradora de respostas que são de fato precisas e compatíveis com a lei; então é algo que você realmente pode usar imediatamente:

- Treinado de forma profissional pela instituição de copywriting número 1 nos EUA - AWAI
- Graduado pela famosa Dan Kennedy Copywriting Academy
- 12 anos de experiência como escritor e empreendedor profissional
- Membro da Aliança dos Escritores Profissionais
- Aumento médio de conversões de 361% em todas as mídias
- Bacharel em Psicologia pela University California Santa Cruz
- Receita anual de US$ 1,3 milhão para o meu negócio de maior sucesso
- Membro do MechLabs Institute
- Consultor para marqueteiros e empresários de alto nível

Porém Não Tome Apenas a Minha Palavra Como Verdade...

Veja o que os outros têm a dizer a respeito do que meu trabalho fez pelos negócios deles:

"Eu contratei o Mark para fazer uma campanha de afiliados e ele arrasou. Meu objetivo era fazer 6 dígitos em algumas semanas e com a copy do Mark eu alcancei minha meta em 9 dias. Assim que percebi que a copy estava convertendo a uma taxa de 11%, investi um monte de dinheiro em anúncios e a taxa de conversão continuou aumentando sem parar. Até agora, consegui gerar uma receita de US$ 211.432, com ela sendo reinvestida no meu negócio. Porém eu sei que tenho um vencedor no meu time, então eu continuarei crescendo. Não use o Mark para fazer copytwriting. Ele é meu."

— Fred Musquin, 29 - Afiliado - Dallas, TX.

Aqui tem mais sobre meu sucesso recente!

Entregando resultados em TODOS os projetos.

"Mark é o cara". Ele é um copywriter de resposta direta profissional em meio a uma indústria de fakes. Nós o contratamos para fazer cartas de vendas, mala direta, landing page e acompanhamentos por e-mail. O conteúdo dele sempre converte, geralmente mais do que o de outros copywriters com quem trabalhamos. Coloque Mark na sua equipe e é garantido que você terá um aumento nos lucros".

– Bob Bass, 62 – Fundador da Walter Writing Alliance, Nova York, NY

"...ele escreveu uma carta de vendas pra nós que rendeu US$ 4.157 no primeiro dia (incluindo o e-mail e a squeeze page que ele escreveu para a carta). Depois disso nosso tráfego desacelerou um pouco, porém continuou convertendo acima de 9%. Nossa página de vendas anterior estava convertendo em 0,5%, então dá pra imaginar como ficamos satisfeitos com o crescimento. Definitivamente o contrataremos novamente.

– Darian Scott, 28 – Atleta de mountain bike, Denver, CO

"Contratamos o Mark para consultoria e copywriting. Adoramos as ideias e a visão de abordagem de marketing que ele apresentou; todas as quais eu e minha equipe não conseguimos ter por conta própria. Vimos o aumento nas vendas e adoramos a nova aparência do nosso site. Eu recomendo fortemente O Mark como seu copywriter de alto nível."

– Ross Kortgarden, 29 – JTAC Milsim Produções, Littleton, CO

ONDE MEU TRABALHO JÁ FOI APRESENTADO:

(Imagens de marcas que contrataram Mark)

É isso que você ganha me tendo em sua equipe:

- Um Sistema Comprovado: você e eu não vamos simplesmente botar qualquer coisa e ver no que dá. Quando você

trabalha comigo, você recebe uma estrutura comprovada que foi validada inúmeras vezes.
- Triplicação Média De Lucros: essa é minha média junto das pessoas que já estão vencendo. Se você estiver com problemas, podemos reverter essa estatística rapidamente.
- 7 Headlines Para Escolher: o título é tão importante que você terá sete balas extras em sua pistola.
- 2 Leads Para Teste: 80% da venda é feita no título e no lead. Então, é como receber duas copies completamente novas. Quem mais oferece isso?
- Feito Para Você: Eu farei tudo. Então sente-se e relaxe. Eu sei o que estou fazendo.
- Copywriter E Consultor: Quando você trabalha comigo, você pode beber e sugar da minha fonte de experiência em marketing na Internet.
- Acesso a Segredos Do Copywriting De Dar Inveja: Quando atingi um certo nível de experiência em copywriting, eu finalmente consegui dar uma espiada por trás das cortinas. Isso significa que sua carta de vendas conterá segredos que valem milhões de dólares.
- Sou "Chegado" De Alguns Dos Melhores Que Existem Na Área: Desde Dmitriy Pisarev até Michael Francis, minha conexão com a "tropa de elite" do coywriting significa que vou discutir e receber dicas de outros especialistas ao mapear e montar sua copy.
- Teste Em Uma Ampla Variedade De Plataformas: seja Clickbank, Lead Funnels, Amazon, landing pages ou seu próprio site, adaptarei sua copy para despertar os desejos mais profundos do seu público-alvo.
- Atendimento Incomparável Ao Cliente: não estou aqui para extorquir seu dinheiro – mas sim para criarmos um relacionamento profissional. Quando trabalhamos juntos, você pode ficar de boa, sabendo que está recebendo o melhor serviço que já recebeu de um copywriter.
- O Investimento Mais Inteligente a Ser Feito Nos Negócios: os estudos provam repetidamente que investir em um copywriter profissional é a melhor maneira de fazer seus lucros alavancarem.
- Eu Sou o Escritor Favorito Do Seu Escritor Favorito: este não é um lugar para humildade, por isso vou ser curto e grosso: EU SOU UM BAITA ESCRITOR. Eu te entregarei a melhor copy que você já viu. Ponto final.

Eu Consigo Fazer o seu Conteúdo Converter:

- Mesmo se você ainda não teve nem uma venda.
- Mesmo se sua copy atual converte menos que 1%.
- Mesmo se o seu website for antigo lá de mil novecentos e lá vai bolinha.

Meus serviços

Eu foco em uma coisa, e uma coisa apenas... Copy de vendas:

- Páginas De Vendas: a parte mais importante de todo o seu negócio.
- Landing Pages: crie sua lista de e-mails com landing pages simples e otimizadas além de estratégias irresistíveis e magnéticas para atrair leads.
- E-mails: Minha taxa média de abertura é de 28%. Mais do que qualquer coisa, é sobre títulos com assuntos tentadores e conteúdo envolvente que fazem as pessoas não conseguirem não clicar.
- Cartas de Vendas Em Vídeo: uma das maneiras mais eficazes de levar as pessoas a verem toda a sua mensagem de vendas.
- Ghostwriting: profissionais de marketing experientes não publicam livros para vender livros – poucas pessoas ganham dinheiro com isso – elas publicam livros para obter POSICIONAMENTO. Quando escrever seu livro, ele fará o que deve ser feito... trará mais negócios para você.
- Consultoria: a página de vendas é apenas uma parte de um processo dinâmico. Quando firmamos a parceria, ajudo você a reunir uma série de pequenos "sim" até o GRANDE SIM... a venda.

"Esse cara é FODÃO. Na verdade, tenho clientes que me mandam mensagens perguntando quem escreveu meu site. Algumas pessoas simplesmente tem o dom. E o Mark definitivamente têm esse dom."

– Jason Stapleton, 26, afiliado, Olympia, WA

"Sua última carta acabou gerando uma conversão de 10% em leads meia boca. A carta anterior estava consistentemente convertendo em 8%. Não parece muito, mas um acréscimo de 2% durante meses com

um gasto mensal de anúncios de US$ 100.000 não é brincadeira. Bons escritores custam caro. Mas escritores ruins também não são baratos. No fim das contas, os bons fazem muito mais dinheiro.

— Brian Thomas, 33 anos, CTA Tech Labs, Taos, NM

"Só queria escrever pra dizer obrigado. Obrigado por você ter ficado acordado até tarde para terminar a carta (mesmo que a culpa tenha sido minha!). Fizemos o lançamento esta manhã e já temos US$ 9.816 em vendas. É mais do que fizemos em todo o mês passado.

Faremos o teste de divisão a partir da próxima semana, como você descreveu. Pode me cadastrar no fã-clube Mark Sandoval haha! Obrigado novamente!"

— Marian Cedar, 63, DAX Publishing Ltd., Glendale, AZ

"Fiquei muito feliz com o que o Mark escreveu para minha página. Eu acredito no meu produto, mas não tenho a aptidão para vendas (péssima combinação, né?). Eu fiz tipo: "Faz pra mim." E ele fez. Meu produto está sendo vendido a partir de vídeos do YouTube que estou fazendo, mas preciso de mais tráfego, talvez o Mark possa me escrever alguns artigos para mim."

— Jose Espejo, 33, Inventor, Oahu, OI

"Mark é uma daquelas mentes brilhantes que você não encontra fácil por aí. Ele consegue ver o quebra-cabeça pronto antes mesmo de começar a montar e sabe exatamente quais peças se encaixam onde, sem precisar ficar adivinhando."

— Nick Rosecrans, 36, consultor de franquias, Long Beach, CA

Pergunta Aleatória:
"Você contrataria um encanador para consertar seu carro?"

Provavelmente não.

Então, por que você contrataria um escritor de artigos para escrever sua copy de vendas?

A menos que você seja um escritor, provavelmente não saberá a diferença, mas, o copywriting exige uma abordagem MUITO bem estruturada.

O copywriting deve cobrir 15 elementos essenciais e na ordem certa... caso contrário, falhará.

Caso no momento você esteja procurando alguns copywriters diferentes, aqui vai o meu melhor conselho:

A menos que suas cartas de vendas sejam fáceis de ler...

A menos que suas palavras fluam sem nenhum esforço da sua parte...

E a menos que você possa sentir – sem dúvida – que deseja de fato contratá-los... Se não for assim... vá para o próximo.

Mesmo que esse cara não seja eu... Sua empresa é valiosa demais para usar copies que você sente que não são as copies corretas.

Se, por outro lado, sua voz interior está te dizendo:
"Sim, Eu Quero o Mark Na Minha Equipe!"

Então é isso o que você deve fazer...

Clique no botão abaixo e me conte um pouco sobre o seu negócio.

Farei alguns diagnósticos iniciais e voltarei com você com mina opinião.

Veremos se daremos certo para trabalhar juntos – e, se dermos – escreverei uma carta que fará das notificações de pagamento a música da sua história de vida.

Mas, antes de fazer isso, há algo que você precisa saber... Eu não simplesmente trabalho com qualquer um.

Por quê?

Porque eu tenho que me apaixonar pelo seu produto ou serviço. Caso contrário, escreverei uma copy que não vai funcionar de verdade.

E, não que eu queira me achar, mas estou com uma alta demanda de trabalho. Estou na posição e no momento onde posso escolher com quem quero trabalhar.

Isso tudo sendo dito... e se você leu até agora, isso prova que você leva a sério o seu negócio, e por isso eu gostaria de conhecê-lo.

Então, clique no botão abaixo para preencher minha rápida pesquisa. Analisarei seu site e retornarei o mais rápido possível.

Está bom assim?

MAS ESPERE - ainda não terminei...

Todo cliente que trabalha comigo recebe minha garantia de satisfação blindada (e sem conversa fiada).

- Se você não ficar absolutamente entusiasmado com sua copy...
- Se você não ler a copy e acidentalmente comprar seu próprio produto...
- Se seus sócios não vierem te gratificar por ter feito um ótimo trabalho...

Então vou escreve-la de novo.

Não se preocupe. Sem aborrecimentos.

Então, vamos revisar o que você vai receber me contatando agora:

- Uma carta de vendas escrita de forma profissional pelo copywriter do copywriter.
- Revisões até atingirmos a meta acordada em cada etapa.
- Minha garantia de satisfação blindada.

Lembre-se, Eu Sou o Único Copywriter Que...

- Foi treinado de forma profissional pelas principais instituições de copywriting.
- Construiu 8 negócios, um dos quais gera mais de US$ 1.300.000 de receita por ano.
- É confiável para consultar consultores de Marketing de Internet de sucesso para fazer o seu sucesso dar um salto.
- Tem um histórico comprovado para escrever copies de vendas matadoras que convertem mais do que qualquer outra coisa

Então, o que você está esperando?

Minha agenda enche RAPIDAMENTE... então entre em contato comigo agora!

....

Oi, você ainda está aqui?

Bom, talvez seja porque você ainda está em cima do muro em relação ao meu serviço. Se for esse o caso, vamos revisar suas opções, ok?

Com base na sua situação atual, você pode:

- Ficar com um copywriter menos experiente e expor negativamente o seu negócio com a copy amadora dele. Desperdiçar dinheiro com produtos lixo que fará com que sua imagem fique ruim e manterá seu site preso à mesmice de sempre.
- Tentar fazer isso sozinho. Escrever uma copy ineficaz (embora feita com amor) que provavelmente não trarão os resultados que você está buscando.
- Me contratar para fazer isso por você. Ver investimento se multiplicar e rir sabendo que você fez a escolha mais inteligente para o seu negócio.

Você consegue pensar em algum motivo para não entrar em contato comigo?

Então não espere mais um instante sequer.

Entre em contato comigo AGORA.

Desejo a você e sua empresa o melhor sucesso,

Mark Sandoval

P.S. *É uma batalha diária cheia de estresse, competitiva, desgastante, corrida, exigente, agitada e que consome energia todos os dias... mas não precisa ser assim. Os grandes - os empreendedores mais bem-sucedidos - têm um segredo. ELES CONTRARAM AS PESSOAS CERTAS. Quando você coloca as pessoas certas em sua equipe, sua jornada para o topo desliza sobre trilhos. "O segredo do meu sucesso é que fizemos de tudo para contratar as melhores pessoas do mundo". - Steve Jobs*

Repare como Sandoval faz o leitor baixar todas as guardas e ficar propenso a contratá-lo; repare como consegue chamar atenção, gerar o interesse, o desejo e procura conduzir seu cliente-alvo à ação. Eu fiquei fascinado com essa página quando caí nela enquanto pesquisava temas relacionados a copywriting. Eu tive a sensação que geralmente eu tenho quando estou diante de um copy excepcional: "Queria ter escrito isso!". O conselho é que se inspire em textos como esse quando for criar sua próxima "Carta de Apresentação" ou "Página Sobre".

EXEMPLO #2: FRANK KERN

Frank Kern é o criador do Resposta Dinâmica Comportamental, um método automatizado de marketing que acelera seu ciclo de vendas, personalizando suas mensagens de marketing com base no comportamento do seu cliente em potencial.

Ele é um dos consultores e copywriters de marketing de Internet de resposta direta mais requisitados do mundo.

SOBRE FRANK KERN

TRÊS RAZÕES PELAS QUAIS VOCÊ NÃO DEVERIA ESTAR AQUI.

Olá, meu nome é Frank Kern.

Eu sempre adorei a página "sobre mim" em sites como este, porque elas são escritas na terceira pessoa... mesmo sendo tipicamente escritas pelo dono do site.

Então, depois que Frank Kern fez várias tentativas de parecer mais esperto do que realmente é, escrevendo sobre si mesmo na terceira pessoa, logo ele abandonou essa abordagem e decidiu escrever esta página como se fosse uma carta a um amigo.

O que... de muitas maneiras, é.

Enfim — o que você quer saber?

Tenho 44 anos. Eu moro em San Diego com minha esposa, Natalia.

Temos quatro filhos, dois coelhos e um cachorro chamado Charlie Murphy.

Acho que esse não é o tipo de coisa que você está procurando.

Você deve estar se perguntando,

Esse cara vale meu tempo e atenção?

Para muitos leitores, minha resposta é NÃO.

Aqui está o porquê:

1. Eu não consigo ajudá-lo a ficar rico rapidamente.

Por alguma razão, as pessoas igualam "vender produtos na Internet" a "enriquecer rapidamente".

Eu entendo. Foi isso que me atraiu para a Internet em 1999 (falo mais sobre isso mais tarde).

Eu achei que seria dinheiro fácil e haveria milhares de dólares chegando todos os dias... no piloto automático.

Bom, não foi dinheiro fácil.

De fato, eu tenho renda entrando na conta consistentemente, todos os dias... geralmente no piloto automático... mas foi preciso muito trabalho, frustração e perseverança para chegar até aqui.

...E ainda é preciso trabalho para manter tudo funcionando.

Portanto, se você não está preparado para se comprometer a pelo menos, por baixo, dez vezes mais do que espera, eu não sou o cara certo para você.

2. Se você não deseja anunciar, você não vai gostar do meu material.

Não, não vendo publicidade. Mas eis o motivo pelo qual estou lhe dizendo isso.

Comece a adentrar a área surreal do "Marketing na Internet" e verá todos os tipos de anúncios e artigos sobre tráfego gratuito, como ficar rico com outras pessoas promovendo seu produto e todo tipo de modinha pra pegar atalhos e tirar vantagem.

Parte disso funciona?

Provavelmente. A curto prazo. Mas se você depender disso, não terá um negócio. Você tem um fluxo de renda suportado por uma engenhoca insustentável.

E isso é uma perda de tempo. Se você quer perder tempo, vá ver um filme.

É mais divertido.

3. Se você está procurando "A maneira mais fácil", Eu não quero te ajudar.

É importante que você entenda o que estou dizendo.

Eu posso te ajudar, eu simplesmente não ajudarei. Tenho plena capacidade de ajudar, mas me recuso a fazê-lo.

Por quê?

Porque quando ouço alguém dizer: "Qual é a maneira mais fácil", o que realmente estou ouvindo é: "Não estou totalmente comprometido com o sucesso a longo prazo do meu próprio negócio... e, portanto, não estou totalmente comprometido com o sucesso a longo prazo dos meus clientes."

E isso de fato se traduz em "não quero trabalhar".

Olha, vender na Internet é TRABALHO DURO. Sim, quando tudo estiver funcionando, pode ser que seja exatamente como você imaginou: renda passiva e fazer dinheiro enquanto dorme.

Mas isso exige TRABALHO DURO para criar e TRABALHO DURO para manter.

Você ainda está aqui? Legal.

Aqui está o que você pode esperar de mim.

- Estratégias e táticas práticas que você pode usar em seu marketing agora mesmo, de graça... que geralmente são seguidas de:
- Discursos de vendas descarados.

Dá pra acreditar que acabei de lhe dizer que você ouvirá discursos de vendas descarados vindo de mim?

Bom, e por que não diria?

Qual é - eu sou um "guru do marketing". Ganhamos dinheiro vendendo coisas. Eu vou tentar te vender alguma coisa e não serei sutil nisso.

No entanto, é sempre precedido por estratégias e táticas realmente valiosas que você pode usar imediatamente.

Isso é grátis.

A ideia aqui é que você dirá: "Cara, esse material gratuito realmente me ajudou. Acho que vou testar o conteúdo pago."

Muito simples, certo?

Eu chamo isso de antigo truque do "Mostre que você consegue ajudá-los, ajudando-os de verdade".

Funciona tão bem quanto charme.

Mas você ainda pode estar se perguntando...

Como sei se o seu material é bom?

Bem, a coisa mais inteligente a fazer é simplesmente pegar alguns dos meus materiais gratuitos.

Se você gostar, provavelmente vai gostar dos meus treinamentos.

Se você não gostar, não gostou.

Porém, acho que agora é hora de fazer toda aquela "autobiografia engrandecedora", então lá vai:

Comecei minha carreira de "Marketing na Internet" em 1999 vendendo máquinas de cartão de crédito on-line.

Naquela época, eu as vendia de porta em porta e tinha feito uma pesquisa na Internet sobre "como vender máquinas de cartão de crédito on-line" e me deparei com um anúncio de um curso de "Marketing na Internet".

O curso custava US$ 275.

Devo ter lido a carta de vendas 100 vezes antes de comprá-la.

Foi um bom curso e, em algum lugar, havia uma frase que dizia algo como

"É viavelmente possível vender enviando milhões de e-mails espontâneos".

Meu cérebro de 27 anos traduziu com o significado: "Você ficará rico muito rápido se enviar milhões de e-mails espontâneos"... que é exatamente o que me propus a fazer.

Isso foi antes de isso se tornar ilegal, por sinal. Era apenas... como se diz mesmo... "mal visto".

Enfim - isso meio que funcionou. Mais ou menos.

Eu ganhei dinheiro? Sim.

Foi mais difícil do que fazer do jeito "certo"? Sim

Enfim - por pura sorte, encontrei gravações antigas de seminários sobre como vender com mala direta de e-mail.

Comprei os seminários, ouvi e fiquei encantado.

Então comprei livros antigos sobre marketing de resposta direta e os li. Depois comprei livros e cursos sobre copywriting e os estudei.

E, após seis anos de tentativas e erros, finalmente comecei a alcançar um verdadeiro sucesso online.

Eu estava fazendo anúncios on-line para vender manuais de treinamento para animais de estimação para donos de cães e papagaios, e quando minha empresa faturou US$ 100.000,00 em um único mês, decidi começar a ensinar as pessoas a como fazer o mesmo.

E foi assim que comecei como um "guru do marketing".

Falando mais da atualidade, hoje tenho clientes em quase todos os países do mundo. (Exceto Angola e Zimbábue. Acabei de verificar).

Sou "O Cara" de celebridades como Tony Robbins quando se trata de marketing on-line, bem como (literalmente) mais de 100.000 pequenas empresas e esse número não para de crescer.

É assim que vou te ajudar, mais especificamente

Meu foco principal é ajudá-lo a transformar a publicidade em lucro usando a automação.

Sou o criador de algo conhecido como Resposta Dinâmica Comportamental, que é uma forma gourmet de dizer: "Mensagens de marketing automatizadas entregues aos seus clientes em potencial com base no comportamento deles".

É, na minha opinião, o Santo Graal do marketing.

Também foco no seu posicionamento - que nada mais é do que uma forma gourmet de dizer: "Faça com que as pessoas gostem de você antes de tentar vendê-las alguma coisa".

Faço isso mostrando a melhor maneira de ajudar genuinamente seus clientes em potencial antes que eles ouçam o seu discurso de vendas.

Aqui Está o Meu Primeiro Discurso De Vendas Para Você:

Vá até a página inicial do meu website e leia alguns dos artigos.

Se você gostar deles, inscreva-se em alguns dos

meus treinamentos gratuitos.

Se eles te ajudarem, considere comprar algum produto meu quando eu te fizer uma oferta.

Bem simples, certo?

Obrigado por ler esta página e comece a trabalhar!

Frank Kern

Frank Kern

Particularmente gosto do jeito que o Frank Kern conduz as coisas. Esse seu jeito claro e aberto de dizer que vai te vender alguma coisa é algo que gosto bastante. Tenho um pouco disso, de falar abertamente sobre vendas, de mostrar ao público que tenho algo a oferecer de forma paga, mas que ofereço muitas coisas gratuitas e grandiosas antes. Essa é a melhor forma de gerar valor e "justificar" o que você vende. Adoro esse jogo e como Frank deixa isso explícito na página.

OS 7 TESOUROS

> "O melhor uso do capital não é fazer dinheiro, mas sim fazer dinheiro para melhorar a vida."
> — *Henry Ford*

Em economia, capital é qualquer bem econômico que pode ser utilizado na produção de outros bens ou serviços. Geralmente, quando falamos de capital, lembramos imediatamente de dinheiro, mas existem outras classes de capitais. Neste capítulo, gostaria de fornecer um *insight* que tem relação direta com esse tema, e mostrar como isso pode influenciar diretamente seus resultados com o trabalho de copywriting.

Listo os capitais — que eu chamo de "Os 7 Tesouros" — que podem ser encontrados através de um "mapa bem escrito", ou seja, um plano de marketing e comunicação poderosa.

Os 7 Tesouros

1) Tesouro financeiro

Dinheiro de seus clientes, investidores, doadores *et cetera*. O copywriter pode conseguir este tesouro vendendo algo através da sua habilidade em se comunicar, suas estratégias, seus textos direcionados a um público específico. O copywriting não tem como motivação apenas vender o produto ou o serviço em apenas um tiro, mas convencer o consumidor de que ele está tomando uma ação específica e correta, comprovada por sua especialidade ao escrever o texto e do valor que você o faz perceber. Essa é, inegavelmente, uma das melhores maneiras de ganhar dinheiro.

2) Tesouro de tempo

Seu tempo é um bem precioso e, se você souber aplicá-lo, conseguirá alcançar resultados positivos mais facilmente. O uso correto e inteligente do seu tempo pode fazer você alcançar outros objetivos. Só para citar um exemplo, quando comecei no mercado de escrita, não tinha um tostão para investir no meu negócio, mas tinha tempo. Usei esse ativo para aprender tudo o que podia sobre marketing, ferramentas de negócios, técnicas de vendas, entre outras coisas. Um copywriter que valoriza liberdade e qualidade de vida, por exemplo, pode usar suas habilidades para criar estratégias de vendas que gerem renda passiva e desfrutar de mais tempo.

3) Tesouro de rede

Pessoas que você conhece, conexões e parcerias que pode fazer, compradores e sistemas que pode acionar para fazer a coisa andar. Não negligencie esse capital, pois ele é extremamente importante e útil. Todo tipo de conexão que você fizer no seu mercado pode servir para você no futuro. Boa parte dos clientes que conquisto vem de indicação de pessoas da minha rede de contatos. Aliás, vale ressaltar que se você quer ser um persuasor, precisa valorizar esse capital. Ninguém aprende persuasão para si mesmo, deve haver pessoas no ciclo para que você consiga persuadir e atingir objetivos de negócios.

4) Tesouro intelectual

Valorizo muito essa moeda. Conhecimento, inteligência e habilidades (suas ou de terceiros); programas, softwares e acesso a ideias também entram no mesmo modelo. Lembra que falei que eu tinha tempo e usei esse tempo para aprender? Então, a partir do tesouro de tempo eu consegui o tesouro intelectual. Tratamos neste livro de geração de capital intelectual, que será usado em favor de nossa vida pessoal e carreira. Quando você consulta um manual, ou livro, ou alguém diretamente, você está se valendo do capital intelectual de outra pessoa. Isso pode ser determinante para o sucesso do que está fazendo. E esse tesouro, se bem direcionado, compra todos os outros.

5) Tesouro físico

Fábrica, maquinários, ferramentas, veículos, *et cetera.* No caso do negócio de copywriting, o tesouro físico pode ser resumido em um *notebook* e conexão com internet. Isso é tudo que você precisa para tocar um negócio de escrita persuasiva. Na época da publicidade e mala direta, bastava apenas uma máquina de escrever (além da própria habilidade) para o redator prestar seus serviços às empresas diretamente ou mesmo trabalhar em agências de publicidade e marketing direto.

6) Tesouro de prestígio

Sua reputação, visibilidade e autoridade. Para conseguir esse tesouro, você precisa construir sua reputação, fortalecer sua imagem no mercado e fazer as pessoas reconhecerem você como uma autoridade, um especialista. Existem dois caminhos para mostrar sua "autoridade" às pessoas: 1) Baseado apenas nos "títulos" que você possui. 2) A capacidade de compartilhar o seu conhecimento ou a sua técnica. Quem usa a segunda opção acaba compartilhando de forma clara os seus conhecimentos com o público, o que acaba gerando mais capital de diversos tipos.

7) Tesouro de instigação

O desejo ardente de seguir em frente. A capacidade e a coragem de dizer "sim". Esse tesouro é conseguido estabelecendo um objetivo que quer muito atingir. Não é uma coisa do tipo "eu acho que quero, mas não tenho bem certeza"; nem "seria legal se eu tivesse". É algo que você quer muito. Isso é comparado ao fogo: fogo baixo, energia baixa. Fogo alto, energia alta. Você precisa de algo que, só de pensar, lhe dê muita energia. Por isso, o primeiro passo é sempre definir claramente o que se quer. A capacidade de instigar a si mesmo é poderosa nas mãos de um persuasor.

Provavelmente, você tem um desses tesouros hoje, ou algum deles está acessível para você conquistar através de um mapa simples. Em muitos casos, será necessário usar todos esses tesouros, mas em outros, um ou dois alinhados já podem fazer você acelerar e mudar de nível. A ideia é saber que nem só de tesouro financeiro vive um homem de marketing. Existem outras moedas para se conquistar e que fazem toda diferença na construção de uma vida e carreira mais satisfatória.

Exercício:

Parte 1:

1. Liste esses 7 tesouros e coloque ao lado se você já os tem. Exemplo: "Tesouro intelectual. Tenho conhecimento prático e especializado em finanças para casais."
2. Escreva ao lado como esse tesouro vai ajudar você a conquistar seus objetivos. Exemplo: "Meu conhecimento em finanças vai ajudar a orientar pessoas casadas a terem uma vida mais próspera. Por consequência, também serei mais próspero, pois serei bem pago pelo meu trabalho."

Parte 2:

3. Identifique que tesouro ainda falta para você. Exemplo: "Falta-me tesouro financeiro para construir uma página, que custa R$ 900,00"; ou: "Falta-me tesouro de prestígio, pois ainda não sou uma autoridade reconhecida."
4. E então, você deve criar um plano usando o copywriting para fazer você conseguir esse tesouro. Exemplo: "Se eu escrever uma carta de vendas enviada pelo e-mail e fechar 3 clientes novos a R$ 300,00, consigo os R$ 900 para pagar a construção da página"; ou: "Se eu publicar conteúdo de forma consistente por 3 meses, aumentarei minha visibilidade no mercado e as pessoas começarão a me ver como uma autoridade na minha área."

Acredito que sua mente tenha fervido nestes seis primeiros capítulos, mas saiba que é só o começo. O que vamos conferir a partir de agora vai torná-lo um ser humano único, mais especificamente, um grande especialista no *uso persuasivo das palavras* e em processos que levam pessoas à tomada de decisão — e poderá usar em qualquer contexto onde haja coisas para vender e gente para comprar.

Assim como em outros livros, desejo que este seja valioso para você e mude sua vida pessoal e profissional de alguma forma. Mas é importante fazer uma isenção de responsabilidade: *este livro não contém estratégias milagrosas.* Não existe milagre no copywriting. Se você busca milagres, procure a Jesus Cristo. Em todas as estratégias que foi usado, o copywriting vestiu roupagens novas, o que significa que funcionou diferente por diversos motivos. Os aspectos variam dependendo do negócio, do público, do produto, do mercado, da cultura ou economia de um país *et cetera*. Portanto, a melhor maneira de chegar a resultados satisfatórios é dominar e internalizar os conceitos e contextualizá-los ao cenário.

Adiante.

PARTE 2

ESCOLA

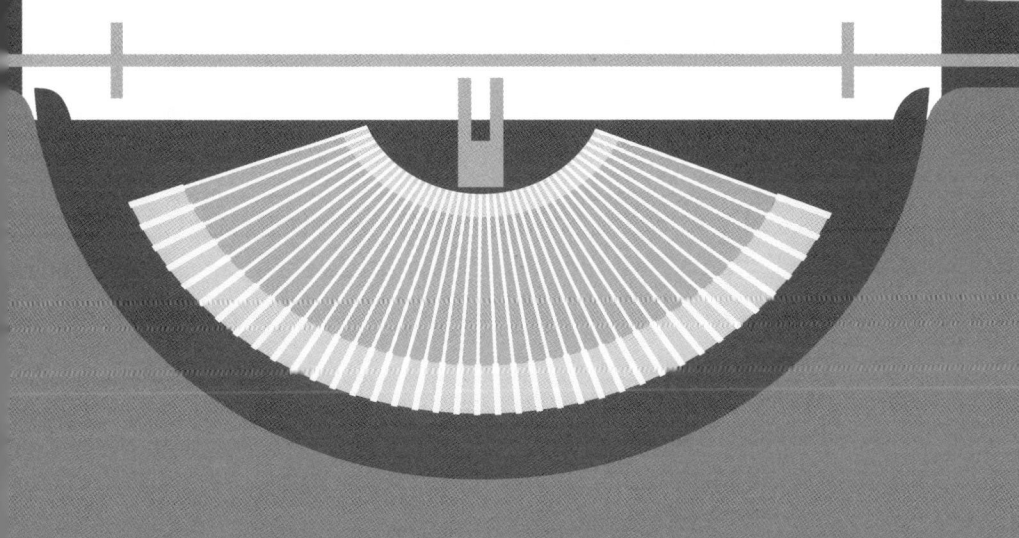

TAPAS LEVES E SOCOS PESADOS

> "Você está cercado por soluções simples e óbvias que podem aumentar drasticamente sua renda, poder, influência e sucesso. O problema é que você simplesmente não as vê."
> — *Jay Abraham*

Quando trabalhava apenas como criador de conteúdo para blogs, aprendi que não basta identificar um público-alvo, construir uma audiência, ensinar a ela um monte de coisas boas sobre o mercado e até atrair seguidores fiéis, e não garantir mais conversões. Na época, a partir de buscas sobre ferramentas e recursos, aprendi de forma intuitiva a aplicar técnicas de copy em artigos de posts. Os resultados em vendas começaram a surgir.

Entendi que um volume grande de audiência, conteúdo e tráfego não compensa a falta de comunicação persuasiva. E comunicação persuasiva não acontece sem um bom trabalho de copy. Se você tem audiência, conteúdo e tráfego, mas não tem inscrições suficientes para sua lista de e-mails, vendas suficientes para o seu livro ou curso, clientes suficientes para o seu negócio de prestação de serviços, assinantes suficientes para seu produto de recorrência, e se você está exibindo anúncios, mas ainda não está ganhando dinheiro — você precisa preparar o terreno para fazer o seu prospecto agir agora.

Basicamente, copywriting ajuda a levar pessoas de um "Ponto A" (elas não conhecem você, elas não se importam com o seu produto *et cetera*), para o "Ponto B" (elas se inscrevem, elas compram, elas fazem o que você deseja que eles façam). "Mas então, como fazer esse preparo de terreno?". Vou responder isso, mas antes me deixe explicar algo...

A internet está cheia de "gênios" falando sobre estratégias e táticas avançadas de marketing digital. Eu adoro esse mercado, ganho dinheiro com ele, mas tem muito "especialista" ensinando teorias furadas e "receitas de miojo", enquanto poderiam estar mostrando como conceitos do bom e velho marketing ainda funcionam se bem contextualizados. Aliás, aproveitando que já comecei a falar isso, aqui está algo que aprendi observando, absorvendo e executando: muita coisa do que alguns especialistas contemporâneos em *internet marketing* ensinam, funciona, de fato. Mas não de forma isolada. É preciso entender o contexto e compreender o que o negócio realmente precisa. Tentar aplicar determinadas técnicas quando você ainda não tem uma boa estratégia de marketing, é como despejar um monte de glacê num prato antes de você saber como fazer o bolo. Não importa quão deliciosa essa cobertura seja, ela ainda pode causar uma baita dor de barriga. Por isso que, em vez de perseguir "a última técnica sagrada" de algum guru, que tal usar o que tem sido eficaz ao longo de várias décadas?

Vamos falar do Marketing de Resposta Direta, o tipo de marketing planejado para provocar uma resposta imediata e levar os prospectos a realizar uma ação específica, como comprar o produto após ler uma carta de vendas, se cadastrar numa lista de e-mails, pegar o telefone e ligar para obter mais informações, fazer um pedido, ser direcionado para uma página web *et cetera*.

O incentivo à resposta direta é uma das armas mais poderosas depois do próprio produto. A resposta direta prova que nem sempre é de uma ferramenta ultra-avançada que você precisa. E por mais que novos modelos de marketing, como *inbound marketing* (para geração de leads) e *content marketing* (para percepção de marca) funcionem bem — sou apaixonado pelos dois e os utilizo em minhas estratégias — a resposta direta pode garantir o que você precisa: convencer o prospecto a agir agora. Vamos pegar do início?

Certa vez um aluno me fez a seguinte pergunta: "Como deve ser desenvolvido um copy para um negócio local mais generalista, como uma loja de material de construção que não tem apenas um produto?". Abaixo você pode conferir a resposta dada a ele:

"Existem duas linhas de copywriting (considerando os conceitos americanos): "copywriting publicitário" e "copywriting de resposta direta". O primeiro traz uma "soft sell ad", isto é, um "anúncio de venda suave"; enquanto o último traz uma "strong call-to-action", ou seja, uma "forte chamada para ação". Quando se trata de propostas mais generalistas, o primeiro faz mais sentido, considerando que a ideia é apenas chamar a atenção e posicionar a marca diante do público. Exemplo:

```
"Na hora de construir a casa dos seus sonhos, venha até o
Material de Construção do José. Aqui você encontra materiais
de qualidade a preços que não comprometem o seu orçamento
mensal. E você não corre o risco de ter uma briga de quebrar
a casa com a esposa."
```

Em ações mais diretas, para promoções e vendas específicas de produtos, o segundo é mais recomendado. Exemplo:

```
"Hoje, apenas hoje a massa corrida Max está saindo pela meta-
de do preço. Sim, você tem 50% de desconto. Mas para isso você
precisa ir até o caixa agora e pedir a sua antes que zerem os
estoques!"
```

São textos simples, apenas para exemplificar. Um é "soft", outro é "strong". Pelo fato de todo texto publicitário ou comercial ser conhecido como copy, a tendência é acharmos que copywriting de resposta direta e redação publicitária são exatamente a mesma coisa, mas existe essa diferença básica. Um vem da publicidade, outro do marketing de resposta direta. Ambos podem ser usados com sucesso, mas estamos nos atendo aqui à segunda escola.

Enquanto algumas técnicas de marketing visam aumentar a conscientização, ou educar os mercados sobre os produtos ou serviços de uma empresa, o objetivo exclusivo do marketing de resposta direta é persuadir o destinatário a agir. Embora a obtenção de uma venda seja o objetivo final, na maioria dos casos, alguns clientes não estarão prontos para comprar no local. Nesse caso, a resposta direta pode estimular a visita a um site, ligação para mais informações, devolução de um cartão postal solicitando uma cotação, digitação do nome e endereço de e-mail *et cetera*.

Ao contrário da publicidade em massa, que é apresentada a todo público, o marketing de resposta direta é apresentado apenas às pessoas que possivelmente têm interesse ou necessidade no produto, com base em informações prévias coletadas sobre eles. Por exemplo, membros da Associação dos Escoteiros do Brasil podem receber uma carta de vendas anunciando um novo uniforme agora disponível para venda com o logotipo da instituição. Apenas rapazes escoteiros, bem como seus pais, provavelmente estarão interessados em possuir tais peças de roupa, de modo que, limitando quem recebe o anúncio, o fabricante economiza dinheiro em custos de distribuição e aumenta as chances de alcançar pessoas que possam fazer a compra.

Dito isso, aproveito para revelar agora um segredo de autor. No título que publiquei anteriormente, "Copywriting: O Método Centenário Mais Cobiçado do Mercado Americano", decidi abordar aspectos de copy inspirados na Publicidade, uma escola que particularmente eu admiro muito. No começo do outro livro eu pincelo a influência da resposta direta, mas ajo o tempo todo como se estivesse levando os leitores por um passeio nos corredores no museu da propaganda, mostrando vários casos de sucesso criados por redatores da Madison Avenue, apesar de expor casos mais distintos. Já neste livro que você está lendo agora, todo o conceito é construído no que eu chamo de "Escola da Resposta Direta". Por isso estou citando grandes nomes da mala direta e das cartas de vendas clássicas e focando menos em anúncios publicitários, conquanto, reafirmo: grandes copywriters passearam e fizeram história em diferentes áreas, inclusive, na publicidade — e qualquer copywriter precisa ao menos conhecer os principais casos registrados. Vamos dar outro passeio.

Costumo dizer, com reverência, que Deus é o primeiro copywriter, e que a partir de um CTA claro, "Haja Luz!", acendeu a luminária da criação. O Verbo estava com Deus quando os primeiros raios de sol se formaram.

Ou seja, tudo começou com o poder da palavra. Deus deu a Noé a ordem clara para construir uma arca para se salvar do dilúvio. Os 10 Mandamentos foram impressos por Deus numa tábua, com chamadas para ação no modo imperativo: "Não matarás!", "Não adulterarás" *et cetera*. Moisés compôs a Torá, passada inicialmente por tradição oral e, posteriormente, escrita em edições novas em pergaminhos e rolos durante seis séculos. Muitos anos depois, Jesus praticou o *storytelling*, usando parábolas para expor ensinamentos que perduram por milênios.

Avançando no tempo, os primeiros vestígios de mensagens propagandistas são encontrados na Antiguidade Clássica, em Pompéia, na Itália. Tabuletas da época anunciavam combates de gladiadores e faziam referências a diversas casas de banho localizadas em cidades. Nesta época, os anúncios também eram feitos por pregoeiros, que anunciavam oralmente a venda de gados, escravos e artefatos diversos.

Chegamos à Idade Média, onde papéis eram impressos e distribuídos na rua quando anúncios importantes precisavam ser feitos. Havia mensageiros que levavam cartas seladas a outros reinos, a pé ou a cavalo. O trabalho de alguns escribas se resumia em criar mensagens em cartazes feitos de papel com uma pena mergulhada em tinta; algo antiquado que deveria ser prazerosamente demorado. Os cartazes eram fixados em paredes e postes nas cidades maiores da Europa. Não havia processos de impressão para fazer duplicatas, portanto, cada página foi cuidadosamente trabalhada. Criar anúncios era uma arte, e isso soa incrivelmente inspirador para mim.

Com a invenção da imprensa no Século XV, eventualmente, os anúncios evoluíram para panfletos impressos e brochuras e se tornaram menores em tamanho, já que imprimir antes era um processo complicado e demorado. Então, quanto menor o item, mais rápido era a produção. Uma vez que os processos de impressão em massa foram aperfeiçoados, entre 1602 e 1609, os jornais puderam ser produzidos em massa e vendidos nas esquinas das ruas. O primeiro trabalho em inglês foi produzido em 1665, chamado Oxford Gazette (agora conhecido como London Gazette). Foi quando os jornais de formato maior foram publicados que os anúncios começaram a aparecer em uma página inteira ou em vários formatos espalhados pelas páginas.

O que conhecemos como marketing direto começou a ser praticado usando catálogos na Inglaterra e na Europa, no Século XV. O editor Aldus Manutius, de Veneza, imprimiu um catálogo dos livros que ofereceu para venda. Já em 1667, o jardineiro inglês William Lucas publicou um catálogo de sementes, que enviou a seus clientes para informá-los de seus preços. Catálogos se espalharam para a América Colonial e se acredita que Benjamin Franklin tenha sido o primeiro catalogador na América Britânica. Está registrado que em 1744, Franklin produziu um catálogo de livros científicos e acadêmicos.

Também entra em cena o empreendedor e oleiro inglês do século XVIII, Josiah Wedgwood. Ele desenvolveu técnicas modernas de marketing e foi um dos primeiros defensores da "mala direta". Atendendo às demandas da revolução do consumo, e ao crescimento da riqueza das classes médias que ajudaram a impulsionar a Revolução Industrial na Grã-Bretanha, após uma revolução industrial no final do século XVIII, uma crescente classe média criou uma nova demanda por bens e serviços. Josiah Wedgwood e Matthew Boulton, também empreendedor, foram pioneiros em muitas das estratégias de marketing usadas atualmente, incluindo o que chamamos de marketing direto.

O empresário galês Pryce Pryce-Jones criou o primeiro pedido moderno por correspondência, em 1861. A Direct Mail Advertising Association, antecessora da atual Associação de Marketing Direto, foi fundada em 1917. As taxas de postagem em massa para correio em terceira classe foram estabelecidas em 1928.

Computadores chegaram na indústria em 1950 e foram comercializados usando técnicas de marketing direto. Isso pode parecer irônico, considerando que os computadores passaram a ser os principais concorrentes da mala direta. Embora seja verdade, até certo ponto, o marketing direto através de computadores é considerado apenas mais um canal de marketing disponível para os profissionais de marketing usarem.

Em 1967, Lester Wunderman identificou, nomeou e definiu o termo marketing direto. Por isso que Wunderman é considerado o pai desse tipo de marketing. Inclusive, ele está por trás da criação do número gratuito 1-800 (0800 no Brasil) e vários programas de marketing de fidelidade, incluindo o Columbia Record Club, o cartão de assinatura da revista e o programa American Express Customer Rewards.

Na década de 1970, o marketing direto começou a usar cores altamente chamativas para projetos de publicidade. O amadurecimento de computadores tornou possível o design gráfico para uma variedade maior de negócios. Os consumidores na época passaram a receber peças com designs gráficos arrojados e grandes manchetes coloridas feitas para capturar a atenção.

Considerando a linha do tempo com alguns casos em que se usou recursos de copywriting, como a famosa carta do "The Wall Street Journal", de Martim Conroy; e "Coat-Of-Arms", de Gary Halbert, por exemplo, vejo que grande parte da evolução das técnicas de cartas de vendas impressas se deram entre as décadas de 1970 e 1990. Produzidas por agências, redatores freelancers ou consultores de resposta direta, já com o auxílio de computadores, ou ainda datilografadas em máquinas de escrever, as cartas de vendas foram responsáveis por várias explosões de vendas. É com base nos casos dessas cartas de vendas, trazendo a essência da resposta direta, que vamos desenvolver o "Cérebro de Ouro".

Uma citação de Clayton Makepeace para fechar este capítulo: "De repente, tudo o que eu tinha visto na mala direta, e todos os anúncios que eu tinha visto, faziam sentido. Dê às pessoas uma razão pela qual elas deveriam comprar um produto."

8

NÃO FUJA DA ESCOLA

"A resposta é uma das cinco chaves do marketing direto bem-sucedido. E se você tem isso, os outros quatro não importam."
— Jared Braverman

"O marketing direto está evoluindo a cada dia; em alguns casos, parece que temos um círculo completo. Há alguns anos, houve a pressa para o telemarketing e, em seguida, veio a corrida para a internet. Agora, os profissionais de marketing estão começando a entender que tudo isso — telefone, correio, internet, e-mail, os chamados *novos meios de comunicação* — são simplesmente canais alternativos que permitem o contato direto com um cliente." Palavras de Audrey Price-Dix.

O marketing de resposta direta é um tipo de marketing que trabalha por uma resposta específica que pode ser medida. As estratégias que se apoiam nesses aspectos facilitam a entrega de uma chamada para ação (*call-to-action*) e o resultado via interação direta ou online para *feedback* e resposta imediata.

A resposta direta permite que os profissionais de marketing compreendam o desempenho de seus produtos ou serviços sem passar por um longo período de espera, pois a interação entre a marca/produto e o consumidor é praticamente instantânea. O processo costuma envolver os seguintes elementos principais:

- Uma proposta.
- Informações amplas necessárias para consideração do cliente.
- Um claro apelo à ação.
- Opções de resposta por meio de métodos como um número gratuito, e-mail ou página.

No entanto, existe o que podemos chamar de "A Fórmula Universal da Resposta Direta", que nada mais é que um processo mais enxuto para o que acabamos de ver. Ela aponta três elementos básicos:

1. Oferta.
2. Informação.
3. Resposta.

Se apenas um desses elementos estiver em falta, sua mensagem de resposta direta poderá falhar, independentemente do meio ou canal que você estiver usando. Para entender a afirmação, é necessário lembrar que marketing direto não é marketing de varejo. No varejo, os produtos são criados e enviados para uma loja e existe uma espera até que as pessoas comprem. A publicidade oferece suporte ao varejo e se destina a criar preferências de marca, de modo que, ao chegar a uma loja, o consumidor compre um produto em vez de outro. Nesta forma de marketing, o anúncio é separado da decisão de compra.

O marketing de resposta direta, no entanto, "corta o intermediário" e vende diretamente ao comprador por meio de anúncios e outras comunicações. As ações são destinadas a vender produtos imediatamente ou gerar consultas para que os representantes de vendas possam fechar a venda mais rapidamente. Nesses casos, o anúncio e a decisão de compra estão juntos. Por isso o modelo é chamado de resposta direta, pois deve acionar uma resposta diretamente.

Para melhores resultados, precisamos usar os três elementos da "Fórmula Universal" com um pouco mais de detalhes:

1) Uma excelente oferta. Oferta é a combinação de vários elementos, incluindo o próprio produto, juntamente com o preço, unidade de venda, período de avaliação, recursos opcionais, termos, incentivos, garantia, limite de tempo ou quantidade, remessa e manuseio, obrigações futuras *et cetera*.

Existe um número infinito de maneiras de fazer uma oferta. E você nunca sabe exatamente qual variação será mais bem-sucedida. Então é importante conhecer os diferentes processos e testá-los sempre, de acordo com o contexto que o produto e o anúncio estão inseridos.

2) Informações precisas. Você precisa expor argumentos suficientes para fazer com que as pessoas tomem uma decisão sobre sua oferta. Se eles não conseguem decidir, eles simplesmente não dão nenhuma resposta ao apelo. E nenhuma resposta, claro, significa nenhuma venda. Quanta informação é suficiente? Isso depende do que você está vendendo e de quanto você está pedindo pelo produto. Você pode vender uma assinatura de um produto famoso com apenas um cupom de desconto em um envelope, porque praticamente todos estão familiarizados com a publicação. Mas a maior parte dos produtos e serviços exige mais explicação e mais argumentos.

Em geral, quanto menos as pessoas estiverem familiarizadas com o produto, mais informações você precisa dar. Em caso de dúvida, é sempre melhor errar colocando mais informação. Se estiver bem apresentado, as pessoas podem obter as informações que desejam e ignorar o resto. Esse é um argumento para o copy longo. David Ogilvy costumava dizer: "Quando eu era vendedor de porta em porta, descobri que quanto mais informações eu dava sobre meu produto, mais eu vendia.". Portanto, quanto mais informativo for o seu anúncio, mais persuasivo ele tende a ser.

3) Um meio fácil de resposta. Supondo que você fez uma oferta atraente e forneceu informações suficientes para que as pessoas tomem uma decisão. Você não quer que nada atrapalhe o fato de as pessoas realmente responderem ao seu anúncio, certo? Quanto mais fácil for para o cliente-alvo dar a resposta, mais respostas você terá.

Números gratuitos, cartões de resposta e envelopes pagos são os principais meios de tornar a resposta mais fácil, mas você também pode usar mecanismos de resposta via e-mail, redes sociais ou aplicativos de contato.

Vamos fixar: excelente oferta, informação precisa e meio fácil de resposta. São três coisas absolutas no marketing de resposta direta. Você deve ter todos eles, sem exceção. Na verdade, se você tem um bom produto e conhece o seu mercado, elas podem ser as únicas três coisas que você precisa saber para o sucesso em conversões. Com isso, algumas cartas de vendas online costumam converter bastante, mesmo que o produto não tenha um bom *branding*.

DE ONTEM PARA HOJE

E-mail. Uma das práticas tradicionais do marketing de resposta direta é o envio de mala direta, a comunicação aos clientes potenciais por meio do envio postal de impressos (folhetos, cartas circulares, catálogos *et cetera*). Entra em cena o *mailing*, abreviação do inglês *mailing list*; esse é o banco de dados (nome, endereços, características do consumidor, entre outras informações) que são utilizados em ações e campanhas. Foi usando *mailing* que vários copywriters obtiveram sucesso com suas cartas de vendas.

Trazendo para nosso atual contexto, a Era Pós-Digital, o que mais se aproxima da mala direta é o e-mail marketing, onde também se enviam comunicações para o endereço do público. Mas em vez de físico, o endereço de postagem é online. E-mail marketing, porém, não pode ser confundido com *spam*, que se baseia em mensagens indesejadas, que o público não autorizou o envio. Você deve evitar fazer *spam* porque esse tipo de abordagem acaba gerando rejeição em vez de conversão.

Existem alguns caminhos para não ser odiado e xingado pelas pessoas ao enviar uma mensagem de vendas. Todos eles se baseiam no uso de estratégias de permissão de mensagem e relacionamento. Por exemplo, você pode oferecer uma oferta de conteúdo para seus potenciais compradores, algo que seja interessante para eles, e que pode ser obtido via *download*, de forma gratuita. Nesse caso, você estará usando uma tática característica no marketing de conteúdo. Pode ser um formulário, infográfico, livro digital, *checklist*, passo-a-passo, videoaula explicativa *et cetera*. Em troca, você fica com o e-mail do interessado e pode usá-lo para envio de mais conteúdos que o agradem, para fazer interações, tirar dúvidas e fazer ofertas de seus produtos e serviços. Isso ajudará você a fazer marketing de resposta direta contextualizado com as novas exigências do consumidor.

Carta de vendas. Se o e-mail marketing representa a mala direta da era atual, as cartas de vendas impressas de antes são as "páginas de vendas" de hoje. E antes, se a mensagem precisava ser enviada para o endereço do público, hoje é possível trazer o consumidor até a mensagem. Esse "trazer" é resolvido pelo que nós profissionais de marketing chamamos de "tráfego", ação que faz referência ao movimento/trânsito de pessoas num determinado meio. Este tráfego é determinado pelo número de visitantes que passeiam por uma página, e na web é geralmente garantido com anúncios online. Os anúncios são fundamentais para gerar tráfego direto e massivo numa determinada página. Isso faz com que, muitas vezes, apenas uma carta de vendas e o direcionamento correto de tráfego, *sem mailing*, seja suficiente para vender um produto.

Aliás, quando se faz a união correta dessa dupla, tráfego e copy, é extremamente possível gerar toneladas de resultados em vendas e faturamento. Pare para pensar um instante. Se os mestres da resposta direta faziam milhões de dólares com cartas impressas redigidas em máquinas de escrever que eram enviadas pelos correios, muitas vezes sem aviso prévio, imagine o que podemos fazer com computadores, internet, Google, *big data*, recursos de segmentação, ainda se valendo de estratégias de permissão e relacionamento!

LIGANDO OS PONTOS

Os americanos são os responsáveis por fazerem as primeiras adaptações do marketing de resposta direta na web, usando os recursos antes presentes em ferramentas como mala direta em canais e meios online. Sempre com uso de mensagens mais diretas e persuasivas.

Isso forma um marketing mais "direto", "ousado" e até "agressivo" em relação a outros modelos, como o marketing de conteúdo. Copywriters e marqueteiros de internet usam fortemente os fundamentos do marketing direto para vender online. Esses especialistas dão mais ênfase à resposta direta e menos ao *branding*. Para eles, se a resposta for dada rapidamente, melhor, pois assim se obtém resultados imediatos.

Em resumo, quando a meta é a resposta direta, significa que você deseja que o usuário execute uma ação imediata depois de clicar no anúncio e ler o copy. Para que a resposta seja dada, é preciso criar um discurso forte e emocionalmente poderoso, fazendo com que a recusa à compra seja praticamente impossível. A construção desse discurso é feito com o uso das técnicas de copywriting. E a tabela abaixo pode ajudá-lo a compreender os princípios mais básicos que regem uma mensagem de copy:

As 5 regras de ouro do marketing de resposta direta

O marketing de resposta direta é altamente rastreável, oferecendo dados quantitativos e *insights* úteis. A resposta direta também é incrivelmente acessível, criando um vínculo direto entre o investimento em marketing e as receitas geradas. Porém, como acontece com qualquer estratégia de marketing, a resposta direta tem algumas regras claras para o sucesso. E se você negligenciar alguma delas, poderá não obter os resultados esperados. Aqui estão as regras:

Regra número 1: tenha uma oferta irresistível sempre

O que conta na resposta direta são os resultados instantâneos. Você não está tentando criar reconhecimento de marca, está tentando conseguir a venda agora. Sua única tarefa com o seu anúncio é fazer uma oferta persuadir os clientes. Ofertas fracas simplesmente não geram resultados. Procure verificar se todas as suas campanhas têm uma grande oferta, com recursos emocionais e fatos suficientes para levar os consumidores à resposta.

Regra número 2: estabeleça um prazo

Serei enfático: seu objetivo não é fazer com que as pessoas respondam ao seu anúncio. Seu objetivo é fazer com que as pessoas respondam ao seu anúncio agora. Não amanhã, não na sexta que vem, nem na próxima semana, mas agora. Por isso sempre tenha um prazo para o seu anúncio. Você tem um suprimento limitado de seu produto? A sua oferta termina o fim de semana? Em 24 horas? Até 23h59 de hoje? Deixe claro para os leitores que se eles não responderem agora, perderão algo transformador.

Regra número 3: tenha um call-to-action claro e específico

Seu trabalho ainda não terminou enquanto o consumidor não responder o seu anúncio. Você fez uma oferta sólida, disse às pessoas que elas têm um tempo limitado para responder ou vão perder o benefício. Chegou o momento em que você precisa dar instruções claras sobre o que fazer a seguir. Eles precisam ligar para marcar uma consulta? Precisam enviar um cupom? Precisam mandar um *oi* numa rede social qualquer? Clicar no e-mail e adquirir o produto? Seja claro e específico!

Regra número 4: escreva um copy visceral

A publicidade de marca e a resposta direta são modelos totalmente diferentes. Embora a publicidade de marca possa ser criativa, sutil e até um pouco vanguardista, seu copy para resposta direta deve ser altamente atraente e chamar a atenção do consumidor instantaneamente. Para escrever este tipo de copy, você deve conhecer seu público, seus problemas e definir sua oferta como a solução para esses problemas. Basicamente, não se concentre em recursos, mas em benefícios. Exponha uma grande ideia e faça a promessa ser a coisa mais desejada pelo leitor no momento de leitura.

Regra número 5: meça os resultados

Com a fantástica tecnologia disponível para você, não há desculpa para não acompanhar suas campanhas. Não importa se você usa URL's de rastreamento e códigos QR, use algo para coletar dados que informarão o que está funcionando e o que não está. Somente através da análise de dados é possível determinar se você está no caminho certo. Acompanhe as métricas em todo caso. Conheço uma empresa que testa 140 cartas de vendas por ano. Essas cartas são usadas dentro de uma grande estratégia de marketing que levou a marca de R$ 12 milhões a R$ 200 milhões em apenas dois anos. Sem mensuração, testes e correções constantes, esse feito não seria possível.

Então, pronto para os testes com copy de resposta direta?

GRANDE CASE, GRANDE IDEIA

> "Marketing de resposta direta é a única forma de publicidade responsável."
> — *Bob Bly*

As coisas ficarão mais quentes agora...

Se você quer realmente que os prospectos comprem — em vez de ficar girando em círculos — pergunte a si mesmo: "O que está faltando?". Essa pergunta pode trazer um profundo entendimento de como copywriting deve ser usado para converter prospectos em clientes de fato. E não existem pessoas melhores para nos ensinar isso do que os criadores de cartas de vendas e anúncios clássicos em revistas e jornais do Século XX. Hoje temos sites, páginas online e vídeos incorporados direcionados para um público específico selecionado, mas eles tinham apenas uma página impressa e públicos distintos acessando o mesmo conteúdo. Como eles conseguiam converter muito?

Para compor este capítulo, trouxe uma peça de um dos maiores copywriters de todos os tempos e destilei coisas que se baseiam nos princípios da resposta direta. O exemplo a seguir está cheio de *sutis segredos de persuasão* que você poderá ver às claras. Costumo dizer que apenas "copiar" o trabalho de mestres não o levará longe, a menos que você entenda o porquê aquilo funcionou e como isso funcionaria hoje. Por isso, depois do exemplo, vou dizer exatamente o que o tornou tão eficaz e, em seguida, dizer como aplicá-lo em outros contextos.

Precisa de dinheiro rápido? Tente isso ...

O Sensacional Segredo Para Fazer Dinheiro De Um Nerd Desesperado De Ohio!

Querido amigo,

Se você gostaria de ganhar muito dinheiro rapidamente, esta será a mensagem mais emocionante que você lerá.

Eis o porquê: meu nome é Gary Halbert e, há algum tempo, eu estava totalmente quebrado. Meu negócio estava quase falido e eu nem conseguia pagar o aluguel. Na verdade, eu não estava apenas sem dinheiro, estava desesperado.

Então, um dia, tive uma "ideia maluca" sobre como escrever um certo tipo de carta de vendas (não era uma carta em cadeia) que levaria as pessoas a me enviar dinheiro.

Eu estava morando em Ohio na época e meus amigos riram da ideia. Eles achavam que era uma grande piada. Disseram que eu era um sonhador e que não tinha "bom senso". Na verdade, um cara disse que eu era apenas um nerd e que minha ideia era tão boba que ele sentiu pena de mim.

Sério? Bem, eu não me importei. Eu ainda achava que tinha uma boa ideia, digitei algumas das minhas cartas e comecei a enviá-las. E adivinha? As pessoas de fato começaram a me enviar dinheiro. E usei esse dinheiro para enviar mais cartas, o que gerou ainda mais dinheiro. E eu usei a grana para enviar ainda mais cartas que trouxeram ainda mais dinheiro ...

E assim por diante.

Qual é o resultado final? Simplesmente este: antes de terminar, aquela única carta trouxe...

Mais de 7.300.000 Respostas

Pense nisso: mais de 7 milhões de pessoas me responderam e todas enviaram um cheque (em nome da minha esposa) ou então dinheiro que eu pude botar no bolso. E o que eu estava vendendo? Na verdade, isso não importa. Veja bem, a mágica não estava no produto, estava na carta!

Você tem algo para vender? Nesse caso, você pode usar a "ideia maluca" que usei em minha carta para criar uma carta sua para vender quase tudo o que você tem.

Quem precisa deste segredo?

- Você é um vendedor que precisa de mais leads?
- Você é uma dona de casa prestes a se divorciar e precisa de uma maneira simples de ganhar muito dinheiro?
- Você tem uma loja de móveis, restaurante, concessionária de carros, barraca de cachorro-quente ou algum outro tipo de estabelecimento que gostaria de ver lotado de clientes?
- Você é um fabricante que gostaria de vender tantos aparelhos tecnológicos que precisa fazer turnos extras para atender a demanda?
- Você é um consultor de marketing que gosta de acompanhar novas ideias e técnicas para atender melhor seus clientes?
- Você é médico, dentista, fisioterapeuta, optometrista, terapeuta ou qualquer outro tipo de profissional de saúde que gostaria de ver sua sala de espera cheia de novos pacientes?
- Você tem uma casa que gostaria de vender? Mil casas? Um carro? Um barco?
- Você tem qualquer coisa que gostaria de vender? Serviços de consultoria? Produtos? Se vender?

Se você respondeu "sim" a alguma das perguntas acima, tente minha "ideia maluca". Você pode ler tudo sobre isso no meu novo livro chamado...

Como ganhar o máximo de dinheiro no mínimo de tempo!

Escute: há muitos anos, eu pensei que queria ser um vendedor. Consegui um emprego vendendo enciclopédias de porta em porta e continuei até ficar muito bom. Mas havia um problema. Você vê, eu só posso bater em cerca de 40 portas todas as noites. E, portanto, não importa o quanto eu trabalhe, havia um limite definido na minha capacidade de ganho.

Além disso, vender de porta em porta é uma maneira horrível de ganhar a vida! Então, continuei pesquisando e pesquisando até ter minha "ideia de carta maluca", que é a primeira experiência que tive com o que chamo de VCR ou "venda de controle remoto".

O VCR usa os segredos de outra coisa que desenvolvi chamada "publicidade matadora", que quase obriga as pessoas a comprar o que quer que você está vendendo. E o que a VCR permite é vender quase tudo sem nunca encontrar seus clientes pessoalmente... ou mesmo falar com eles por telefone!

Esses segredos de venda "controles remotos" de "publicidade matadora" podem ser usados por qualquer pessoa. Mesmo uma dona de casa, um estudante ou alguém que está desempregado. E, se você tem um negócio (ou deseja ter um negócio), esses segredos podem gerar tanto fluxo de caixa que você pode ter dificuldade em levar todo o dinheiro para o banco. Eu não estou brincando. Minha "ideia de carta maluca", por exemplo, trouxe...

Mais de 20.000 cheques por dia!

A propósito, receber tantos cheques todos os dias significa que você precisa contratar pelo menos 30 funcionários em período integral apenas para fazer seus depósitos bancários. Mas, de qualquer maneira, minha "ideia de carta maluca" não é a única coisa que você aprende quando lê meu livro. Não. Esse é apenas o primeiro capítulo!

Aqui está uma amostra do que você aprenderá quando ler o restante do livro:

- Como obter um produto para vender, se você ainda não possui um, e como obtê-lo de graça! (Veja a página 11)
- Como conseguir tanto dinheiro quanto você realmente precisa para fazer as coisas rodarem... e recebê-lo sem pedir emprestado! (Veja a página 19)
- Como obter ajuda de estrelas de cinema e TV para ajudá-lo a vender seus produtos e serviços! (Veja a página 21)
- Um segredo incrível que pode transformar seu jornal local em sua própria mina de ouro pessoal. (Veja a página 29)
- Como obter o nome e o endereço exatos de milhares de

pessoas que gostariam de lhe enviar dinheiro! (Veja a página 37)
- O que escrever em um pequeno cartão postal barato que fará as pessoas encherem você de dinheiro! (Veja a página 41)
- Como enviar até 100.000 cartas por semana, sem nenhum custo ... nem mesmo postagem. (Veja a página 53)
- Como usar os números de telefone "premiados" para fazer com que as pessoas paguem para ouvir seu discurso de vendas! (Veja a página 57)
- Como usar as páginas amarelas da sua agenda telefônica de uma maneira secreta que liberará enormes quantias de dinheiro! (Veja a página 65)
- Como usar pequenos anúncios baratos de classificados para ganhar até US $ 10.000 por dia! (Veja a página 71)
- Como ter você ou seu produto na TV a cabo sem custo algum! (Veja a página 89)

Tem mais. Muito mais. Incluindo como (se você não for casado) usar o VCR para encontrar o (a) parceiro (a) dos seus sonhos, como conseguir o presente mais valioso do mundo de forma absolutamente gratuita (uma vez eu paguei US$ 2500 por um desses), como evitar transtornos legais e processos de "urubus" com inveja do seu sucesso e assim por diante.

Ok, é isso por enquanto. Estou ficando sem espaço aqui. De qualquer forma, espero ter fornecido informações suficientes sobre o meu novo livro para que você decida comprá-lo e o ler imediatamente. Mas por favor...

Date seu cheque ou ordem de pagamento para 30 dias!

Olha, o custo do meu livro é extremamente baixo comparado ao que você recebe. No entanto, mesmo assim, não quero depositar um centavo do seu dinheiro até que você leia meu livro e descubra por si só como ele é realmente bom. Isso soa estranho para você? Desculpe, mas não importa o que aconteça... Pretendo tratá-lo como eu gostaria de ser tratado!

Em outras palavras, acho que você merece poder ler meu livro antes de me permitir descontar seu cheque ou ordem de pagamento.

Veja como fazer o pedido. Tudo o que você precisa fazer é escrever seu nome e endereço e a palavra "dinheiro máximo" em um pedaço de papel e enviá-lo com seu cheque ou ordem de pagamento (com data de 30 dias) e o valor de US$ 19,95 mais taxa de frete e manuseio de três dólares (total de US$ 22,95) para:

Everett e Lloyd, Inc.

Departamento 208

5701 Overseas Hwy, suíte # 4

Marathon, FL 33050

É tudo o que precisa fazer. Assim que receber seu pedido, enviarei o livro para você imediatamente...

Por correio prioritário!

Você receberá o livro imediatamente e terá tempo de sobra para lê-lo e conferir. Então, se você não estiver 100% satisfeito, basta devolvê-lo para mim e eu enviarei de volta seu cheque não depositado ou ordem de pagamento sem fazer quaisquer perguntas.

Deseja um serviço mais rápido? Nesse caso, você pode usar um de seus cartões de crédito e fazer o pedido por telefone e... você ainda tem 30 dias para conferir meu novo livro antes de processar sua cobrança com o cartão de crédito! O número é...

(800) XXX-XXXX

A propósito, os cheques e ordens de pagamento devem ser em nome da Everett & Lloyd, e não é uma boa ideia enviar dinheiro. Obrigado.

A carta de vendas acima foi escrita por ninguém menos que Gary Halbert. Essa única peça gerou 7.300.000 clientes com pagamento à vista e foi a fonte que construiu uma empresa de vendas por correspondência, a Halberts. Empresa que eventualmente empregou mais de 700 pessoas, 40 das quais eram necessárias apenas para fazer depósitos bancários que consistiam em cerca de 20.000 cheques por dia. Leia a frase anterior novamente! O exemplo foi intencional, pois falarei mais sobre Halbert no próximo capítulo. No entanto, por ora, vamos nos concentrar na genialidade dessa carta.

No blog Crazy Egg, eles explicam que quando o assunto é vendas, você está sempre tentando escalar duas montanhas metafóricas: plausibilidade e autoridade — em diferentes proporções, dependendo do produto e do mercado. Vamos entender...

Plausibilidade. Você pode convencer o leitor de que uma solução é possível. Digamos que você esteja ensinando a ganhar dinheiro em casa. Se um leitor vê o seu anúncio e pensa "é besteira, ninguém pode fazer isso", você falhou. O "Nerd Desesperado" não foi acidental; é a parte crucial do copy que prova ao público que o "segredo lucrativo" de Gary Halbert é possível porque conta a história de alguém que começou pior do que o leitor médio, mas ainda assim obteve resultados surpreendentes. "Se um nerd desesperado pode fazer isso" — diz o leitor mentalmente — "talvez eu também possa!".

Autoridade. O leitor confia que (A) você tem a capacidade de resolver o problema; e (B) você tem a solução. O primeiro é importante porque a menos que o leitor acredite que você possa resolver o problema dele, ele não comprará; o segundo é importante porque a menos que acredite que você é a melhor solução, fará isso sozinho ou encontrará o competidor de menor preço. Para estabelecer sua autoridade, Halbert incluiu seus resultados e usou números específicos, como "eu já recebi US$ 2.500 por um desses".

Este é um ótimo modelo de cartas de vendas para ser usado como inspiração no contexto: venda de solução para um mercado que não foi exposto à sua oferta antes e é cético quanto às suas chances de sucesso. Nesse caso, o copywriter não precisa ter medo de usar uma anedota convincente. "Você começou falido", "Todo mundo disse que isso não poderia ser feito", "Ninguém dava nada por você". Esse tipo de coisa ainda funciona muito bem.

Caso você não tenha uma história real sua, poderá contar a história de um cliente que superou uma desvantagem para alcançar um sucesso, ou mesmo de uma pessoa que você conhece. Em todos os casos, não se esqueça de fornecer provas suficientes; caso contrário, eles não acreditarão que você realmente tenha a "solução secreta". Você pode incluir imagens reais dos seus resultados, ou um pagamento que você recebeu ou que um aluno ganhou, ou prints de matérias falando sobre o feito. Se você já foi destaque em eventos dos quais o leitor provavelmente já ouviu falar, inclua os logotipos das mídias, adicione *prints* ou mencione de outra forma onde você foi apresentado. De qualquer forma, coloque provas.

Agora vem a parte sobre "A Lenda"… Se eu fosse você, pegaria um café antes de começar a ler.

EU SOU A LENDA!

> "Nada é impossível para um homem
> que se recusa a ouvir a razão."
> — Gary Halbert

O ano era 1971 e ele passava por uma grande dificuldade financeira. Daqueles apertos que você encosta a cabeça no travesseiro, não consegue dormir e fica se virando na cama (essa é a mesma situação exposta no começo da carta do *Nerd Desesperado de Ohio*). Eu posso imaginar seu desespero como pai e esposo. Além da insônia, a dificuldade para se concentrar durante o dia, porque você só pensa em uma coisa: "Como vou arrumar dinheiro para pagar o aluguel e todo o restante das contas?".

Ele precisava fazer algo a respeito imediatamente, precisava encontrar uma solução para poder sentar em sua poltrona e assistir tevê sem se preocupar em ser despejado. Ele pensou em algo, e este algo mudou completamente a sua vida.

Este homem era Gary Halbert, que anos mais tarde viria a ser amplamente considerado o maior redator do mundo. Isso deve, em grande parte, pelo seu maior trabalho de sucesso, feito após essa situação de aperto narrada: a famosa carta "Coat-Of-Arms"; em tradução, "Brasão de Armas". Essa carta de uma página foi enviada pelos correios cerca de 700 milhões de vezes. Gary Halbert contava que essa era a carta da sua vida, justamente porque ele estava quebrado e desesperado quando a escreveu.

Na situação, ele criou um cenário mental dizendo que sua vida dependia daquilo. E então começou a escrever com o objetivo inicial de fazer o destinatário abrir o envelope e ler a mensagem. A partir disso, teorizou que a carta não poderia parecer uma correspondência promocional. Tinha que parecer com carta pessoal, e por isso usou um envelope simples endereçado à mão e carimbado com uma única letra.

O que ele venderia na carta? Um produto revolucionário? Não, um pôster com o brasão de armas para um determinado grupo de pessoas — um público bastante específico, por sinal: as famílias com o sobrenome Macdonald. Esta carta, esta única carta, resultou em US$ 75 milhões ao longo dos anos. Leu corretamente? Gary Halbert fez com uma única carta de vendas, endereçada pelos Correios, US$ 75 milhões de dólares vendendo pôsteres.

Lembra que citei que o ano dessa carta é 1971? Ou seja, isso foi antes da internet e ele a compôs com uma máquina de escrever e enviou as cópias pelos correios. Esse é um dos maiores exemplos do que o domínio do poder das palavras pode proporcionar. Um poder que está disponível a você hoje.

Você não é Gary Halbert, mas ainda assim pode fazer muito dinheiro. Se ele, há muitas décadas, sem um computador, sem acesso à informação com a velocidade de alguns cliques, alcançou esse resultado, imagine você, com internet banda larga e um computador.

Posso dizer que qualquer copywriter minimamente bem informado deva conhecer o trabalho de Gary Halbert. A maioria acaba virando fã, claro, porque foi um dos principais redatores dos últimos cinquenta anos e deveria ser classificado entre os melhores que já praticaram o ofício. Isso pode soar hiperbólico, exagerado, mas garanto que não. Para clareza, simplicidade e poder de venda, "The Gary Fucking Halbert" foi inigualável. Reescrevo muitas de suas cartas, palavra por palavra, e a sensação é sempre a mesma: sou um eterno aprendiz diante de sua genialidade.

Gary Halbert era um praticante de marketing de resposta direta de alto nível. Ele não apenas escreveu cartas de vendas brilhantemente eficazes, mas também gerou uma fábrica de inspiração ao criar maneiras de compor anúncios. Também mudou o futuro de pequenos donos de empresas usando as maravilhas do marketing direto mais do que qualquer outra pessoa.

Por um breve passeio por sites americanos, é unânime a opinião de que antes de Gary, o marketing de resposta direta era um campo fechado. A única maneira de aprender a arte do copy era treinar durante muitos anos no mundo das agências de publicidade, ou testar sua coragem diretamente contra o mundo brutalmente implacável da mala direta.

Gary seguiu a última rota e, depois de muitos anos de tentativas e erros dolorosos, atingiu grandes resultados com sua empresa de mala direta, a Halbert's. Se essa empresa tivesse sido o único feito de Gary, ele teria ganho um lugar no "Direct Marketing Hall of Fame", mas fez algo ainda mais importante e desafiador: destilou seu conhecimento altamente sofisticado em princípios simples e fáceis de entender, dos quais todos podem se beneficiar. Graças a Deus!

O empreendedor americano Ken McCarthy diz que ouviu Gary falar algo que ele nunca ouviu ninguém dizer desde então, mas é facilmente uma das coisas mais importantes que um profissional de marketing pode ter em mente. Segundo ele, trata-se de um desses princípios de ouro que podem fazer a diferença entre sucesso e fracasso, uma daquelas joias da sabedoria que parece totalmente óbvia após alguém ter articulado isso:

```
"Uma venda é uma coisa muito frágil."
```

Quando você lê uma carta de Gary Halbert, rapidamente percebe que ele nunca deixou nada ao acaso. Seu copy, que parecia tão simples e espontâneo, era tão completo e tão bem pensado quanto qualquer lançamento espacial da NASA. Uma das coisas que Gary recomendou aos novos redatores foi pegar um copy bem-sucedido e escrevê-lo à mão (vou reforçar isso várias vezes ao longo do livro). Este é um dos exercícios que eu nunca mais deixei de praticar. Você pode começar com as próprias cartas de Gary Halbert, algumas que eu mostrarei a algumas linhas.

Existe um fato da vida de Gary Halbert que mudou o curso das coisas: passou anos preso acusado de fraude. Não sei com certeza exatamente o que fez além do que está disponível na internet. De acordo com informações publicadas há alguns anos num site chamado www.gary-halbert.net, ele passou vários anos na Prisão Federal de Boron. Em seu famoso boletim informativo, Halbert desabafa: "Isso certamente não é algo que eu gostaria que meus leitores achassem que aconteceu comigo."

Enquanto estava preso, a lenda das cartas de vendas produziu um material valioso para os estudos de marketing e copywriting: "The Boron

Letters". Sobre o escrito, Gary disse: "Durante minhas férias forçadas no "Club Fed", escrevi o que é provavelmente o livro mais importante que alguém na América jamais leu. É também provavelmente o mais valioso livro que alguém já leu. Foi escrito em circunstâncias muito difíceis e dará a quem lê-lo uma educação instantânea para ganhar dinheiro com o que gosta. É bastante surpreendente. E é muito pessoal. Foi escrito especificamente para o meu filho mais novo, Bond. É talvez o presente mais precioso que eu já dei a ele, e o presente mais precioso que qualquer um poderia possuir.".

Esse livro transformou-se num *clássico cult* da internet. Ouço dizer que muitos empresários mantêm esse material com eles 100% do tempo. Onde quer que viajem, o livro está sempre em sua pasta para que possam ter acesso à sua sabedoria a qualquer hora e em qualquer lugar que precisarem. Tive a felicidade de lê-lo meses antes de começar meus ensaios para este livro.

Há muitas histórias sobre o início precoce de Gary no mundo da escrita, uma delas é que gastou seu dinheiro da conta de serviço público para comprar selos para enviar um anúncio. Esse anúncio representava a citada carta "Coat-Of-Arms". Este anúncio é uma maravilha sobre a psicologia humana com pouco mais de 300 palavras. Essa carta não apenas colocou Gary Halbert no mapa de marketing de resposta direta, como o levou ao trono. Muitos passaram a chamá-lo de "Príncipe da Impressão" ou "O Rei do Copy". Confira a carta na íntegra:

5687 Ira Road Bath, Ohio, 44210 Phone: 1-22222222

Caro Sr. Macdonald,

Você sabia que o nome da sua família foi gravado em um brasão em antigos registros heráldicos há mais de sete séculos?

Meu marido e eu descobrimos isso enquanto fazíamos uma pesquisa para alguns amigos que tem o mesmo sobrenome que você. Nós pedimos para um artista recriar esse brasão exatamente como descrito nos registros antigos. Esse desenho, com outras informações sobre o nome, foi impresso em um belo relatório de uma página.

A metade inferior do relatório conta a história da antiga e distinta família de nome Macdonald. Ele conta o significado do nome, sua origem, o lema original da família, seu lugar na história e sobre pessoas famosas que também têm o mesmo nome. A metade superior tem uma grande e bela reprodução do brasão de um artista dos tempos mais remotos da família de nome Macdonald. O relatório completo é documentado, autêntico e impresso em pergaminho próprio para moldura.

O relatório agradou tanto nossos amigos que nós fizemos algumas cópias extras para compartilhar essa informação com outras pessoas de mesmo nome.

Emoldurados, esses relatórios se tornam uma ótima decoração de parede e são ótimos presentes para parentes. Devo lembrar que nós não rastreamos o nome individual de nenhuma família, mas pesquisamos por vários séculos até encontrar os registros mais antigos de pessoas com o nome Macdonald.

Tudo que estamos pedindo por eles é o suficiente para cobrir as despesas adicionais de ter essas cópias extras impressas e enviadas. (Veja abaixo). Se você está interessado, por favor nos avise agora porque nosso estoque é bem pequeno. Apenas verifique se temos seu nome e endereço corretos e envie a quantidade correta em dinheiro ou cheque para o número de relatórios que você quer. Nós enviaremos rapidamente pelo correio.

Sinceramente, Nancy Halbert

PS: Se você está pedindo apenas um relatório, envie dois dólares ($ 2.00). Relatórios extras pedidos juntos e enviados para o mesmo endereço são um dólar cada. Por favor faça cheques nominais para mim, Nancy Halbert.

Depois de "Coat-Of-Arms", vieram uma dúzia de anúncios mais lendários. Em anos posteriores, ele compartilhou suas lições de marketing no "Gary Halbert Letters", um boletim informativo impresso que agora está online. Vou listar agora alguns ensinamentos importantes de Gary e em seguida compartilhar 3 de suas cartas de vendas mais geniais:

1. "Arranje uma coleção de bons anúncios, leia-as em voz alta e copie-as com a sua própria caligrafia."

2. "Então, claro, o que você faz é reescrever os pontos difíceis e ler o copy em voz alta novamente. E o que você faz é que você continua repetindo este processo até que seu copy esteja completamente liso e você possa ler sem tropeçar em tudo."
3. "Você deve sempre encontrar um mercado primeiro... E depois se concentrar em um produto!"
4. "Eu não sei exatamente sobre o que vou escrever hoje, então o que vou fazer é continuar colocando as palavras no papel até começar a tomar uma direção."
5. "Os produtos são como dez centavos. Eles são importantes, mas muito menos cruciais para o sucesso do que encontrar um mercado quente."
6. "Eu sugiro que você faça uma hora de "road work" (corrida/exercício físico) todas as manhãs logo depois de acordar seis dias por semana."
7. "A maneira de deduzir o que as pessoas querem comprar é simplesmente observar o que elas compram!"
8. "Vender é dar às pessoas o que elas querem comprar!"
9. "Há muito tempo acredito que muito dinheiro pode ser feito fazendo ofertas para pessoas que estão em um ponto de virada emocional em suas vidas."

"PILHA A, PILHA B"

"Você está prestes a aprender a coisa mais importante sobre o assunto mala direta. Eu tenho uma lição semelhante para ensinar a você sobre publicidade de jornais e revistas, mas isso virá mais tarde em outra carta. Neste momento, falaremos apenas sobre mala direta.

O professor Halbert agora vai lhe dar sua semi-famosa "Palestra Pilha A/Pilha B". É assim: Todas as pessoas dividem seu correio em duas pilhas que eu chamo de Pilha A e Pilha B. A Pilha A contém cartas que são, (ou parecem ser), pessoais. A Pilha B contém todo o resto: contas, catálogos, brochuras, anúncios impressos, envelopes que obviamente contém uma mensagem de vendas, e assim por diante.

Agora escute: a coisa mais importante que você pode fazer ao criar uma promoção de mala direta é garantir que sua carta entre na Pilha A! Todo mundo sempre abre todos os seus e-mails se baseando em Pilha A e apenas alguns de seus e-mails da Pilha B."

TRÊS CARTAS DE GARY HALBERT PARA COPIAR À MÃO

Caro Amigo,

Por favor olhe a fotografia que estou mandando junto desta carta.

O que você está vendo é uma foto de um Rolls Royce Prata que posso vender para você tão barato que você vai achar difícil acreditar!

Por que este carro é tão barato? Na verdade, há três razões e cada uma delas é muito importante: Primeiro, eu não sou um "vendedor de carros usados" usual. Não. O que me especializo é em absolutamente nada mais que Rolls Royces de segunda mão e desenvolvi uma maneira fácil de ter esses carros pelo país por um preço tão baixo que você vai perder o fôlego!

Segundo, se você desejar, eu consegui uma maneira de financiar carros por um período de quatro a cinco anos por uma taxa de juros bem interessante.

E terceiro, eu não sou tão ganancioso. Isso é importante. Veja, muitas pessoas no negócio de carros estão nele apenas pelo dinheiro, mas isso não é verdade para mim. E, vale citar, não é verdade para ninguém que realmente ama Rolls Royces.

Um Rolls Royce é diferente. É mais que apenas um carro. Quando você dirige um, todos sabem que você é especial. Você é admirado pelas mulheres e invejado pelos homens.

Francamente, não há nada mais no mundo que te dará tanto status instantâneo quanto sentar atrás do volante da sua própria "Rainha das estradas".

Vamos encarar. Como dono de um carro antigo, você já sabe o valor de dirigir um carro fino, então minha pergunta para você é:

Por que não ir até o fim?

Com o inacreditável preço baixo que posso oferecer mais 100% de financiamento que consigo, pode ser ainda mais barato dirigir um rolls do que o carro que você tem hoje!

Por favor me ligue assim que você ler esta carta. Agora mesmo, tenho apenas cinco dessas barganhas fantásticas e elas não vão durar.

Meu número é 2222-2222.

Sinceramente, Giorgio Scala

PS: Um Rolls Royce vive para sempre. O que você dirigir hoje pode ser dirigido por seus netos.

PPS: Há uma outra "razão misteriosa" porque eu posso vender esses Rolls Royce tão baratos, mas eu prefiro não revelar isso até nos falarmos no telefone. Obrigado.

As principais estrelas de Hollywood absolutamente juram em nome isso!

Incrível nova fórmula de Beverly Hills permite que você pareça anos mais jovem

Você não gostaria de parecer tão jovem quanto se sente?

A incrível fórmula da Tova Borgnine não é apenas para estrelas de Hollywood como Debbie Reynolds, Connie Stevens e Brenda Vaccaro. Agora, todo mundo fala sobre o que o produto da Tova fez por elas.

"Absolutamente fantástico. Sinto como se tivesse feito um face lifting após cada uso." -

Jan A., Gilgandra, NSW Austrália

"Após algumas semanas, as pessoas estão realmente vendo a mudança na minha expressão. Meu marido foi o primeiro a perceber e fiquei emocionada... tudo o que você diz sobre o seu produto é verdade, cada palavra." - Joyce J., Mineola, NY

"Completei 40 anos em julho e, conforme minha vida está melhorando, minha pele também está, graças aos seus produtos".

— Anne R., Greenwich, CT

"Em duas palavras simples - funciona. As linhas se vão... a juventude volta quase que instantaneamente. Dura demais". - Dan S. Los Angeles, CA

"Eu usei o produto apenas seis dias até agora, e essa mulher aqui de 49 anos acredita que ela parece 10 anos mais nova! Obrigado." Georgette B., Milwaukee, WI

O que a Tova Borgnine descobriu? A resposta é fascinante. É uma fórmula misteriosa que vem das raízes da planta do cacto que foi descoberta pelos índios astecas centenas de anos atrás. E, até recentemente, esse notável tratamento para tornar a aparência mais jovem só estava disponível em algumas áreas muito remotas do México. Se pode funcionar com as pessoas que viviam nos ambientes áridos e hostis daquela região, você não acha que poderia ajudá-la também?

As estrelas que o usam dizem que funciona como mágica. Todo o processo leva apenas meia hora e os especialistas dizem que não há nada igual para quem quer parecer anos mais jovem do que sua idade real.

É fácil de usar. Tudo o que você faz é aplicar a fórmula no seu rosto e esperar. "O creme é rosa quando você o aplica e gradualmente fica branco", diz Tova. "Depois que ficar branco, ele deve ser removido. Uma das grandes coisas é que não há adivinhação. Ele sabe o que fazer por si só!"

"Mas, o melhor de tudo", diz Tova Borgnine, "é a maneira como ele faz você parecer anos e anos mais jovens já com a primeira aplicação. Na verdade", diz ela, "é isso que eu chamo de um produto sem desculpa 100% garantido pela garantia da Tova Corporation."

Você gostaria de testar esta descoberta extraordinária? Você gostaria de parecer tão jovem quanto se sente? Nesse caso, veja como você pode experimentar esta fórmula incrível sem nenhum risco: basta ir em frente e pedir a fórmula da Tova por correio ou telefone. Então, assim que chegar, experimente-o na privacidade da sua casa e veja de perto a incrível mudança que você verá no espelho! Depois disso, se você não estiver 100% satisfeita, basta devolver o pote vazio no prazo de 30 dias a partir da data da remessa e garantiremos que você receba um reembolso, sem questionamentos.

Lembre-se! Você não pode perder dinheiro, mas pode perder anos da sua aparência!

É fácil de encomendar. Basta preencher o formulário de pedido abaixo e enviá-lo para Tova Borgnine com seu pagamento. Ou, se você preferir pagar com cartão de crédito, ligue para 1-800-XXX-XXXX gratuitamente a qualquer momento (24 horas por dia, sete dias por semana).

Se você estiver na região do sul da Califórnia, poderá comprar o produto na 8920 Wilshire Blvd., Beverly Hills, entre as 8:30 e as 5:30 de segunda a sexta-feira.

Importante – um presente: todos os pedidos enviados dentro de 10 dias receberão uma oferta grátis no valor de US $ 21 em produtos adicionais para cuidados com a pele.

Acaba 100% com a fome!

Incrível pílula de alta velocidade para dieta produz perda de peso de forma extremamente rápida!

Agora você pode comprar uma pílula "milagrosa" para perda de peso totalmente natural (e de ação extremamente rápida) que literalmente destrói a gordura... mesmo que... você se recuse a fazer dieta! As notícias desta pílula "matadora" de combate à gordura estão gerando uma enxurrada de cartas para a pequena empresa que a desenvolveu. Um médico diz que ela queima mais gordura do que correr 157 quilômetros por semana.

Força as calorias a saírem do seu corpo!

Embora este produto seja extremamente bioativo, ele não contém nenhum medicamento. Existem sete ingredientes incomuns (e extremamente difíceis de encontrar) combinados de uma maneira tão certeira e científica... que... os cientistas o chamam de "sinérgico"! Isso significa que cada ingrediente é muito mais poderoso por causa da interação termogênica com todos os outros ingredientes.

Com testes científicos controlados clinicamente, os pesquisadores que criaram essa fórmula produziram um composto para perda de peso tão eficaz... que... a gordura corporal humana é quase que instantaneamente destruída e literalmente expelida do corpo de uma pessoa obesa.

Testes científicos sofisticados foram necessários para descobrir exatamente por que este produto produz uma perda de peso extremamente rápida.

A maneira como ela funciona é extraordinária!

Um dos ingredientes foi projetado para maximizar o processo metabólico do seu corpo. Outro promove a utilização de gordura corporal e impede que ela seja armazenada. Outro inibe a síntese de colesterol, reduz certas formas de pressão alta e funciona como um imitador de insulina que tem um efeito normalizador nos níveis de açúcar no sangue. Outro ingrediente é um potente antioxidante que melhora o sistema imunológico e fornece um "seguro" para que seu metabolismo permaneça em um nível continuamente alto. Os outros três ingredientes influenciam a glândula tireoide, ajudam na absorção de minerais e reduzem os desejos por açúcar.

Este produto é tão eficaz em gerar perda de peso em tempo recorde... Ele é protegido por marca registrada e uma patente pelas autoridades federais dos Estados Unidos!

Obviamente, ela NÃO é uma pílula de dieta comum. Siga as simples instruções e tome esta pílula com água três vezes por dia durante cinco dias por semana... e... você pode comer o que quiser!

O uso adequado desta pílula, de acordo com as simples instruções, reverterá anos de comer em excesso. As pessoas que têm testado esta pílula dizem que se alegram quase todos os dias... conforme... olham no espelho e veem os resultados visíveis de gordura indesejada, flacidez e celulite desaparecerem totalmente

Uma palavra importante de cuidado!

Existe uma tendência neste país (especialmente entre mulheres jovens) de querer ser perigosamente magra. Isso é altamente prejudicial à saúde e pode ter sérios efeitos colaterais. Portanto, uma vez que esta pílula é tão incrivelmente eficaz (e não tem quaisquer efeitos colaterais), você deve tomar cuidado para não perder peso muito rapidamente. Antes de iniciar este ou qualquer outro programa de perda de peso, verifique com seu médico se você está com uma saúde normal... e... você deve seguir os conselhos dele sobre qual deve ser o seu peso perfeito.

Não fique abaixo da meta de peso recomendada pelo seu médico!

A H.S.D. Inc. (Health Sciences Direct) é a única empresa nos Estados Unidos autorizada a vender este produto que é comercializado sob o nome "Trim Spa". Eles trabalharam milhares de horas em laboratório e gastaram o que equivale a uma pequena fortuna para garantir que este produto lhe permita a capacidade de alcançar o corpo dos seus sonhos.

Uma garantia que devolve o dobro do seu dinheiro!

Este produto é verdadeiramente tão eficaz e surpreendente que é vendido com uma garantia igualmente surpreendente.

Você pode oferecer esse tipo de garantia somente se... tiver 100% de certeza... que seu produto ajudará as pessoas a perder todo o excesso de peso. Aqui está a maneira como a garantia funciona: Tome as pílulas conforme as indicações e siga as simples instruções por 30 dias e fique totalmente emocionado ao ver sua rápida e dramática perda de peso.

No entanto, se você não estiver satisfeito com os resultados, basta devolver o recipiente vazio do produto com uma breve nota sobre como você tomou as pílulas e seguiu as simples instruções... e... A Health Sciences Direct enviará a você... o dobro do seu dinheiro de volta!

É simples assim e é fácil de pedir. Tudo o que você precisa fazer é ligar gratuitamente para 1- (800) -XXX-XXXX e fazer o pedido com seu cartão de crédito.

Opções de suprimento: US$ 39,95 para um suprimento completo de 30 dias, US$ 69,75 para um suprimento completo de 60 dias (você economiza mais de US $ 10,00) ou, um suprimento completo de 90 dias por apenas US$ 87,55 (você economiza mais de US$ 30,00!). Qualquer que seja a quantidade solicitada, você também deve pagar US$ 5,95 adicionais por encomenda para envio e manuseio. Os pedidos serão enviados dentro de 24 horas por ordem de chegada.

Obrigado. 1-800-XXX-XXXX

Retorne a este capítulo sempre que estiver sem ideias para escrever e leia as cartas que inseri aqui.

Gary Halbert morreu em 2007. E nós, alunos da resposta direta, sabemos que perdemos uma lenda.

O COPYWRITER MAIS ROUBADO DO MUNDO

> "Aqui está quem eu sou, aqui está o que eu tenho, aqui está o porquê você quer isso ... e aqui está o que fazer agora."
> — *John Carlton*

Enquanto eu escrevo este capítulo, há uma mudança acontecendo no universo do copywriting, principalmente no Brasil. Os profissionais dessa área estão começando a reconhecer a sabedoria que pode ser obtida do estudo dos fundamentos do copy diretamente dos próprios mestres. Sem esse fundamento, *piscadinha de olho,* este livro não estaria em suas mãos. O que eu tenho colocado aqui, inclusive, foi inicialmente ensinado no meu clube de copywriting em encontros quinzenais e em aulas especiais. Quero continuar mergulhando as pessoas nisso...

Agora que já falamos da Lenda Gary Halbert, e que você provavelmente está com a mente fervendo de novo, quero ajudá-lo a se manter na rota dos grandes caçadores de tesouros, apresentando outro gênio, dessa vez o "copywriter mais roubado do mundo".

John Carlton tem uma notória carreira de mais trinta anos como copywriter e se tornou uma espécie de ícone entre os profissionais modernos de marketing. Carlton começou como redator freelancer, entrando pelas portas dos fundos das agências de publicidade de Los Angeles. Fontes históricas indicam que ele era chamado para fazer os trabalhos mais difíceis que os redatores não conseguiam executar (porque não entendiam de vendas como ele).

Escreveu peças de marketing para os maiores remetentes de mala direta do mundo, como a "Rodale Press". Fez isso sozinho, transformando completamente a forma como os anúncios impressos funcionavam em vários mercados. Formado em psicologia, Carlton tem um entendimento profundo da mente humana e, por saber como as pessoas tomam decisões de compra, usa todo seu conhecimento em psicologia comportamental para vender.

Quando a web finalmente se tornou um veículo viável para empreendedores, Carlton também foi pioneiro em modelos persuasivos de escrita para anúncios online. Por isso também hoje é chamado de "o redator mais roubado do mundo". Muitos de seus anúncios ainda são usados na internet como modelos por outros profissionais de marketing. Até mesmo seus anúncios escritos antes da web se tornaram eficientes no marketing online. Por um breve passeio pela rede, conseguimos perceber que a redação de vendas de Carlton continua sendo imitada pelos melhores e mais bem-sucedidos profissionais, que admitem livremente usar seus anúncios como modelos.

O primeiro livro de Carlton, "Kick-Ass Copywriting Secrets of a Marketing Rebel", é citado como um recurso essencial pelos melhores escritores que trabalham hoje com copy.

Como copywriter, Carlton é um dos poucos a cobrar valores por serviços que fazem com que clientes despreparados engasquem e quase tenham infarto. Costuma ser contratado até um ano antes por grandes empresas do mundo e escreve consistentemente textos que vendem absurdamente. Como professor de escrita e de discursos para vendas, é responsável por ajudar muitos empreendedores e proprietários de pequenas empresas a escreverem para garantir lucros. E não para por aí...

Sua carreira é realmente lendária. Teve parcerias com Gary Halbert por uma década como escritor para os maiores remetentes de cartas de vendas do mundo, sendo pioneiro em muitas táticas de publicidade direta. Esse fato isolado prova que não estamos falando de um copywriter comum, e explica porque decidi falar dele logo após narrar a história de Halbert.

Para mostrar um pouco da genialidade de John Carlton, o restante do capítulo será dedicado ao compartilhamento de alguns ensinamentos, também seguidos de dois de seus trabalhos mais notáveis:

1. "Uma transação de vendas, na sua forma mais fundamental, é um ato inerentemente hostil. Tanto o comprador quanto o vendedor querem o melhor negócio possível."
2. "O copywriting real é a desconstrução de objetivos de marketing e a construção de objetivos de vendas."
3. "Entender como encontrar, persuadir e conquistar clientes é o molho mágico de todo ótimo marketing."
4. "Pare de dar desculpas. Eu não me importo com o quanto seus pais, seus professores ou o sistema estragaram sua cabeça. Você tem idade suficiente para tomar a decisão de recomeçar e reescrever o seu roteiro. Nada vai mudar para você até que você faça."
5. "Porque eu não espero ou não exijo perfeição, e aprendi a gostar do passeio, não importa o que aconteça. Eu não perco tempo com causas perdidas."
6. "Há um meta-jogo acontecendo durante toda interação com outro ser humano, tanto consciente como inconscientemente."
7. "Luta não é uma palavra ruim. A realização é impossível sem ela."
8. "O que conta não é o quanto você estraga as coisas. Não. O que importa é como você conserta sua bagunça."
9. "As pessoas que nunca arriscam nada sofrem a pior ansiedade de todas."

"TENDÊNCIA DE COPYWRITING" E "MEDO DE VENDER":

"Copywriting não mudou desde que as pessoas aprenderam a escrever. As pessoas têm vendido desde o início dos tempos. Copywriting é venda por escrito. Enquanto houver venda a ser feita, haverá copywriting, e não há melhor coisa que isso... sempre foi e sempre será assim."

"As pessoas geralmente têm medo de vender. Se elas apenas pensassem nisso como "prestar um serviço", aprenderiam a realmente desenvolver a habilidade e ver o mundo sob uma luz diferente. Se você está fazendo negócios e tem problema com vendas, não deveria estar fazendo negócios. Os vendedores levam uma vida melhor por causa das recompensas que acompanham o fato de estarem tentando melhorar a vida de outras pessoas, dando-lhes uma solução e uma melhor escolha."

DUAS CARTAS DE VENDAS GENIAIS DE JOHN CARLTON

Como Subir Seu Nível de Testosterona Mais de 250% Na Hora Correta do Seu Treino... Todas as Vezes Que Você se Exercitar!

Da mesa de

Leo Costa Jr.

Presidente, OTS.

(nome próprio personalizado),

Eu preciso desesperadamente de sua ajuda!

Para: (primeiro nome personalizado) terça-feira, 7:30 da manhã

Caro (nome próprio personalizado),

Se você me conceder um simples favor... *eu vou colocar você no maior avanço no fisiculturismo de sua vida.*

Veja o que é tudo isso: descobrimos (por meio de uma respeitada conexão científica minha) um feromônio que causa um despejo imediato e muito intenso de testosterona em homens que dura aproximadamente 30 minutos. Imagine o que um pico de testosterona de 250% – que você pode identificar exatamente no momento certo do seu treino - fará por você. Você verá facilmente 3 anos de resultados nos próximos dois ou três meses.

Ninguém mais no fisiculturismo (ou qualquer esporte) sabe sobre esta nova e excitante descoberta ainda. Esta é uma ciência de ponta... com um toque muito estranho.

Deixe-me explicar isso para você da maneira mais fácil. Essa história vai explodir sua mente (assim como explodiu a minha):

1. Um grupo de pesquisadores em um ramo especializado da biologia identificou recentemente um feromônio liberado por mulheres durante a pré-ovulação que instantaneamente agita o sistema hormonal de um homem. Este "perfume sexual" é o modo natural de forçar a vontade de procriar diretamente em seu cérebro. Ele faz isso ativando uma resposta imediata que causa um **aumento súbito de 2-1 / 2 vezes seus níveis normais de testosterona**.
2. No entanto, o ÚNICO uso que estes pesquisadores poderiam pensar para esta nova descoberta... foi criar um perfume que as mulheres possam usar para deixar os homens muito excitados. É isso mesmo – simplesmente expondo você a esse feromônio (de uma forma resumida), uma mulher pode de repente deixar você muito interessado nela. Obviamente, não havia fisiculturistas entre esses pesquisadores.
3. Veja bem, nos tempos modernos, não mais pegamos esse feromônio naturalmente. Devido a demasiada competição de perfume, desodorante, remover fumaça, spray de cabelo etc. Quando todos vivíamos em cavernas, esse feromônio fazia com que os homens quisessem fazer sexo selvagem com as mulheres, não importando o quão pouco atraentes elas fossem. Isso manteve a raça humana em evolução.
4. Assim, os pesquisadores criaram uma maneira de condensar esse feromônio para funcionar como contumava funcionar. Na verdade, vários produtos superfaturados estão sendo vendidos por meio de revistas femininas que contêm várias quantidades dessas coisas. Eu não posso te dizer como funciona para as mulheres que precisam.
5. Posso, no entanto, dizer que isso **absolutamente eleva os níveis de testosterona em duas vezes. Imediatamente. E esse pico dura cerca de 30 minutos.**
6. Você pode ver porque – como fisiculturista – eu estava imediatamente interessado. Quero dizer... é isso que os esteróides são projetados para fazer. O problema com esteróides, como você sabe, é que **você não consegue identificar** o tempo que seu pico de testosterona ocorre. E você não pode fechar o pico – então você queima seu centro hormonal e dilui muito a produção de testosterona do seu corpo. E isso pode levar a sofrer um rebote secundário de estrogênio que

- se você não tomar cuidado - pode apagar a maior parte de seus ganhos. É por isso que os esteróides são uma droga.
7. Você está recebendo a foto aqui? Assim que ouvi sobre essa forma condensada daquele feromônio de bombeamento de testosterona, eu sabia exatamente o que fazer com aquilo. Esqueça sobre as mulheres o desejarem. **Esta descoberta é uma grande notícia para qualquer fisiculturista sério!**
8. Este material ignora o seu cérebro... e vai direto para o seu depósito de hormônios, onde desencadeia um despejo instantâneo da melhor testosterona que você já teve. Você simplesmente toma sua dose imediatamente antes de se exercitar. **Você vai sentir o curso de despejo de testosterona através de seu sistema.** (Deus, isso também é bom.) Durante os próximos 30 minutos, você será um garanhão superdotado... aproveitando TODOS os benefícios de ter aquele repentino aumento de 250% na testosterona natural.
9. Resultados? Você está de brincadeira? Você vai levantar mais, você vai se recuperar mais rápido, e seus músculos vão explodir em testosterona. **Você vai ver e sentir novos aumentos de tamanho e força quase de um dia para o outro.**
10. E... quando sua resposta de 30 minutos a este feromônio estiver alta, seu sistema relaxará, recuperará e se restaurará... naturalmente. Você acabou de identificar e mirou nos 30 minutos mais produtivos da sua vida.
11. E... você pode fazer a mesma coisa amanhã. E no dia seguinte. E no próximo. Para sempre.

Você ainda está comigo? Bom. Se você é como eu, e odeia esteróides, essa é a melhor coisa a ser feita desde que os búlgaros descobriram a chave para o máximo de resultados.

Mesmo se você fez ciclos de esteróides, esta é uma notícia incrível. Na verdade, esse feromônio é ótimo para ajudar você a sair de um ciclo de esteróides... porque é uma maneira ideal de preparar sua bomba natural de testosterona para voltar a um ritmo natural novamente. Então você evita o temido rebote de estrogênio que pode consumir seus ganhos.

Agora... eis por que preciso da sua ajuda: veja bem, nós somos os ÚNICOS fisiculturistas que perceberam a importância dessa descoberta. E, com a ajuda de alguns cientistas e químicos muito experientes, nós criamos um "sistema de entrega" para levar este feromônio ao seu sistema exatamente na hora que você quiser.

Mas como é tão novo, ainda não podemos vendê-lo para o mercado geral de fisiculturismo. **Precisamos de depoimentos de caras como você**, que estão ansiosos para estar entre os primeiros a ver o quão grande você realmente pode ficar usando essa incrível descoberta.

Ninguém mais saberá sobre essa descoberta por muito tempo. (Não temos planos de comercializá-lo até o próximo ano, no mínimo.) Agora, você está em uma companhia muito exclusiva.

Eis o que desejo oferecer a você: esse feromônio é um pouco caro para condensar. Quando vamos ao mercado geral, em todos os outros terá de pagar pelo menos US$ 179 pelo fornecimento de um mês (e talvez muito mais do que isso, dependendo da demanda).

Mas... se você me ajudar, fornecendo um testemunho simples (com o qual eu irei te ajudar)... eu me certificarei de que você (a) tenha acesso imediato a essas coisas a um preço alto, (b) garanta esse preço para sempre, não importa o quê, e (c) permaneça no **topo** da lista de fisiculturistas para receber novas remessas. Para sempre.

Veja bem, neste momento, os laboratórios que estamos usando só podem gerar cerca de 400 unidades desse "sistema de entrega" de feromônios por mês. (Há apenas uma fonte que pode sintetizar este feromônio, e eles estão na Europa, e os grandes fabricantes de perfumes têm trancado grande parte da oferta. É isso mesmo - estamos competindo com modelos de alta moda e designers de roupas para isso).

Então, o negócio é o seguinte: se você concordar em fazer parte deste pequeno teste de mercado, você pode ser o primeiro da fila - e ficar em primeiro lugar na fila - para obter um suprimento completo deste produto... para o resto de sua vida... US$ 122 por garrafa. Isso sai para cerca de US$ 4 por dia... mas é tudo o que você precisa, tanto quanto suplementos cruciais.

Além disso ... vou **GARANTIR** sua felicidade, para que você não arrisque um centavo.

Apenas imagine toda essa testosterona surgindo em seu sistema durante TODOS os exercícios. Sem qualquer dos efeitos colaterais dos esteróides. Um burst de 30 minutos que proporciona um pico de 250% e, em seguida, permite a recuperação natural... é exatamente o que os fisiculturistas de todos os lugares sonham.

Tudo o que eu quero de você... é uma frase ou duas sobre seus resultados. Eu realmente não me importo com o que você diz, ou como você diz isso. Você pode simplesmente marcar numa caixa que você tentou o feromônio, e que você teve resultados, se quiser.

Há apenas uma pegadinha: porque estamos limitados a 400 unidades, e porque eu quero ser justo com todos os que eu entrei em contato sobre este teste de mercado... Eu devo limitá-lo a não mais que 6 potes por pedido. Você pode voltar a qualquer momento ... mas não pode pedir mais que 6 potes de cada vez. Eu acho que isso é justo.

Veja o que fazer agora: ligue para o meu escritório no número 1-800-000-0000 e diga a quem quer que atenda que você deseja um suprimento de **"Fortis Plus"**. (Esse é o nome do produto.) Você pode usar seu cartão de crédito.

Ou, você pode preencher o Cartão de Ordem Prioritária anexado com a minha carta aqui e enviá-lo com seu cheque ou ordem de pagamento (pagável à OTS).

Mais uma vez ... você só pode pedir até 6 potes durante este teste de mercado. Mas estou oferecendo uma garantia especial para você não arriscar um centavo.

Aqui está sua garantia:

Peça quantas potes quiser. Use o primeiro pote completamente. Se, depois de usar o primeiro pote, você não estiver convencido de que o Fortis Plus é tudo o que eu disse, simplesmente devolva o recipiente vazio, juntamente com os potes cheios e não abertos... e reembolsarei cada centavo do seu preço de compra para você. Sem nenhuma pergunta feita.

Isso é tão generoso que eu posso garantir que não verá mais ninguém fazendo isso. Eu confio em você completamente. Você pode, claro, pedir um único pote. Se você não ficar feliz, por qualquer motivo, basta devolvê-lo, vazio, para um reembolso rápido. Se você pedir mais de um pote, certifique-se de que as outros não estejam abertos ao devolvê-los. (Eu não vou aturar qualquer esvaziamento em seus potes e depois um pedido de reembolso. Eu confio em você ... mas eu não sou idiota).

Esta é uma tremenda oportunidade. Como eu disse, ninguém mais no bodybuilding sabe sobre a pesquisa que descobriu esse feromônio excitante. Nós descobrimos por acidente.

Mas é real e está aqui para você tentar, se estiver pronto.

Então ligue agora mesmo. **Você pode não ter uma segunda chance de ser o primeiro da fila,** para sempre, com o preço mais baixo que esse produto será vendido.

Atenciosamente,

Leo Costa Jr.

P.S. Não se esqueça - só podemos colocar as mãos em 400 unidades por mês. Então pegue seu pedido o mais rápido possível. Faça isso hoje, enquanto você está pensando nisso. Lembre-se - um aumento imediato de 250% em seus níveis de testosterona, controlado por você, para que você possa direcioná-lo exatamente durante os 30 minutos cruciais de seu treino. É uma oportunidade incrível. Ligue agora mesmo, 1-800-000-0000.

(encomendar cartão)

Caro Leo,

( ) **SIM!** Quero experimentar a fábrica de testosterona de 250% em 30 minutos que este Fortis Plus fornece durante o treino. Esta é uma notícia incrível, e eu não posso esperar para ver e sentir os resultados que esta testosterona natural - entregue na hora certa - vai me trazer! Veja quantos potes eu quero e como quero pagar:

Melhor Oferta: ( ) 6 potes a $ 129 cada. (Normalmente US $ 179 cada)

Bom negócio: ( ) 3 potes US$ 129 cada.

Negócio "Trial": ( ) 1 pote a US$ 129.

Minha garantia: Eu posso usar um recipiente completamente... e se eu não estiver feliz (por qualquer motivo), posso simplesmente devolver o pote vazio, juntamente com os outros potes fechados... para um reembolso total e rápido do meu preço de compra. Nenhuma pergunta feita.

Veja o que eu farei por Leo: Em troca de obter esse preço baixo, para sempre... e ser o primeiro da fila para todos os suprimentos da Fortis Plus... Concordo em preencher o cartão de testemunho simples que virá com o meu pedido. Eu posso escrever meu próprio depoimento. Obrigado, Leo!

(manuscrito acima do título: absolutamente livre, se você quiser!)

Se você gosta de golfe... você vai pirar com esses "segredinhos sujos"!

A carta mais importante que você já leu antes de jogar o próximo jogo de golfe!

De: Dr. Mike O'Leary

Presidente, OHP Golf

Caro (nome personalizado),

Existem quatro **"segredinhos sujos"** entre os golfistas profissionais... segredos que nenhum amador jamais aprende sozinho... e os profissionais gostam disso.

Esses quatro "pequenos segredos sujos" são incrivelmente simples de dominar (uma vez que são revelados a você)... e ainda assim eles **INSTANTANEAMENTE** permitem a você (não importa quão ruim você ache que seu jogo é agora) "adquirir" seu próprio **"Balanço Perfeito"**. O que significa que você vai, na sua próxima rodada:

- <u>Reduzir de 10 a 15</u> seu número de tacadas em cada jogo...
- <u>Adicionar de 40 a 50 metros de distância</u> às suas tacadas iniciais com precisão...
- Acertar quase todos os seus "fairways" e "greens" no **regulamento** (dando-lhe uma dúzia de novas oportunidades para "birdies")... e...
- Colocar-se instantaneamente dentro da mesma "ZONA ALPHA" onde os <u>melhores</u> profissionais se envolvem para jogar o jogo mais consistente, <u>livre de stress</u> e <u>com maior precisão</u> que você é humanamente capaz de fazer!

A melhor parte é que *você não precisa mexer no seu swing!* Você não precisa FAZER NADA fisicamente diferente. Tudo o que você precisa... é saber o **que são** esses quatro "segredinhos sujos" para um fabuloso golfe.

Como isso pode ser feito? Como você não pode mudar uma coisa sobre o seu swing de golfe... e de repente – e eu quero dizer **DE REPENTE** – começar a jogar como os **melhores profissionais**?

É muito simples, na verdade, *muito mais simples* do que você poderia imaginar.

Como você sabe... você **JÁ** está jogando o melhor golfe que você é capaz de jogar... você simplesmente não está **FAZENDO ISSO EM CAMPO**.

Está certo. Você está "ejaculando na grama", se você é como 99% dos golfistas amadores do mundo. E você está deixando seu melhor jogo lá no treino. E entrando em campo com **O PIOR** jogo que você tem.

Deixe-me explicar.

Se você é como a maioria dos golfistas, gosta de bater parte de um balde de bolas antes de chegar ao campo, certo? No mínimo, você chega ao campo de vez em quando para "praticar". **Todo mundo** que leva o jogo a sério faz isso. Eu sei, porque eu faço.

Os profissionais também gastam um pouco de tempo no treino. Tacada após tacada.

Mas os profissionais fazem algo **DIFERENTE** do que você faz no treino. Ao contrário de você (e de todos os outros amadores do mundo)...

O **profissional sabe como "capturar" seu melhor balanço**

No treino... E levá-lo para o campo!

Os amadores, por outro lado, **DEIXAM** seu melhor balanço no treino. Deixe-me explicar: Lá você está na área de treinos com seu pequeno balde de bolas, dando a tacada inicial, lançando um "drive" razoavelmente decente, dando outro, talvez enganchando um pouco, levantando novamente e corrigindo o gancho, fazendo outra bela tacada...

Espere um segundo. Pare aí mesmo. A diferença entre você e um profissional de ponta **acabou de passar por você.** Enquanto você bateu um tiro lindo, admirado e, em seguida, posicionou outra bola, o profissional usou seus quatro "segredinhos sujos" ... e ...

"Trancou" aquela linda tacada, onde ele poderia trazê-lo de volta, à vontade, no campo, onde seria o mais importante!

É isso que separa os profissionais dos amadores.

O profissional **"captura"** cada tacada perfeita que acerta, e armazena em seu sistema, onde pode encontrá-la novamente quando está jogando "de verdade". E ele exclui as tacadas ruins, deixando-as na zona de treino, onde não poderão prejudicá-lo.

Você, no entanto, passa direto pelas poucas tacadas perfeitas que atingiu no treino, sem armazená-las, e assim você não consegue encontrá-las quando está no jogo. Aquelas tacadas excelentes feitas no treino são **perdidas para sempre.** Ainda mais deprimente... há 90% de chance de que as tacadas que você acertar no percurso estejam entre as PIORES! Porque você fez **TUDO ERRADO** no treino.

E o que é realmente frustrante é que você nem sabe que está fazendo isso ... porque esses quatro segredinhos **NUNCA** são descobertos por amadores! Eles são os segredos que separam os caras que podem ganhar a vida fora do jogo, e todos os outros que não podem.

E... assim como a maioria das coisas que são tão simples, elas são **completamente ignoradas...** ninguém realmente entendeu como esses segredos funcionam antes. Não os profissionais. Não os professores do jogo. Ninguém.

Até agora. Você sabe, toda vez que vou jogar golfe, eu abençoo **Bobby Schaeffer.** Porque ele sozinho estudou o jogo cientificamente... na verdade **jogou no nível profissional** por anos e anos (batendo alguns dos melhores ao longo do caminho)... e está SOZINHO entre os profissionais em sua disposição de **ver o jogo do jeito que o amador precisa ver.** Bobby revela os segredos que os outros profissionais se recusam a admitir que estão ali.

Estes quatro "segredinhos sujos" dos profissionais irão **mudar *o seu jogo para sempre*...**

E faça isso
Literalmente durante a noite!

Se eu pudesse explicar tudo para você, eu o faria bem aqui. Mas você tem que **VER** esses quatro segredos para "pegá-los". Então fizemos um vídeo com Bobby Schaeffer explicando tudo – literalmente tudo – que você precisa saber. (Eu convenci meus parceiros aqui a investir alguns dólares na gravação – mesmo que nós nunca tenhamos nosso dinheiro de volta, porque há muito poucos caras experientes o suficiente para entender).

Você levará uma hora para assistir a esta fita. E então você **conhecerá** esses "segredinhos sujos" simples que permitem aos profissionais **"capturarem"** suas melhores oscilações e liberá-las no campo. E você poderá **fazer exatamente a mesma coisa**, da próxima vez que jogar. Você finalmente será aquele *"um em cada dez mil"* jogadores amadores que entra na mesma "Zona Alpha" dos profissionais.

É realmente **muito** simples.

De fato, depois de ver esses quatro segredos em ação, eles serão **gravados em sua memória** para sempre. Você ainda não sabe o que são. Bobby irá mostrar.

E então, da próxima vez que você acertar um balde de bolas de treino, basta puxar esses quatro "gatilhos" de sua memória. Você pode fazer tudo o que precisa fazendo batendo apenas **QUATRO** bolas também. É tudo o que você precisa. E os segredos estão ***"trancados"***. Tudo o que você precisa – rotina, respiração, visualização, tudo isso ... tudo está "travado" e no ***piloto automático*** a partir de então.

E seu jogo mudou para sempre. Bem desse jeito.

O resultado? **Tacadas mais longas** que nunca engancham ou cortam. Tacadas precisas de ferro que nunca param em áreas problemáticas. Arremessos e "chips" com "olhos no buraco". Tacadas perfeitas o tempo todo, uma após a outra, sem estresse, sem adivinhações.

Sem erros.

Parece bom, não é? Você aposta que sim. É disso que se trata o golfe.

Sinto muito por ser tão secreto aqui, mas você não começaria a entender o que é isso tudo sem **VER** por si mesmo. Eu estragaria tudo ao tentar explicar por escrito. É realmente simples...

Mas é VISUAL!

É por isso que tivemos que gravar o vídeo de Bobby revelando os segredos.

Você pode vê-lo **GRATUITAMENTE**, é claro, se quiser. Você sabe que nossa política aqui na **OHP** sempre foi **SEM RISCOS**, com uma garantia completa, <u>**sem perguntas e com 100% de devolução do seu dinheiro**</u>. Se você não estiver satisfeito, por qualquer motivo (ou por nenhum motivo), basta enviar a fita de volta e você receberá um reembolso rápido e alegre. E ainda seremos amigos.

Essa é a única maneira que eu quero fazer negócios. É assim que eu gostaria que outras empresas **ME** tratassem. Sem riscos. Sem bobagens. *Sem besteiras.*

De qualquer forma, aqui está acordo: se você deseja conhecer os quatro "segredinhos sujos" que os profissionais usam para "trancar" suas oscilações perfeitas no curso, basta ligar para o meu **escritório no número 1-800-000-0000** e dizer que você quer o vídeo "**Zona Alpha de Bobby Schaeffer**". São apenas US$ 39 - *totalmente reembolsáveis*, sem perguntas ou aborrecimentos - e você pode usar seu cartão de crédito. (Você também pode enviar seu pedido por fax com o número do cartão de crédito, se não quiser conversar com ninguém e ainda assim desejar fazer pedidos rapidamente).

Ou, se preferir pagar com cheque ou ordem de pagamento, basta **preencher o cartão de pedido prioritário** em anexo e enviá-lo com seu pagamento no envelope postal. Não importa como você solicita, sua fita será *enviada rapidamente* para você no mesmo dia.

Assista ao vídeo... e saiba quais são esses incríveis "segredinhos sujos". Então saia e veja como eles afetam o seu jogo. (Se você é como todos os outros, soltará instantaneamente uma

dúzia de pancadas e lançará **as tacadas mais longas e precisas da sua vida** ... na primeira vez em que experimentar o segredo!)

E, se você não estiver satisfeito, por qualquer motivo, basta enviar a fita de volta (em qualquer condição) e você receberá um reembolso rápido de US$ 39. É simples assim. Como eu disse, se o segredo não fosse tão **VISUAL**, eu apenas explicaria aqui na carta e terminaria. Mas não posso. Você tem que **VER**.

E então você saberá.

Por favor, se apresse. Estou apenas enviando algumas dessas cartas e você não será lembrado do acordo. Você também não verá esta oferta nas revistas - é apenas para as pessoas na "lista favorita" de Bobby.

Você deve ligar (ou enviar fax ou escrever) agora mesmo, enquanto esta carta ainda estiver quente em suas mãos. Caso contrário, você esquecerá e **NUNCA** saberá quais são esses quatro "segredinhos sujos" dos profissionais que tornam o jogo tão **automático**. É tudo tão simples que você ficará surpreso.

Mas também é tão **poderoso** que você nunca mais jogará golfe da maneira antiga. Lembre-se: *você não precisa alterar nada no seu jogo*... basta "trancar" a parte que já é "perfeita"... e aprender *os quatro segredos simples de desvendá-la no curso*, quando for necessário.

Simples. Fácil. Mude seu jogo literalmente da noite para o dia.

Mas você precisa ligar agora.

Não perca.

Atenciosamente,

Dr. Michael O'Leary

PS.: Aqui estão alguns comentários de pessoas que já sabem o que são esses quatro "segredinhos sujos" - achei que você estaria interessado:

"Fiquei muito frustrado, e com certeza jogaria em 90 para sempre. Então eu aprendi os segredos de Bobby e meu jogo foi transformado imediatamente! Disparei em 82 da última vez - uma coisa inacreditável!" - Jerry D. Patricks, consultor de sistemas

"Minhas tacadas agora parecem automáticas, dividindo todos os "fairway" com 40 jardas extras. Reduzi meu "handicap" de 16 para 10 em apenas 6 semanas!" - P.S. McKenna, Riverside, Califórnia

"Não acredito na distância que adicionei a todos os tacos da minha bolsa... e minha nova precisão é INCRÍVEL! Também foi fácil conectar essas coisas ao jogo!" - David James, gerente de produção

"Eu me sinto como um jogador de golfe totalmente diferente e melhor, literalmente da noite para o dia! Levei 15 minutos em campo e atirei 77 - minha pontuação mais baixa em dois anos. Obrigado, Bobby" - Russell Harris, representante de vendas sênior

"Bobby ensina você a deixar o seu ritmo natural brilhar e acrescentar uma GRANDE distância às suas tacadas, e isso acontece rápido! Obrigado novamente!" - Eugene Thompson, Kansas City

(cópia do cartão de encomenda:

Cartão de pedido prioritário

Para um serviço mais rápido, ligue para 1-800-000-0000

(Você também pode enviar por fax este cartão para 1-559-000-0000!)

"Zona Alpha de Bobby Schaeffer"

(SIM!) Eu quero aprender esses incríveis "segredinhos sujos" do jogo automático de profissionais! O golfe será muito mais divertido quando eu bater em "drivers" e "irons" mais longos, retos e precisos, jogando com o balanço mais "perfeito" que eu sou capaz de fazer! Entendo que estou sob risco ZERO - posso encomendar esta fita, mantê-la por 6 meses e devolvê-la em qualquer condição, por qualquer motivo, para um reembolso rápido e 100% dos meus US$ 39! Sem perguntas. Esse é um acordo mais do que justo. Aqui está como eu quero pagar:

O conselho é que reescreva esses trabalhos à mão ou mesmo digite para se apossar da essência criativa e técnica desse outro mestre. Lembre-se, porém, que as cartas foram escritas num contexto específico, num outro país e em outra época. Usar a mesma linguagem e abordagem hoje pode não funcionar tão efetivamente. Mas estudar cada detalhe e tentar desvendar cada elemento oculto de persuasão fará de você um copywriter melhor.

12

MINA DE OURO

> "Todo o homem que encontro me é superior em alguma coisa. E, nesse particular, aprendo com ele."
> — *Ralph Waldo Emerson*

Nos capítulos deste livro dou ao copywriting o *status* de "Habilidade de Ouro"; e à mente do copywriter, o apelido de "Cérebro de Ouro". Isso vem do fato de a *habilidade* e a *mentalidade* serem responsáveis por fortunas de centenas de homens que pesquisei, estudei e analisei com detalhes nos últimos anos.

Quem inicialmente me chamou a atenção para a relação "escrita-riqueza" foi David Ogilvy. O inglês, que se tornou famoso por criar campanhas e ações geniais na "Era de Ouro da Publicidade", virou minha cabeça. Depois de pegar a ideia, parti em busca de mais casos que pudessem embasar minha teoria: "A comunicação persuasiva é um dos meios mais poderosos de conseguir riquezas, pois com ela conseguimos convencer pessoas e levá-las à ação."

Portanto, se você desenvolve a capacidade de se comunicar usando a persuasão, tem grandes chances de encontrar fortunas escondidas; primeiro, em sua própria cabeça; depois, na cabeça de outras pessoas. Este livro traz os grandes segredos do método que foi testado por milhares de pessoas em todo o tipo de profissão, alguns que você já pôde conhecer nos capítulos anteriores.

Enquanto eu cumpria o trabalho de realizar pesquisas sobre copywriting, percebi padrões de comportamento em vários profissionais e assimilei o uso de técnicas semelhantes em cada exemplo. Foi assim que surgiu o livro anterior e, sem seguida, este que agora você lê.

Entre as figuras que analisei durante anos, caçando referências bibliográficas como um garimpeiro, e modelando pensamentos e ações, estão:

1. David Ogilvy - O Pai Da Propaganda Moderna.
2. John Emory Powers - O Primeiro Redator Do Mundo A Trabalhar Em Tempo Integral.
3. Claude Hopkins - O Grande Cientista Da Propaganda.
4. Robert Collier - Publicitário E Autor De Teorias Sobre Psicologia Prática Da Abundância, Desejo, Fé E Visualização.
5. David Abbot - Um Dos Mais Celebrados Executivos De Publicidade Do Mundo E Considerado O Maior Redator Da Sua Geração.
6. Bill Bernbach - O Pai Da Propaganda Criativa E Ícone Da Era De Ouro Da Publicidade.
7. John Caples - O Pioneiro Na Aplicação De Métodos Científicos À Publicidade.
8. Gary Halbert - O Copywriter Mais Habilidoso Do Mundo.
9. John Carlton - O Redator Mais Imitado e "Roubado" Do Mundo.
10. Gary Bencivenga - A Lenda Do Marketing De Resposta Direta.
11. Eugene Schwartz - Um Dos Mais Criativos Redatores De Publicidade.
12. Jay Abraham - Executivo De Negócios E Estrategista De Marketing De Resposta Direta.
13. Dan Kennedy - Consultor Que Faz Milagres Financeiros Com O Copywriting.
14. Frank Kern - Um Dos Copywriters Mais Cobiçados Do Planeta.
15. Todd Brown - Considerado A Autoridade Número 1 Em Campanhas Lucrativas De Aquisição De Clientes.
16. Jim Edwards - Um Gênio Das VSL - Cartas De Vendas Em Vídeo.
17. Ray Edwards - Estrategista De Comunicação E Redator De Algumas Das Mais Poderosas Vozes Em Liderança E Negócios Dos EUA.

18. Helen Lansdowne Resor - Notável Redatora E Executiva De Publicidade Clássica.
19. Rebecca Matter - Presidente Da American Writers & Artists Inc. (Awai) - A Editora Líder Mundial De Copywriting De Resposta Direta.
20. Mark Ford - Um Dos Grandes Exemplos Vivos De Copywriter Multimilionário.
21. Bob Bly - Copywriter Autor De 95 Livros Sobre Escrita De Negócios E Geração De Riquezas.
22. Roy Furr - Um Copywriter Notável Nos EUA.
23. Russell Brunson - Um Copywriter Que Faz Muito Dinheiro Com Internet Marketing.

Esses nomes são apenas uma pequena fração de centenas de americanos e outros falantes da língua inglesa, cujas realizações financeiras, ou em outras áreas da vida, se valeram de alguma forma do "Cérebro de Ouro". Pude rastrear padrões de pensamento e saber o que os levou a atingirem patamares mais elevados na vida.

Também segui as trilhas de brasileiros e copywriters de outros países que atuam no Brasil. *(Aliás, é importante destacar que o mercado brasileiro é muito diferente do mercado americano. Apesar de termos por base e inspiração um método gringo, e nos apoiar em cases de outro país, devemos sempre contextualizar as técnicas com o nosso mercado).* Sobre os brasileiros que observei e estudei, independente do estilo, modelo e comportamento, e que fizeram fortuna ou ao menos tiveram algum resultado surpreendente profissional e financeiro usando o copywriting, estão:

1. André Cia - Copywriter Que Faz Milionários E O Único Redator De Resposta Direta Com 3 "Prêmios 7 Em 1" (Sete Dígitos Em Um Dia).
2. Gustavo Ferreira - Mestre Do E-mail Marketing E Pioneiro Em Criação De Materiais De Copywriting Em Português.
3. Rocky Vega - Co-autor De "The Big Black Book" E Responsável Por Números Estrondosos Em Vendas Com Copy.
4. Marcelo Braggion - Especialista Em Copywriting De Conversão Que Já Fez 10 Milhões Em 10 Dias.

5. Guilherme De Carvalho - Copywriter De Bastidores E Exímio Escritor De Cartas De Vendas.
6. Icaro De Carvalho - Empresário, Redator Publicitário E Business-Designer Popular.
7. Leandra Soares - Exímia Conhecedora Das Técnicas De Copywriting.
8. Rafael Albertoni - Fundador Da Sociedade Brasileira De Copywriting.
9. Fred Ribas - Primeiro Copywriter Do Brasil Especializado Em Neuromarketing.
10. Adeise Marcondes - Primeira Copywriter Brasileira Especialista Em Produtos De Alto Valor.
11. Bruno Breda Dos Santos - Copywriter Freelancer Com Altos Resultados Em Advertoriais e E-mails.
12. Conrado Adolpho - Empreendedor Digital Pioneiro E Consultor De Marketing.
13. Erico Rocha - Empreendedor Digital Conhecido Pelo Fórmula De Lançamento.
14. Pedro Quintanilha - Empresário, Especialista Em Marketing E Mentor De Empreendedores.
15. Anderson Gomes - Consultor De Marketing, Mentor De Empreendedores E Fundador De Empresas.
16. Max Peters - Co-fundador Da Primeira Agência De Copywriting E Persuasão Do Brasil.
17. Beto Altenhofer - Copywriter Responsável Por Resultados Notáveis De Marketing E Vendas.

E tantos outros.

Alguns são copywriters profissionais, outros são empresários e estrategistas que se valem de copy para alcançarem resultados. Isso sem contar homens e mulheres que usaram e usam técnicas de persuasão e comunicação mais abrangentes para criar e alavancar negócios. Esses eu mapeio o trabalho desde 2009, quando ainda era um mero atendente de uma loja de papelaria. Se fosse listar todos aqui, faltaria espaço.

A explicação para todo esse esforço de observar tantas referências pode ser encontrado num pensamento de Andrew Carnegie: "Aqui jaz um homem que soube ter junto a si homens que eram mais inteligentes que ele". Acho importante ter acesso ao que mestres fizeram de grandioso dentro daquilo que nos dedicamos, principalmente os mestres que já se foram. É bom ser uma "esponja de conceitos", extrair o máximo da mente de gênios e só depois testar coisas por conta própria.

Aliás, aprendi que "pensamento próprio" é quase uma utopia — e quem quer que tenha realizado um trabalho original em qualquer área sabe disso. Augusto Comte, criador da doutrina positivista, afirmou que "os vivos são sempre, e cada vez mais, governados pelos mortos; tal é a lei fundamental da ordem humana". O Professor Olavo de Carvalho ensina que todo homem que tentou seriamente pensar alguma coisa sabe que a mais original das ideias tem no máximo 1% de originalidade — o resto é dívida. Só quem nunca pensou coisa nenhuma imagina que fez tudo "com seus próprios miolos".

"Pensar por si mesmo" é algo que você começa a fazer quando, ao lidar com questões, passou por tudo o que homens mais inteligentes pensaram antes de você e não encontrou respostas. Então você é levado a inventar novos modos de lidar com tais questões. Fora isso, é *presunção adolescente* se achar um pensador original quando se está apenas repetindo ideias que nem sabe de onde vieram.

Inclusive, parte disso a minha "Reunião Imaginária". Por várias vezes simulei reuniões com os mestres da persuasão e copywriting. E em algumas ocasiões, quando estou sem ideias para escrever uma comunicação poderosa, ainda recorro a esse conselho. Não se trata, porém, de algo místico ou esotérico. Por favor, não pense que sou esquizofrênico, que sofro de algum distúrbio ou mesmo que falo com mortos. Falo de esforço mental lúcido, onde recorro ao grande centro de conhecimento, o cérebro, e procuro trazer à tona informações registradas ao longo da vida obtidos a partir da leitura, estudo, sentimento e tato.

Nas reuniões pergunto ao David Ogilvy, por exemplo o que ele escreveria num anúncio de internet; procuro captar a essência do que Gary Halbert colocaria numa carta de vendas que será publicada numa página de web; quando o texto precisa ser completamente sincero e honesto, consulto ao John Emory Powers e pergunto o que ele falaria. Boa parte das vezes, dá certo.

Isso acontece porque estou me valendo da poderosa força chamada Imaginação Criativa, que abre as portas para o estímulo mental, entusiasmo e inspiração. Ao usar o cérebro para encontrar respostas por meio da Imaginação Criativa, estou fazendo uma ligação direta entre a mente finita e a Inteligência Infinita.

Também aprendi que quando ideias ou conceitos entram na mente do homem, por meio daquilo que chamamos de "instinto", eles partem de uma dessas fontes:

- Inteligência Infinita.
- Mente subconsciente, onde ficam armazenadas todas as impressões coletadas pelos sentidos e pelos impulsos de pensamento que chegaram ao cérebro através dos cinco sentidos.
- Da mente de outra pessoa que tenha acabado de lançar esse pensamento, ou visualizado a ideia/conceito por meio do pensamento consciente.
- Do depósito subconsciente de outra pessoa.

A Imaginação Criativa é a oficina da mente, ela é capaz de transformar a energia da mente para alcançar a riqueza. O "Ouro" está na mente, pois é nela que tudo começa. Saber pensar de forma poderosa é o primeiro passo para grandes realizações.

Antes que você pense que isso é "autoajuda barata" e conversa fiada sobre "pensamento positivo", destaco que Albert Einstein dizia que a imaginação é mais importante que o conhecimento. Segundo ele, a ciência é limitada, já a imaginação, abrange o mundo inteiro. O poder da imaginação realmente não possui fronteiras, e por isso vou ainda mais longe: o progresso individual e coletivo caminha proporcionalmente à evolução da imaginação.

A força do imaginar é capaz de formar imagens mentais de tudo que ainda não existe no mundo real ou físico. Sempre que imaginamos alguma coisa, estamos na verdade a criando, pois ela passa a existir no momento em que a damos origem em nossa mente, em nossos pensamentos. Outra frase de Einstein ressalta que "um raciocínio lógico leva você de A a B, já a imaginação leva você a qualquer lugar que você quiser."

Portanto, a mente é realmente uma fonte de ouro; ouro mais valioso que ouro material; e é da mente que você tirará todos os mapas necessários para chegar aos seus objetivos pessoais e profissionais, inclusive, os resultados com copywriting.

PARTE 3

CONCEPÇÃO

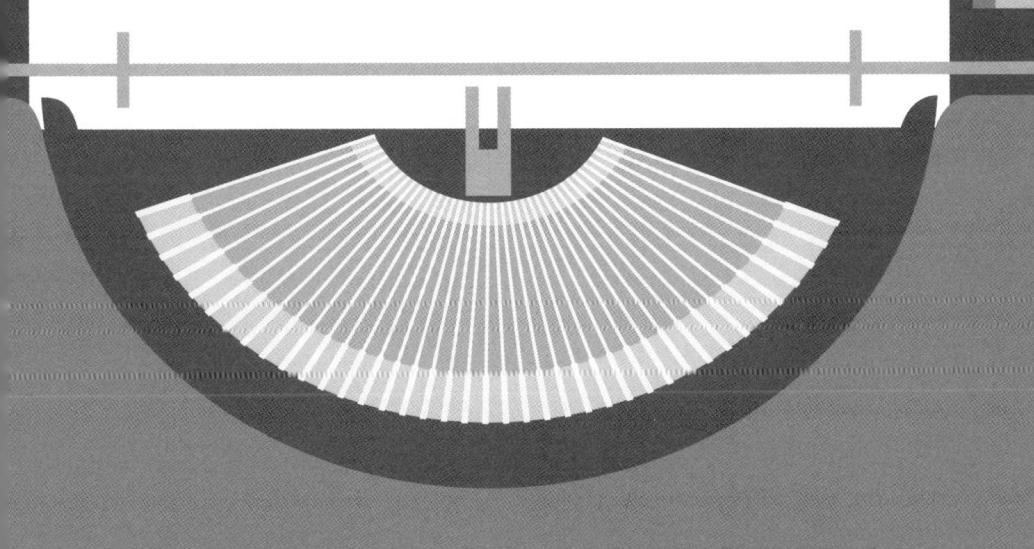

13

O MONSTRO DE 3 CABEÇAS

"Todos os homens têm o seu instinto; e o instinto do homem, fortalecido pela razão, leva-o à sociedade, como à comida e à bebida."
— *Voltaire*

O hambúrguer que venceu o gordo. Certa vez, fiz uma viagem longa, do Rio de Janeiro para Itu e fiquei um bom tempo sem comer. Quando finalmente o ônibus fez uma parada, entrei numa franquia do Bob's e tratei de pedir um "Big Bob Artesanal". Como estava faminto, achei que um hamburgão seria ideal. Mas no fim, acabei não conseguindo comer o sanduíche inteiro, pois era maior que a minha fome. Como minha mãe costumava dizer, "comi pelo olho" (fazendo referência ao pecado da gula). Estou certo que fui levado a escolher o sanduíche maior pelo instinto, o mesmo impulso que faz um animal executar inconscientemente atos adequados às necessidades de sobrevivência própria, da sua espécie ou da sua prole.

A cliente emocionada. Em determinada ocasião, recebi o depoimento de uma cliente que dizia mais ou menos assim: "Paulo, estou emocionada. Arrepiei-me várias vezes durante a leitura da carta de vendas". Na ocasião, foi a melhor declaração que eu poderia receber. Esse é o tipo de reação que procuro despertar nas pessoas ao ler os meus textos, simplesmente porque a emoção será a responsável pela tomada de decisão ao final do copy. Emoção pode ser definida como uma reação a estímulos ambientais, e é geralmente associada ao temperamento, personalidade e motivação. Voltaremos a falar disso mais à frente.

Briga de casal. Por anos fui uma pessoa totalmente impulsiva em relação à compra. Isso se deve, em partes, à educação errônea que recebi sobre dinheiro, bens e consumo. Muitas brigas com a minha esposa no começo do casamento foram ocasionadas por consequência deste impulso. Frequentemente ela me confrontava de forma racional ao saber de algum desejo meu por algum bem de consumo. Ela usava a razão, a faculdade de raciocinar, apreender, compreender, ponderar ou julgar; valia-se do raciocínio, que conduz à indução ou dedução de algo.

Esses três casos provam que, mesmo que nos consideremos seres humanos lógicos e evoluídos, boa parte de nossas decisões é tomada pela parte inconsciente, instintiva e primitiva de nossos cérebros. Isso não significa que a qualidade de nossas decisões está abaixo do aceitável; alguns especialistas, como Malcolm Gladwell, argumentam que decisões rápidas, no nível do instinto, "são melhores e nos poupam tempo e agonia."

Para compreender melhor tudo isso, pretendo apresentar agora o que chamo de "O Monstro de Três Cabeças". Ele nos ajuda a observar melhor como agimos em nossas decisões primitivas. O nome, claro, não passa de uma brincadeira. Batizei assim para fazer alusão às três inclinações humanas: instinto, emoção e razão, que são geradas em nosso cérebro.

Em 1970, o neurocientista Paul MacLean elaborou estudos que deram origem à "Teoria do Cérebro Trino", apresentada em 1990 no seu livro "The Triune Brain In Evolution: Role In Paleocerebral Functions". Ela discute o fato de que nós, humanos, temos o cérebro dividido em três unidades funcionais diferentes. Cada uma dessas unidades representa um extrato evolutivo do sistema nervoso dos vertebrados. A Teoria foi amplamente aceita dentro e fora do campo acadêmico, mas com avanços da neurociência, novas abordagens foram apresentadas trazendo uma nova visão sobre o funcionamento do cérebro. Hoje sabemos que o cérebro é uma supermáquina que não desativa uma função enquanto ativa outra — mas que se vale de vários recursos que trabalham em paralelo. O que ficou com essas novas descobertas é que ainda agimos impulsionados por instinto, emoção e razão. E é com base nesses três princípios que eu compus este capítulo.

1. **Instinto.** Capaz apenas de promover reflexos simples. Costumo chamar de *modo instintivo,* que tem como característica a sobrevivência, responsável pelas sensações primárias como fome, sede, sexo, entre outras. É através dessa predisposição que desenvolvemos nosso impulso natural, independente da razão, que nos faz agir com uma finalidade específica. Provavelmente minha escolha pelo "burger bruto artesanal" do Bob's foi tomada neste modo.
2. **Emoção.** Responsável por controlar o comportamento emocional dos indivíduos. Está associada ao temperamento, personalidade e motivação. Foi no *modo emocional* que minha cliente se emocionou ao ler a minha carta de vendas. E é pelo mesmo princípio que você vira uma "manteiga derretida" ao ver um caso de superação na tevê ou sente um aperto no peito quando uma criança cai e se machuca.
3. **Razão.** Esse é o princípio que diferencia o homem dos demais animais. Segundo neurocientistas, é apenas pela presença da razão que o homem consegue desenvolver o pensamento abstrato e tem capacidade de gerar invenções. A razão é o que controla os pensamentos lógicos e analíticos, além das funções físicas. Minha esposa costumava usá-la bem quando queria provar que eu não precisava comprar coisas por impulso.

Procurando entender como age "O Monstro de Três Cabeças", profissionais de marketing podem criar abordagens diferentes de acordo com o produto ou serviço oferecido, influenciando diferentes áreas da mente em busca da máxima eficiência de suas ofertas, aumentando a percepção de valor, criando sensações positivas ou utilizando técnicas de persuasão mais eficazes.

Para o instinto, tudo que for diferente, fora do padrão das atividades comuns é interpretado como potencialmente perigoso. Consequentemente, o ser humano tenta evitar a realização de tais atividades, pois considera que elas podem colocar em risco a vida e sua grande missão é justamente a de preservar a vida. Por isso que, ao escrever uma comunicação persuasiva, o *modo instintivo* pode tanto facilitar quanto dificultar o resultado, cabendo ao emissor da mensagem saber como fazê-lo agir ao seu favor.

Na verdade, há pontos positivos e negativos nos três modos. O *modo emocional,* por exemplo, pode fazer a pessoa agir positivamente, como ajudar um semelhante que está passando necessidade; ou levá-lo a agir negativamente ao se apaixonar por alguém sem caráter, simplesmente porque esse o fez se sentir bem em alguma situação. Está escrito no livro do profeta Jeremias: "Enganoso é o coração, mais do que todas as coisas."

No *modo racional,* a positividade é garantida quando as funções analíticas processam as informações adquiridas e as usam para tomar decisões assertivas. Mas pode ser negativo quando usamos sua função para justificar escolhas que no fim não serão benéficas, como não usar o dinheiro da poupança para investir com possibilidades de rentabilização por juros, porque a mente entende que é mais seguro mantê-lo guardado embaixo do colchão.

Tudo isso aponta para a afirmação de que a mente humana é mais complexa do que aparenta, e que para chegarmos a certas compreensões sobre seu funcionamento, temos que observar diversificados e sofisticados fatores. Esse trabalho pode ser feito nos estudos de marketing e copywriting; e quanto mais bem feito, mais fácil será influenciarmos os outros, já que teremos ciência de como o ser humano pensa e age.

Costumo dizer que a chave para o sucesso em qualquer área de negócio é o entendimento da psicologia humana. Claude Hopkins, no início do século XX já abordava a importância de conhecer a mente humana para criar estratégias de marketing mais certeiras. Todos nós temos os mesmos padrões mentais, que nos conduzem a determinadas ações. Para influenciar consumidores você precisa se dedicar a compreender esses padrões e criar suas comunicações de vendas com base neles.

Considerando as teorias recentes, para ser persuasivo você precisa atingir todas "as três cabeças do monstro", conquanto em algumas comunicações os elementos precisarão ser mais específicos, pensando em reforço para cada parte isolada. De qualquer forma, é importante, grave isso, criar uma mensagem *excitante, emocionalmente eficaz e intelectualmente atraente.* Para ajudá-lo com essa missão, seguem algumas informações que foram coletadas por meio de pesquisas e inicialmente colocadas em minhas anotações pessoais:

ALVO: INSTINTO

Apelos aos instintos. O instinto é formado por elementos humanos herdados de ação, desejo, razão e comportamento. Esses instintos, especificamente humanos, são aqueles que se formaram durante nosso tempo tentando sobreviver: sexo (procriação), comida (sobrevivência) e proteção. Produtos de necessidade básica e *commodities* são geralmente relacionados a isso. Vamos dar ênfase a alguns instintos:

Sexo. O conjunto de características estruturais e funcionais segundo os quais um ser vivo é classificado como macho ou fêmea. Seres humanos possuem estímulos e impulsos aguçados para o sexo. A relação sexual se refere a uma ampla variedade de comportamentos entre indivíduos, voltados para a obtenção de prazer erótico de pelo menos um dos membros envolvidos, independentemente de haver penetração, orgasmo e fins reprodutivos. Para isso é feito estímulo em uma ou mais zonas erógenas, como seios, vagina e pênis.

Apelos visuais, como imagens de pessoas atraentes, faces simétricas (conhecidas por transmitir saúde, o que também faz uma boa escolha em parceiros reprodutivos) costumam funcionar bem. Em relação ao texto, recomenda-se o uso de expressões que estimulem a imaginação sexual.

Algumas palavras funcionais na construção de comunicações poderosas relacionadas a sexo:

```
Sexo, relação sexual, prazer, erótico, tesão, satisfação, fan-
tasia, interesse, gozo, parceiro, parceira, cama, estímulo,
tarado, tarada, mulher, insaciável, tantra, tântrico.
```

Fome. Do latim *faminem*, é o nome que se dá à sensação fisiológica pelo qual o corpo percebe que necessita de alimento para manter suas atividades inerentes à vida. O termo é usado mais amplamente para se referir a casos de desnutrição ou privação de comida entre as populações, normalmente devido à pobreza, conflitos políticos, instabilidade ou condições agrícolas adversas. Em casos crônicos, a fome pode levar a um mau desenvolvimento e funcionamento do organismo. A fome ativa o mais básico dos instintos humanos.

Alguns termos eficientes na construção de comunicações fortes relacionadas à fome:

```
Fome, faminto, necessidades, pobreza, carência, escassez, pri-
vação, miséria, cobiça, ganância, economia, vida, prazer, bo-
nança, fartura, prosperidade.
```

Proteção. Costuma-se dizer que não existe instinto mais latente que o de proteção, já que se for prejudicado, os outros instintos não poderão ser saciados. Ou seja, um animal em perigo sabe que corre risco de morte e não poderá nem fazer sexo nem comer, e portanto, não poderá perpetuar a espécie. Anúncios que remetam à proteção costumam apelar para perigo (dor) e conforto (prazer).

Alguns termos poderosos na construção de comunicações fortes relacionadas à proteção:

```
Defesa, proteção, proteger, danos, preservação, amparo, res-
guardo, apoio, socorro, conforto, confortável, abrigo, prote-
ção, próximo, aconchego, agradável, acolhedor.
```

Outros recursos

Movimento: o instinto responde bem ao movimento, identificando-o como um perigo potencial.

Contraste: com e sem; lento e rápido; arriscado e seguro; grande e pequeno; melhor e pior; feliz e triste.

Conteúdo: quanto mais informações específicas forem dadas, com base em aspectos relevantes sobre a dor/solução, mais fácil será convencer o cérebro que está diante de uma boa escolha.

Dados: o lado instintivo é egocêntrico e quer saber "o que você tem para mim" nos primeiros segundos que recebe informações.

Escassez: o instinto responde fortemente às ameaças de escassez, especialmente quando outras pessoas clamam por um determinado item.

Os instintos, quando se desviam de sua trajetória considerada normal, são convertidos em pulsão – impulso do inconsciente que leva o indivíduo à ação com o objetivo de anular um estado de tensão. Diante de alguém que nos desperta uma atração sexual, a pulsão nos induz ao ato concreto, caracterizado como objetivo sexual. Biologicamente, o instinto tem por fim a reprodução humana; psicanaliticamente, o foco na manutenção da espécie é substituído pela centralização na questão do prazer. Algo parecido acontece com os outros instintos: fome e proteção.

As 3 questões do instinto

Nosso lado instintivo costuma "fazer" três perguntas antes de ser convencido:

1) É perigoso?

Se ele identifica que sim, foge.

Se identifica que não, fica e se pergunta:

2) Devo lutar contra isso?

Se identifica que sim, ele vai rebater com milhões de objeções (ou pensar em violência, dependendo da pessoa).

Se não, ele entende que a informação é segura e se pergunta:

3) É interessante?

Se sim, passa a dar mais energia para a informação e passa para o próximo nível cerebral processar a informação por completo.

Se você consegue vencer a terceira pergunta, parabéns, sua comunicação foi boa e bem elaborada. Se não, a pessoa identifica sua mensagem como algo perigoso e taxa você como "só mais um chato mesmo."

Você pode usar os princípios da persuasão para ter mais facilidade de acesso às outras partes do cérebro do cliente. Eles nada mais são do que atalhos que afloram a emoção do cliente. Princípios como Autoridade, Ciência, Prova Social, entre muitos outros, são utilizados para fazer com que você acredite que algo não é perigoso e que você pode confiar. Existe uma série de atalhos mentais diferentes e é bom que você os domine para usar quando preciso.

O que chama a atenção do lado instintivo do ser?

- Uma ideia que é rápida ou está em movimento.
- Uma ideia que é nova.
- Uma ideia que é concreta.
- Uma ideia que é visual com alto contraste.
- Uma ideia que apele para seus instintos mais básicos.

ALVO: EMOÇÃO

Apelo às emoções. Você certamente já derramou lágrimas assistindo a um programa de domingo ou se acabou de rir com algum comercial de tevê. Há, inclusive, algumas campanhas que já fizeram com que você pensasse melhor a respeito de uma determinada área da vida, seja no âmbito pessoal, profissional ou amoroso: parar de fumar, usar o cinto de segurança, usar preservativo... Isso acontece porque os seres humanos são movidos por suas emoções – e o grande desafio de homens de marketing está em conseguir decifrar o comportamento das pessoas para aplicarem apelo emocional às campanhas.

Não existe uma fórmula definitiva para conquistar o consumidor por meio das emoções e, por mais que sejam feitas diversas pesquisas, não há como entender o perfil exato de todos os consumidores de uma marca, serviço ou produto. Cada pessoa tem suas próprias motivações e desejos que se apoiam em fatores pessoais, culturais, sociais, motivacionais *et cetera*. O que se pode fazer é colher o máximo de informações e dados comuns sobre preferências e comportamentos de um grupo para formar um determinado padrão. Isso irá ajudar a humanizar seu copywriting e inseri-lo no contexto do leitor. É possível, por exemplo, aproveitar as emoções dele para mostrar as vantagens que o produto pode trazer e a felicidade que ele pode causar.

Vamos ver alguns recursos que podem ajudar a tocar no cérebro emocional:

História e Conexão

A ideia é criar uma relação afetiva com o consumidor por meio de uma linguagem mais poética e subjetiva, desenvolvendo uma narrativa envolvente e que desperta uma lembrança aprazível ou um desejo profundo. O storytelling costuma ser eficiente nesses casos. É um recurso que evidencia a assertividade do apelo emocional, pois gera maior envolvimento, identificação e emoção nos consumidores por meio de elementos presentes na história e personagens.

As campanhas publicitárias utilizam muito esse recurso com o objetivo de conectar emocionalmente o consumidor à empresa. Mais do que vender um produto, as marcas perceberam que é preciso criar uma identificação entre o público e a empresa.

O apelo emocional pode ser feito de modo a provocar no receptor uma sensação de excitação, alegria e felicidade, ou oposto: medo e culpa. Quando existe um apelo à emoção por meio de uma história, leva-se em conta os aspectos irracionais e desconsidera-se os argumentos. Lugares belos, pessoas alegres e famílias se divertindo, por exemplo, causam sensações positivas e motivam os consumidores a comprar o produto.

Neurônios-espelho

Ao observar uma apresentação musical ou uma peça de teatro, às vezes experimentamos a necessidade de realizar o ato dos artistas, ou inclusive as sensações derivadas de tal observação. Este fato, segundo especialistas, é produzido porque enquanto contemplamos a apresentação, neurônios especiais conhecidos como "neurônios-espelho" são ativados em nosso cerebro.

Os neurônios-espelho são um grupo de células que foram descobertas pela equipe do neurobiólogo Giacomo Rizzolatti, e que parecem estar relacionadas com os comportamentos empáticos, sociais e os imitativos. Sua missão é refletir a atividade que nós estamos observando.

Os neurônios-espelho nos impelem a ser empáticos, disparando quando um animal atua e quando ele observa a mesma ação executada por outro. Assim, o neurônio "espelha" o comportamento do outro, como se o observador estivesse agindo. É daí que vem sua empatia.

ALVO: RAZÃO

Apelo à lógica. As pessoas já sabem o que querem quando se tornam emocionalmente engajadas. Portanto, tudo o que você precisa é dar a elas o suporte racional e fatual necessário para justificar uma ação específica. O viés de confirmação, em partes, explica isso: a tendência das pessoas de reunir fatos que sustentam suas próprias conclusões, ignorando aquelas que sustentam outras resoluções.

As pessoas também tendem a aceitar a primeira alternativa que parece funcionar. À luz do fato de que não somos oniscientes, nossos cérebros precisam tomar decisões sobre a melhor alternativa. Isso nos torna não apenas irracionais, mas também previsivelmente irracionais. Vamos aos recursos:

O princípio da autoridade

A autoridade é um dos 6 princípios de influência listados pelo Dr. Cialdini em sua extensa pesquisa sobre persuasão. Esses 6 princípios podem ajudá-lo a racionalizar seus pensamentos: reciprocidade, compromisso e coerência, aprovação social, afeição, escassez e autoridade.

Muitas vezes procuramos pessoas em posições de autoridade para orientação, em um esforço para tomar melhores decisões. O ser humano é naturalmente inclinado a concordar e obedecer a ordens de autoridade, mesmo quando não concorda explícita e completamente com elas. Esse fenômeno ocorre, pois somos culturalmente educados com base na ideia de que indivíduos em alta posição detêm conhecimento e poder.

Ao pesquisarmos o conceito de autoridade, vemos que ela está sempre relacionada com a hierarquia. No dicionário, a entendemos como poder de comandar os outros e levá-los a agir da forma desejada. Mas a melhor forma de entender como ela se encaixa em nosso contexto, é tê-la como: "influência surgida naturalmente a partir da superioridade de conhecimentos ou *know how* em determinada coisa, uma habilidade técnica e pessoal."

Especificidade

A especificidade passa uma ideia de domínio do assunto, dando mais credibilidade a quem recorre ao princípio. Ou seja, quando se acrescenta dados e características específicas ao que você fala, a resposta esperada é aumento imediato da credibilidade.

Quando uma pessoa mente, em regra, tende a ser evasiva. Já quando está contando uma verdade ou lembrando um fato, ela costuma apresentar informações detalhadas e bem específicas.

Nosso *modo racional* tende a acreditar mais facilmente em histórias que contenham um bom número de detalhes, em informações que apresentem dados, fatos e estatísticas que corroborem sua credibilidade. Para aprender a usar melhor esse recurso, leia sobre especificidade no capítulo sobre técnicas avançadas.

Uma citação de Kotler para complementar o capítulo: "Os apelos emocionais tentam despertar emoções positivas ou negativas que motivem a compra". Já os apelos racionais "estão relacionados com os interesses particulares das pessoas: afirmam que o produto trará determinados benefícios." (Kotler, 2000 – p.576).

E então, pronto para domar "O Monstro de Três Cabeças", fazer cientes chorarem e convencer clientes de que tomaram a melhor decisão usando a razão?

MENSAGEM SUBLIMINAR

"Tudo o que ocorre em nossa vida está ligado ao inconsciente, porque ele é, antes de tudo, a matriz de nossas repetições, sejam elas saudáveis ou não."

— *Gabriel Rolón*

Como copywriters, temos o poder de usar técnicas de persuasão para direcionar pessoas, inconscientemente, à ação. Podemos levar indivíduos a fazer o que queremos que eles façam, sem que eles mesmos saibam explicar porque seguiram nosso comando. Mas quais seriam as táticas psicológicas específicas e recursos de persuasão que você deve usar — e por quê? E mais: que efeito isso tem na mente das pessoas que estão lendo seu texto de vendas? Qual tipo de palavras e frases usar para trazer um potencial cliente para o "lado de cá"?

Leonard Mlodinow pode nos apontar a resposta. Ele é autor de livros de divulgação científica e também escreveu roteiros de séries como "MacGyver" e "Star Trek". Um dos seus livros famosos, "Subliminar", é sobre a influência da mente inconsciente na vida das pessoas e traz uma gama variada de experimentos científicos sobre o que é por ele chamado de "novo inconsciente" ou "moderno conceito de inconsciente."

Apesar do nome, "Subliminar" não trata dos mitos criados sobre mensagens ocultas em filmes e propagandas, difundidos a partir de meados do Século XX. Não é sobre possíveis cenas de sexo nos desenhos da Disney, supostas divulgações satanistas em rótulos da Coca-Cola ou falas fantasmagóricas nos discos de rock rodados ao contrário. É sobre o modo que nossa mente funciona.

Uma fala de Carl Jung pode ser usada como alicerce: "Há certos eventos que não percebemos de modo consciente; eles permanecem, por assim dizer, abaixo do limite da consciência. Eles aconteceram, mas foram absorvidos de maneira subliminar."

A nova concepção de inconsciente, muita estudada na psicologia e na neurociência, indica que captamos e usamos informações do ambiente basicamente de duas maneiras: de uma maneira mais automática e de uma maneira mais controlada. Quando nossa "mente inconsciente" está no comando, ela preenche lacunas no nosso conhecimento e usa alguns truques para guiar nossas ações sem que percebamos, permitindo-nos assim realizar feitos incríveis, considerando a pouquíssima quantidade de esforço exigida (mas, infelizmente, também pode nos levar a erros igualmente "incríveis" e indesejáveis).

Podemos entender que "existem dois trens distintos de ação mental operando simultaneamente, um de forma consciente e outro de forma inconsciente". Quanto mais os cientistas examinam os mecanismos da mente, mais claro se torna que, não apenas uma ação automática, mas também inconsciente, desempenha grande papel em todos os processos. "O inconsciente é uma ferramenta de sobrevivência. A mente subliminar está interconectada e influencia nosso pensamento racional o tempo todo", explica Mlodinow.

Essa influência pode ser imperceptível no cotidiano, mas é constante. "Somos bombardeados o tempo todo por imagens, sons e sensações que influenciam o que pensamos. Não temos tempo de pensar racionalmente em cada aspecto. "Estimo que 90% do que nosso cérebro faz nunca chega à consciência", completa o neurocientista britânico Chris Frith, do University College, em Londres.

Trouxe isso para as minhas pesquisas e estudos sobre marketing e copywriting por perceber que nossas decisões de consumo também são regidas pela mente inconsciente. Vamos a um exemplo interessante:

Música e um bom vinho

Em 1999, o psicólogo Adrian North, da Universidade Heriot-Watt, na Escócia, colocou quatro vinhos franceses e quatro alemães, do mesmo tipo e preço, nas prateleiras de um supermercado na Inglaterra. O estabelecimento alternava em tocar música francesa (com acordeão) num dia, e alemã (com uma banda de metais) no outro. Nos dias em que o som ambiente era a música francesa, 77% dos vinhos comprados eram da França. No dia em que a trilha sonora era alemã, 73% dos consumidores levaram garrafas de vinho alemão para casa. O efeito era completamente imperceptível para quase todos os participantes do estudo. Para confirmar isso, os pesquisadores abordavam os compradores na saída do supermercado. Quando perguntados sobre a influência da música em suas compras, só um em cada sete a admitia. E somente um em cada quarenta e quatro afirmou que o som ambiente teve um papel decisivo na escolha da bebida.

Agora pense em como esse controle sobre esse tipo de influência subliminar nas mãos de um copywriter pode render fortunas. Mas como um copywriter pode usar recursos subliminares para influenciar a mente inconsciente do seu cliente-alvo? Bem, neurocientistas ou físicos sabem responder melhor do que eu. Vamos formular respostas com base no trabalho deles.

Alguns especialistas supõem de forma errônea que os clientes compram com base em processos lógicos e lineares. Se formos honestos com nós mesmos, vamos admitir que a maioria de nós não lê as descrições que acompanham os produtos quando compramos algo numa loja virtual, por exemplo — por isso usar apenas argumentos com base em características do produto é insuficiente. Em vez disso, escolhemos produtos que nos fazem sentir bem — por isso usar argumentos emocionais costuma ser mais eficaz. Essa decisão pode ser pelo estímulo de algo pequeno, como a cor da embalagem do produto. Um estudo interessante...

Que pacote bonito!

Num experimento, deram às pessoas diferentes cores de caixa para detergente. Depois de usá-lo por um mês, os pesquisadores pediram para cada "cobaia" avaliar o produto. A cor da embalagem tinha um efeito nítido em como as pessoas determinavam sua efetividade. Só que todos detergentes eram idênticos. Ou seja, as pessoas preferiam a caixa. É claro que os publicitários sabem que o pacote tem um apelo forte no produto, o que não significa que as pessoas podem ser 100% manipuladas. Isso apenas mostra que pode ter certo efeito no seu estado inconsciente.

O resultado também pode se basear nas experiências que os clientes associam a este produto. As decisões são, na maioria das vezes, tomadas em um nível de emoção (lembre-se do *modo emocional*). Grandes publicitários sabem disso e tentam conectar com o produto de uma maneira especial. Essa é a razão pela qual escolhemos um produto em vez de outro, mesmo havendo alternativas mais baratas ou melhores. Os estudos sobre a psique buscam entender as pessoas. E se entendemos as pessoas, conseguimos nos relacionar com elas em nossos textos e outras forma de expressão e persuadi-las.

O que confirmei estudando esse tema é que as pessoas:

- Têm o desejo básico de se sentirem bem consigo mesmas (e compram produtos que prometem isso).
- São inclinadas a agir sem pensar muito (ou acham que estão pensando corretamente).
- Compram mais pelo instinto e pela emoção (e justificam com a razão).
- Têm mentes que agem inconscientemente em mais de 90% do tempo (e por isso o cérebro busca atalhos que eliminem o esforço de decidir).

Imagine uma pessoa deitada no sofá com um saco de Doritos. Antes de "raciocinar mais lucidamente", ela poderia pensar em várias coisas, como: "Será que eu deveria não comer esse pacote de Doritos que acabei de abrir porque o cheiro não é agradável? O que minha esposa acabou de murmurar lá na cozinha enquanto lava a louça? Devo continuar assistindo esse programa chato de domingo na tevê aberta ou ponho na Netflix? Devo continuar sentado agora ou ir até a geladeira pegar um refrigerante?". São microdecisões tomadas, na maior parte do tempo, no "piloto automático."

Mesmo sem perceber, tomamos muitas decisões. "De acordo com um livro-texto sobre fisiologia, o sistema sensorial do homem envia ao cérebro cerca de 11 milhões de *bits* de informação por segundo. Porém, qualquer pessoa que um dia tenha tomado conta de crianças que falam ao mesmo tempo pode testemunhar como nossa mente consciente não consegue processar algo próximo desse número. A verdadeira quantidade de informação que podemos lidar foi estimada em algo em torno de 16 a 50 bits por segundo. Portanto, se nossa mente consciente tentasse processar toda essa informação, nosso cérebro travaria, como um computador sobrecarregado."

Essa é uma explicação que me levou, por exemplo, a pensar em como eliminar todo excesso de informação em textos de vendas, a fim de fazer a pessoa agir de forma inconsciente, sem precisar raciocinar muito sobre o que estou falando. E antes que você argumente, esse estímulo não é algo antiético ou ilegal. Sem a influência do seu copywriting, seu cliente-alvo continuará tomando decisões sem usar a lógica, muitas vezes, escolhendo produtos ruins. O que você faz é apenas ajudá-lo a escolher o que é melhor (por isso sempre venda o que realmente pode satisfazer o cliente).

Em resumo, o pensamento inconsciente é pura sobrevivência. Desviar de obstáculos, sentir fome, vontade de reproduzir, ter medo diante de situações ou barulhos estranhos são instintos de sobrevivência. Todo animal precisa disso para sobreviver. Na vida em sociedade, esse modo também nos ajuda a realizar atividades, como ir ao trabalho, virar à esquerda ou direita, decidir o que comer. Basicamente, qualquer decisão que você possa tomar sem pensar.

O que você deve levar daqui é que há influências que ajudam a determinar a decisão. No entanto, lembre-se: "A percepção requer imaginação porque os dados que as pessoas encontram em suas vidas nunca são completos e sempre equivocados". O que eu faço para influenciar a mente inconsciente dos meus leitores parte de reuniões de dados e fatos que nos ajudam a compreender padrões de comportamento, além de padrões sociais e culturais, mas também uso muito de minha percepção, ou seja, de minha Imaginação Criativa.

O copywriting é tanto ciência quanto arte. Grandes redatores entendem isso e é justamente essa visão que os diferencia dos medíocres. Você não precisa fazer mestrado em psicologia para criar um copy emocional que influencie o subconsciente do seu prospecto. Mas você precisa encontrar maneiras de explorar os motivadores internos de seus clientes e persuadi-los a reagir ao seu texto.

15

O POÇO DE DOR E PRAZER

> "Qualquer padrão de emoção ou comportamento que seja reforçado de um modo contínuo se tornará uma reação automática e condicionada. Qualquer coisa que deixamos de reforçar acabará por se dissipar."
> — *Anthony Robbins*

Os capítulos desta seção formam outra parte mais teórica necessária ao entendimento da mente. Aliás, os temas tratados nesta seção são como a parte maior de um *iceberg*: somente embaixo d'água é que podemos ter noção de sua dimensão. Estamos dando uma volta em torno da grande massa de gelo — e nos preparando para a parte final — que será a mais prática e categórica do livro. Vamos falar agora sobre emoção...

Vamos começar com uma explicação de que neurobiologia é o estudo das células do sistema nervoso e da organização dessas células dentro de circuitos funcionais que processam a informação e medeiam o comportamento. Trata-se de uma subdisciplina tanto da biologia como da neurociência. Ela ajuda a compreender a emoção, que é definida como uma reação a estímulos ambientais que produz tanto experiências subjetivas, quanto alterações neurobiológicas significativas.

A emoção está associada ao temperamento, personalidade e motivação. O termo deriva do latim *emovere*, onde o *e-* (variante de *ex-*) significa "fora"; e movere, "movimento". Seja para lidar com estímulos ambientais ou para comunicar informações sociais biologicamente relevantes, as emoções apresentam diversos componentes adaptativos para mamíferos com comportamento social complexo, sendo cruciais, até mesmo, para a sobrevivência.

Existe uma distinção entre a emoção e os resultados da emoção, principalmente os comportamentos gerados e as expressões emocionais. As pessoas frequentemente se comportam de certo modo como resultado direto de seus estados emocionais, como chorando, lutando ou fugindo. Ainda assim, podemos ter a emoção sem o seu correspondente comportamento. Então podemos considerar que a emoção não é apenas o comportamento e muito menos que o comportamento seja a parte essencial da emoção.

Há teorias que propõem que experiências emocionais são consequência de alterações corporais. A abordagem funcionalista das emoções sustenta que as emoções estão relacionadas a finalidades específicas, como, por exemplo, fugir de uma pessoa ou objeto para garantir segurança.

Numa definição mais geral, emoção é um "impulso do cérebro que impele o organismo para a ação". Veja como começa a fazer sentido! A emoção se diferencia do sentimento porque é um estado neuropsicofisiológico (que integra neurologia, psicologia e fisiologia). O sentimento, por outro lado, é a emoção filtrada através dos centros cognitivos do cérebro, especificamente, o lobo frontal, o que produz uma mudança fisiológica em acréscimo à mudança psicofisiológica.

Outras visões nos dizem que sentimentos são como percepções de memória reconstruídas a partir de dados. Muito desses dados vêm da mente inconsciente, à medida que ela processa estímulos ambientais captados por seus sentidos e cria uma resposta psicológica.

O cérebro também emprega outros dados, como convicções e expectativas preexistentes e informações sobre circunstâncias correntes. Toda essa informação é processada e produz um sentimento consciente de emoção. Esse mecanismo pode explicar os estudos sobre angina (dor no peito temporária ou uma sensação de pressão) — e, de forma geral, o efeito dos placebos (procedimento inerte, que apresenta efeitos terapêuticos sobre a dor devido aos efeitos psicológicos da crença do paciente de que ele está a ser tratado).

Se a experiência subjetiva de dor é construída tanto a partir do nosso estado psicológico quanto dos dados contextuais, não surpreende que nossa mente possa interpretar os mesmos dados psicológicos — os impulsos nervosos que representam a dor — de maneiras diferentes. Em consequência, quando as células nervosas enviam um sinal aos centros da dor no cérebro, a experiência da dor pode variar mesmo que os sinais não variem.

Se quisermos ter um entendimento válido de quem somos e de como reagimos a certas situações, temos de entender os motivos de nossas decisões e comportamentos; e, ainda suas origens. Toda essa explicação serviu, portanto, como ponto de partida para o entendimento das duas maiores motivações que afeta nossas decisões:

1. **Dor.** A impressão sensorial e emocional da dor se origina de sinais neurais distintos, e tem um papel óbvio em nossa vida. A dor faz com que você largue aquela frigideira quente, o castiga por martelar o dedão e o lembra de que, se você quiser degustar seis doses de Jack Daniel's, é melhor não tomar doses duplas. A dor motiva o indivíduo a se retirar de situações prejudiciais, a proteger uma parte do corpo danificada enquanto a cura e a evitar experiências semelhantes no futuro. Um julgamento sobre o valor da dor é dado pelo filósofo Friedrich Nietzsche, que escreveu: "Somente a grande dor é o libertador final do espírito... Eu duvido que tal dor nos torne melhores, mas eu sei que isso nos faz mais profundos."
2. **Prazer.** Prazer vem do latim *placere* e é entendido como uma sensação de bem-estar. Uma pessoa pode ter prazer sem demonstrar alegria e vice-versa, mas socialmente as pessoas costumam demonstrar alegria ao sentir prazer. Em geral, o prazer é uma resposta do organismo ou da mente indicando que nossas ações estão sendo benéficas à nossa saúde. O prazer pode ser atingido de diversas formas, tais como praticando exercícios físicos, comendo, tendo relações sexuais, escutando música, lendo, conversando, trabalhando e também comprando. Se a pessoa não sentir prazer comprando propriamente dito, tende a direcionar sua decisão de compra à busca de prazer.

De um modo geral, as pessoas compram por um dos dois motivos: para se afastar da dor ou se aproximar do prazer. Se você pensar em tudo o que comprou ao longo do tempo, há 90% de chances de suas motivações serem relacionadas a essas duas coisas.

Fazemos isso a todo o momento, inconscientemente: fugimos daquilo que pode nos causar mal-estar, tristeza, sofrimento e qualquer tipo de sentimento negativo; e procuramos por algo que nos faça feliz, mantendo-nos em numa zona confortável. Esse princípio de "dor x prazer" é a base para muitas estratégias de persuasão, pois serve como motivação para orientar as ações e decisões que seu cliente toma no dia a dia. Descobrindo as dores do seu cliente em potencial, você consegue conduzir melhor a venda e fecha o negócio mais rapidamente.

Poderíamos listar vários anúncios de resposta direta que usaram esses dois grandes motivadores para influenciar a compra. Mas trago de dentro da publicidade e propaganda alguns casos que podem servir como inspiração.

Exemplos de anúncios que apelaram para a dor:

`"Tomou Doril, a dor sumiu"`

Esse famoso *slogan* foi criado pelo publicitário Agnelo Pacheco e amplamente usado em campanhas publicitárias pela marca Doril. Segundo o criador, esse conceito valorizado, sempre mantido, somou muito em todas as campanhas feitas pela marca.

`"Novalgina. É mais do que você imagina.`

Um dos filmes da campanha que utiliza esse slogan apresenta aos telespectadores a propriedade de alívio dos sintomas de dores intensas, por meio das apresentações de Novalgina 1g (1000 mg de dipirona mono-hidratada) em comprimidos ou efervescente sabor limão. Criado pela Publicis, o filme traz um diálogo entre um casal que conversa sobre os benefícios do medicamento, como ser 2x mais analgésico. O homem se surpreende em saber que o medicamento também é indicado para enxaqueca e dores intensas e a mulher comenta: "Para você ver... às vezes a gente tem uma coisa em casa e nem percebe tudo que ela pode fazer". Na cena seguinte, é possível ver um gato tocando piano, o que faz uma alusão de que é possível descobrir novos usos, especialmente, quando falamos do medicamento.

> "Contra dor de cabeça, tome Aspirina. É bayer, é bom!"

Um comercial clássico usado pela Bayer para promover a Aspirina mostrava uma moça na praia tentando relaxar enquanto um grupo de pagode fazia barulho atrás dela. A narração dizia: "Você vai ver agora mesmo como Aspirina, o analgésico mais testado do mundo, acaba com a dor de cabeça na hora". A moça então tomava um comprimido e imediatamente uma Aspirina gigante caía do céu esmagando o grupo de pagode. Uma música relaxante tocava em seguida e a narração apresentava o *slogan* do quadro acima.

Exemplos de anúncios que apelaram para o prazer:

> "Prazer ao dirigir!"

A Ford do Brasil lançou uma campanha publicitária do Focus com o tema mostrado no quadro acima. O filme traz lances de humor e mistério, apresentando personagens que são tomados por uma vontade incontrolável de pilotar o carro.

> "Eu me preparo para você! Hoje eu te quero assim, se preparando para mim."

Comercial de 30 segundos, veiculado em 1981 pela Jontex, mostra a sombra de uma bela perna feminina vestindo uma meia-calça. A perna representa o órgão sexual masculino, a meia, a camisinha. Um comercial criativo que não à toa ganhou o Leão de Ouro no Festival de Cannes. Ele foi inserido no DVD "As Maiores Propagandas de Todos os Tempos - Os 50 filmes mais geniais de Washington Olivetto". A música de fundo dizia: "Eu me preparo para você hoje! Hoje eu te quero assim, se preparando para mim".

"Sinta o Sabor!"

Numa estratégia de marketing global, A Coca-Cola mostrou sua intenção em abordar a diversidade de produtos da marca em um único conceito: "Sinta o sabor" (*Taste the Feeling*, em inglês). A ideia tem como principal objetivo trazer o produto ao centro da comunicação, reforçando o compromisso da companhia de oferecer opções aos consumidores que se adaptam a seus diferentes gostos e hábitos, mas provocam o mesmo sentimento de satisfação. "A nova campanha não abandona as histórias de otimismo e felicidade, mas celebra o simples prazer de beber uma Coca-Cola gelada, independente da variação de sabor", explicaram.

MEDO, RAIVA E AMOR

> "O medo é um preconceito dos nervos. E um preconceito, desfaz-se, basta a simples reflexão."
> — Machado de Assis

Este capítulo contém um ingrediente para o copywriting que você precisa explorar: medo. Qualquer copywriter bem-informado sabe que o medo é um grande aliado para a persuasão. Os psicólogos referem-se ao papel dominante que o medo desempenha nas decisões do dia-a-dia como "aversão à perda". O princípio básico é simples: as pessoas querem evitar a perda mais do que querem ganhar. Estamos mais motivados pela ameaça de perder do que pela perspectiva de vencer. E, claro, aversão e evitação são apenas sinônimos de medo.

O medo é a sensação que proporciona um estado de alerta demonstrado pelo receio de fazer algo, geralmente pela sensação de ameaça, tanto física como psicológica. É também uma reação obtida a partir do contato com algum estímulo físico ou mental (imaginação, crença, interpretação) que gera uma resposta de alerta no organismo. Esta reação inicial dispara uma resposta fisiológica.

Anterior ao medo, temos a ansiedade. Na ansiedade a pessoa teme antecipadamente o encontro com a situação ou objeto que possa lhe causar mal. Dessa forma, é possível traçar uma escala de graus de medo, no qual, o máximo seria o pavor e, o mínimo, uma leve ansiedade.

O medo pode se transformar em doença (fobia) quando começa a comprometer as relações sociais e a causar sofrimento psicológico num indivíduo. A técnica mais usada pelos psicólogos para tratar o medo se chama "Dessensibilização Sistemática". Com ela se constrói uma escala de medo, da leve ansiedade até o pavor, e, progressivamente, o paciente vai sendo encorajado a enfrentar o que lhe amedronta. Ao fazer isso o paciente passa, gradativamente, por um processo de reestruturação cognitiva em que ocorre uma reaprendizagem, ou ressignificação, da reação que anteriormente gerava a resposta de alerta no organismo para uma reação mais equilibrada.

Acho interessante a forma como Napoleon Hill expõe o medo em sua obra "A Lei do Triunfo": "Medo é apenas um estado de espírito". Depois de uma explicação sobre o funcionamento da mente humana e os comportamentos que nos levam ao fracasso, Hill explica que ninguém será capaz de ter êxito se continuar sendo refém do medo. Num dos capítulos da obra, descreve que este é o fim a ser atingido, antes que sua filosofia do sucesso, como um todo, possa ser colocada em prática. Ele aponta que o medo é a condição que reduziu grande número de pessoas à pobreza e declara a verdade que deve ser compreendida por todos os que geram riquezas, sejam essas medidas em dinheiro, ou em estado de espírito — de valor bem maior que o dinheiro.

O propósito é chamar a atenção sobre a causa e propor "a cura" dos seis medos básicos: "Antes de dominarmos um inimigo é preciso saber-lhe o nome, os hábitos e a moradia", explica ele. O conselho é que, enquanto lê, a pessoa deva analisar com cuidado e determinar qual dos seis temores básicos (se é que há) agarrou ao espírito. "Não se deixe enganar pelos hábitos desses sutis inimigos. Às vezes se mantêm ocultos no subconsciente, onde são difíceis de localizar e mais difíceis ainda de eliminar."

Com base nisso, podemos tratar dos seis temores básicos, de cujas combinações todo o ser humano sofre, numa época ou outra. São mais felizes os que não sofrem dos seis ao mesmo tempo. Vou listá-los aqui para que você, assim como eu, obtenha *insights* para convencer pessoas com seus textos. Abaixo de cada item, vou colocar ideias que podem ser usadas em comunicações específicas.

1) Medo da Pobreza. Tratado como grande inimigo da humanidade, nasce da tendência inata no homem para economicamente dominar os seus semelhantes. Esse medo, quando não identificado e tratado, nos imobiliza diante do enfrentamento de desafios que possam acarretar possíveis perdas de dinheiro e/ou bens. Ele também imobiliza pessoas que se apequenam quando estão perante pessoas mais bem-sucedidas financeiramente.

Exemplos de textos que apelam para o medo da pobreza:

```
A crise pode deixar você 47% mais
     pobre antes do fim deste ano
```

```
Enquanto você se mata de trabalhar,
o Governo come 5 terços do seu rendimento anual
```

```
Mais de 80% das micro e pequenas empresas
          quebram no 1º ano
```

2) Medo da velhice. Esse medo surge primeiro da ideia que a velhice trará consigo a pobreza. Também nasce dos falsos ensinamentos sectários, onde se fala no fogo do enxofre do inferno, em purgatório e outras teorias, reais ou não, que os homens aprenderam a temer. As pessoas temem a velhice porque essa traz a aproximação de um outro mundo, talvez mais terrível do que esse em que vivemos e que, conforme sabemos, já é bem cruel. O medo da velhice também atormenta as pessoas que se enxergam como "peças-chave" para o bom funcionamento dos negócios e das finanças da família. Essas pessoas tendem a ficar apreensivas devido à desconfiança de que seus semelhantes possam se apoderar dos bens que possuem ou que não tenham competência para cuidar uns dos outros.

Exemplos de textos que apelam para o medo da velhice:

Cápsula feita de Ômega-3 pode garantir 7 anos a mais de vida se for consumida diariamente

Receita da longevidade: 7 atitudes para viver mais e melhor

O seguro de vida que ajuda a proteger sua renda e o futuro da sua família em caso de imprevisto.

3) Medo da crítica. Muitos sentem esse receio em grau altamente elevado. O medo da crítica é originado da qualidade transmitida ao homem pela natureza, e o que leva não somente a tomar os bens do seu semelhante, como também a justificar essa má ação, criticando o caráter do outro. Temendo ser criticadas, muitas pessoas deixam de se posicionar e expor opiniões. Também deixam de tentar algo novo e de "fazer do seu jeito". Com o medo da crítica, muitos seguem padrões e costumes impostos pela sociedade: seja através da mídia dizendo o que é certo ou não, o que está na moda e o que é cafona, de modo a não se preocupar com os valores, independente de cada um.

Exemplos de textos que apelam para o medo da crítica:

O curso de inteligência emocional para pessoas com medo da crítica

Como lidar com o medo da crítica e o julgamento alheio em apenas 3 passos

> Suas colegas de trabalho vão parar de falar mal do
> seu cabelo depois que você usar este shampoo com uma
> fórmula retirada de uma planta do seu quintal

4) Medo de perder o amor de alguém. Podemos enxergar esse medo facilmente presente na vida de pessoas que convivemos. Esse medo pode transparecer em forma de pequenos atos de ciúmes que, se não limitados e trabalhados, podem vir a se tornar obsessão de possessão e a tomar formas mais violentas de loucura permanente.

Exemplos de textos que apelam para o medo de perder o amor de alguém:

> Como reconquistar seu marido e
> salvar seu relacionamento

> Vença este grande vilão antes que
> sua namorada abandone você

> O livro escrito por uma advogada que ajuda
> mulheres a salvar casamentos

5) Medo da doença. O medo da doença está associado ao medo da velhice e da pobreza, pois também conduz a fronteira do mundo de horrores que o homem desconhece, mas que ouve sempre falar. Muitos desconfiam das pessoas empenhadas na venda de métodos para conservação da saúde, pois verdade seja dita: esses têm contribuído para conservar bem vivo na mente das pessoas o medo de doença. Entra em cena a hipocondria, o quadro em que se tem um medo excessivo e não realista de ter algum sintoma ou condição de saúde que pode ameaçar sua vida e ainda não foi diagnosticado.

Exemplos de textos que apelam para o medo da doença:

A terapia revolucionária que pode
matar as células do câncer

Este péssimo hábito pode acabar com sua saúde
antes de você abraçar seu filho novamente

A grave doença que está matando pais de
família pode bater na sua porta

6) Medo da morte. Para muitas pessoas esse é o pior de todos, trazendo terríveis tormentos. Esse medo pode ser atribuído diretamente ao fanatismo religioso, maior fonte responsável por esse medo do que todas as outras reunidas. Os "pagãos" não têm tanto medo da morte como os religiosos que estão sob a influência de má teologia. Na verdade, até onde sabemos, ninguém jamais teve a experiência, de fato, de conhecer céu e inferno para voltar e contar como é. E essa falta de um conhecimento claro e decisivo que abre as portas de nossas mentes para as mais variadas formas de imaginação e influência externa.

Exemplos de textos que apelam para o medo da morte:

Como superar o medo da morte

O antídoto para o medo da morte

Por trás de suas fobias cotidianas se
esconde o medo da morte

A FÓRMULA DO MEDO

Alguns grandes copywriters dizem que a única fórmula de copywriting que você precisa para convencer alguém se chama: "Problema + Agitação + Solução". Em "The Ultimate Sales Letter", Dan Kennedy explica: "Quando você entende que as pessoas estão propensas a agir para evitar a dor mais do que obter ganho, você entenderá como essa primeira fórmula é incrivelmente poderosa. Eu usei essa fórmula básica para estruturar apresentações de vendas super eficazes para vendedores ao vivo em todos os negócios imagináveis, desde sistemas de segurança até produtos de cuidados com a pele. Usei para mais de 136 indústrias diferentes, e não apenas para cartas de vendas, mas também para vendedores. Essa pode ser a fórmula de vendas mais confiável já inventada".

Aqui está a estrutura:

1. **Problema.** Defina o problema da maneira mais simples possível, se possível, numa única sentença. Tudo o que você quer é que seu leitor acene a cabeça de acordo e então escorregue sem esforço para as próximas linhas. Defina o problema em termos claros e diretos. Você precisa dizer aqui apenas o suficiente para obter um acordo.
2. **Agitação.** Uma vez que o problema esteja estabelecido, clara e fatualmente, é hora de injetar emoção. Você precisa trazer o horror, pintar o inferno. Toque na raiva, ressentimento, culpa, constrangimento, medo e use toda e qualquer emoção negativa aplicável. Você deve fazer o leitor mentalmente torcer as mãos e andar pela sala, dizendo: "Isso tem que parar! Eu tenho que fazer algo sobre isso! O que é que eu posso fazer sobre isto? Se ao menos houvesse uma resposta!"

3. **Solução.** Depois do inferno vem o céu. A terceira etapa se resume em revelar a solução, a resposta, ou seja, seu produto ou serviço e os benefícios que o acompanham. A maioria dos copywriters pula a segunda etapa. Entram no problema e pulam para a solução sem conduzir o leitor pelo inferno e mostrar como o problema é realmente algo sério.

RAIVA

Agora vamos falar de raiva. Existe uma frase atribuída a Einstein que diz: "A raiva reside apenas no peito dos tolos". Já Aristóteles disse que "todo mundo pode ficar bravo, isso é fácil. Mas ficar bravo com a pessoa certa, no nível certo, no momento certo, pelo motivo certo e do jeito certo, isso não está dentro do poder todos e não é fácil."

Ao pensar em raiva, me recordo de "Um Dia De Fúria", um filme de drama policial de 1993, dirigido por Joel Schumacher e escrito por Ebbe Roe Smith. O filme é estrelado por Michael Douglas no papel principal de William Foster, um homem divorciado e desempregado de uma firma de defesa. O filme gira em torno de como Foster provoca uma agitação violenta na cidade de Los Angeles, tentando alcançar a casa de sua ex-mulher a tempo para a festa de aniversário de sua filha.

Ao longo do caminho, uma série de encontros — triviais e provocantes — o levam a reagir com violência e fazer observações sarcásticas sobre a vida, pobreza, economia e capitalismo. O título do filme refere-se ao colapso mental de Foster, e é retirado da canção de ninar "London Bridge Is Falling Down", que é um motivo recorrente ao longo do filme.

Em resumo, o filme retrata um homem emocionalmente perturbado porque perdeu o emprego e vai encontrar a ex-mulher, sem querer reconhecer que o seu casamento já fracassou. No caminho, já tomado pela raiva, o personagem vai matando os que vão aparecendo no seu caminho, como comerciantes estrangeiros, membros de uma gangue, trabalhadores que fecham uma rua para não ter os salários reduzidos — e um neonazista dono de uma loja que oferece artigos bélicos, e que destrói o presente que

William pretendia entregar à filha em seu aniversário, justamente nesse dia. Essa narrativa contém um exemplo extremo da raiva, que pode dominar o ser humano o fazendo agir como um animal selvagem.

Geralmente associamos raiva a algo negativo, mas existe também um lado positivo nesse tipo de emoção. Assim como em outras emoções, a principal função da raiva é gerar comportamentos que garantam a sobrevivência do indivíduo diante de um estímulo externo, seja para proteger ou impulsioná-lo a realizar algo.

A raiva é uma energia responsável por impulsionar o indivíduo a agir para superar as dificuldades de forma construtiva ou destrutiva. Desejos e expectativas frustrados são os principais causadores desse sentimento que, ao contrário do que se possa pensar, é importante para que o indivíduo reaja às situações que estão prejudicando sua vida.

Todos os indivíduos estão suscetíveis a sentir raiva, uma vez que o ser humano estabelece relações afetivas em todas as esferas da vida e tende a criar expectativas. Quando as expectativas não são atendidas, a frustração bate à porta e a raiva pode se manifestar.

A intensidade dessa emoção varia de pessoa para pessoa, podendo ser uma simples irritação até demonstração de fúria, como no exemplo do filme. A maneira como cada pessoa interpreta um fato corresponde ao modo com que ela percebe o mundo e a si mesmo.

O sentimento de raiva tem origem na ideia de que fomos injustiçados, tendo como base vivências do passado. Se no passado a pessoa for muito maltratada ou punida, por exemplo, há uma tendência de se manter "alerta" contra futuras ameaças, por vezes de maneira desproporcional ao evento. Alguns se tornam conhecidos como pessoas de "pavio curto" e suas explosões são claramente tentativas de se protegerem do que acreditam ser agressão.

De acordo com Giovanni Frazzetto, (2013, pág. 15), a raiva é "uma emoção crua, uma força poderosa difícil de conter. Para que ela apareça, basta que as coisas simplesmente aconteçam de um modo diferente daquele que esperamos. Expressamos raiva quando somos maltratados, quando sentimos que estamos sendo enganados, quando alguém nos ofende ou quando não toleramos algum tipo de comportamento."

A raiva também é o medo com um escudo. Funciona como uma reação defensiva adiantada que se manifesta antes que algo prejudicial possa realmente ser feito. Sentimos medo quando estamos diante de alguma ameaça, e tipicamente quando algo ameaça uma pessoa ou coisa importante para nós. A mãe que se vê encurralada por um urso na floresta provavelmente só sente medo. A mesma mãe, quando vê seu filho pequeno sendo atacado pelo urso, além do medo, sente raiva. A raiva nos prepara para o ataque, para proteger o que nos é importante, algo que foi fundamental para a sobrevivência de nossa espécie.

Podemos sentir raiva quando temos uma meta importante bloqueada e raiva também pode ser um efeito colateral comum de frustração. Quando sentimos raiva tendemos a fechar os punhos e apertar os dentes. Comportamentos agressivos — onde tendemos a machucar alguém ou destruir algo — se tornam mais prováveis e costumam trazer satisfação momentânea.

Um recurso de copywriting que pode explorar bem a raiva é a "tática do inimigo comum". Esse recurso parte do pressuposto de que tendemos a nos unir a pessoas que possuem interesses semelhantes aos nossos. Sendo assim, o elemento é capaz de gerar raiva pelo inimigo e empatia com que se dispõe a ajudar a vencê-lo. Um exemplo simples:

```
Se você está lutando para sobreviver; se você não consegue
economizar dinheiro; se você se vê cada vez mais endividado
todos os dias, semanas e meses do ano... isso não é sua culpa!

Além do mais, a situação em que você se encontra não é ex-
clusividade sua. Milhares de pessoas em todo o país estão na
mesma situação. Por quê? Porque as grandes empresas estão
fazendo de tudo para tirar o que puderem de você.

Cada campanha publicitária que você testemunha, cada pro-
duto que você compra, e cada decisão de compra que você faz
foi projetada para obter o máximo de seu dinheiro. E eles não
ligam de deixar você sem nada!
```

Outro exemplo que usa "a tática inimigo comum":

> (Alerta Urgente)
> Você acredita mesmo que o gerente do banco é seu amigo?
>
> **VOCÊ CAIU NUMA ARMADILHA!**
>
> Acredite, nesse exato momento os bancos estão saqueando sua conta centavo por centavo sem que você sinta. Só em 2019, eles já lucraram R$ 19,95 bilhões…. 2,992 bilhões vêm apenas de cobranças básicas pagas com o seu dinheiro.
>
> *"Você está preso à uma teia financeira que vai matar sua reserva financeira antes que você perceba… Eu vou mostrar aqui como se livrar disso e blindar o seu dinheiro com o 'Fator Z.L.'."* - I. Carvalho, mestre em Economia e Finanças.

O exemplo também poderia ser de "empresas de cartão de crédito", "a elite rica", "os políticos", "a indústria farmacêutica", "autoridades falsas" *et cetera*. O primeiro sentimento é de raiva do inimigo que estão arrancando algo que é nosso, depois é despertado um senso de empatia. Tudo isso é realmente apenas um *set-up* para que a venda seja feita. Porque enquanto o seu cliente é distraído por sentir raiva e culpar alguém ou algo pelos seus problemas, você está o preparando para conhecer sua solução. E desde que o estado de espírito do seu leitor seja devidamente alterado, nesse caso com a raiva, ele estará mais receptivo a qualquer solução que você lhe apresentar.

AMOR

Lembremos agora do maior mandamento que Jesus deixou: "Amarás o teu próximo como a ti mesmo". Já o Apóstolo Paulo, na Epístola aos Romanos, aconselha: "A ninguém devais coisa alguma, a não ser o amor com que vos ameis uns aos outros; porque quem ama aos outros cumpriu a lei."

Amor vem do latim *amore*, e é uma emoção que leva uma pessoa a desejar o bem a outra pessoa ou a uma coisa. O uso do vocábulo, contudo, lhe empresta outros tantos significados, quer comuns, quer conforme a ótica de apreciação, tal como nas religiões, na filosofia e nas ciências humanas. O amor possui um mecanismo biológico que é determinado pelo sistema límbico, centro das emoções, presente em mamíferos — a tal ponto que Carl Sagan afirmou que o amor parece ser uma invenção dos mamíferos.

Giovanni Frazzetto explica que da perspectiva da neurociência, o amor ainda é compreendido apenas parcialmente. Por isso é cada vez maior o número de estudos envolvendo genética, neuroquímica e as imagens cerebrais para procurar explicar todas as fases e tipos de amor; do surgimento apaixonado dos primeiros laços românticos ao prazer sexual, o amor maternal, o compromisso de um relacionamento e a experiência triste de rejeição. Sem dúvida, ele explica, essa forte emoção reflete mudanças consideráveis e tangíveis no nosso corpo (2013, pág. 220).

O fato, por exemplo, de voltarmos nossa atenção a um único ser humano e construirmos na imaginação fantasias sexuais, situações de intimidade e planos de união com ele, reflete mudanças enormes em nossa vida emocional e cognitiva que, claro, exigem grande reorganização de nossos neurônios.

Um pioneiro estudo sobre o funcionamento do cérebro, "The Neural Basis Of Romantic Love", foi feito em 2000, por Andreas Bartels e Semir Zeki, procurando por um lado identificar as áreas corticais e periféricas envolvidas no complexo sentimento do amor romântico, e por outro traçar um paralelo com as emoções causadas pela amizade.

Embora encontrando diferenças nos resultados entre os estímulos provocados pelo objeto amado e por amizades, estas não seriam notadas por um observador pouco familiarizado com as imagens; as áreas do cérebro envolvidas se revelaram especialmente pequenas, e em alguns casos guardando grandes diferenças com sentimentos negativos — estes como o medo, raiva, *et cetera*, muito mais estudados — por outro lado, o estudo mostrou que o cérebro guardou semelhanças curiosas nas áreas desativadas, inclusive com o estado psíquico após uso de substâncias como a cocaína ou derivados do ópio.

Um fato surpreendeu os pesquisadores: um sentimento tão complexo envolve a ativação de uma área total relativamente pequena do cérebro — mas a quantidade de áreas ativadas reporta a uma complexa rede de funcionamento integrada, cuja compreensão deve ser objeto de estudos posteriores.

Ao contrário de alguns sentimentos negativos, não há uma área específica do cérebro responsável pela caracterização do amor romântico. Mas uma coisa é certa, e quanto a isso não há dúvidas: o amor é uma emoção incendiária e um forte motivador. E quando estimulado corretamente por meio do marketing, da publicidade, e em casos mais específicos, do copywriting de resposta direta, pode fazer a pessoa a tomar decisões com base em sua emoção.

Exemplo de texto que apela para o amor romântico:

```
Um buquê de flores, uma caixa de chocolates finos
e um bom vinho para o jantar de hoje à noite.. e um
                preservativo para depois.
```

A simbologia e a mitologia podem ser usados com bastante eficiência em peças com apelo ao amor. Os principais símbolos do amor são a maçã, o coração e a flecha. Na publicidade, o uso da mitologia é frequentemente encontrado nos anúncios dos mais diversos tipos. Os deuses são utilizados em comparação com as pessoas atuais, e é possível nos anúncios as pessoas se identificarem com os arquétipos dos deuses.

Afrodite, por exemplo, associada à sexualidade, feminilidade, amor e beleza, tem seu arquétipo encontrado geralmente em comerciais de cerveja para o público masculino, sempre focando na sexualidade; também em anúncios direcionados para o público feminino, como anúncios de absorvente, anúncios de perfume, e produtos de beleza, nesse caso, focando na feminilidade, pureza da mulher e beleza. Tudo isso pode ser fonte de grandes ideias para criação de copies poderosos. Gary Halbert explorou muito bem o amor sexual quando escreveu um genial anúncio para o Perfume Tova.

Exemplo de texto que apela para o amor sexual:

```
Esposa de astro da TV jura que o perfume dela não
 possui nenhuma substância ativadora sexual ilícita.
```

O amor materno e fraterno, a amizade e a caridade, derivados do amor, também podem ser bem trabalhados.

Exemplo de texto que apela para o amor caridoso:

Médicos Sem Fronteiras

```
Você pode ajudar a manter nosso trabalho independente de
poderes políticos e econômicos. É graças a contribuições
constantes de pessoas de bom coração que podemos nos plane-
jar, agir rapidamente em situações de emergência, como o sur-
to de Ebola na República Democrática do Congo ou a Guerra
no lêmen, e tratar também pacientes com doenças que exigem
cuidados de longo prazo. Tudo isso significa salvar vidas!
```

Retorne a este capítulo sempre que precisar explorar medo, raiva ou amor em seu texto.

A GRANDE PIRÂMIDE DOS DESEJOS

> "A gente não quer só comida."
> — *Titãs, 1987.*

Quando o assunto é vender, há uma máxima que diz que "o cliente é rei". Seguindo essa afirmação, por mais que a empresa tenha suas próprias metas e objetivos, o que faz o negócio funcionar é a sua capacidade de satisfazer as necessidades do consumidor. É nesse contexto que entra a Pirâmide de Maslow, muito usada no marketing para identificar carências e desejos do público.

A teoria surgiu da psicologia humanista que tem como base o entendimento e a interpretação subjetiva do mundo pelo indivíduo; diferentemente da psicanálise, que tem como objeto de estudo o inconsciente, e do comportamentalismo, que considera a relação estímulo-resposta o que molda as pessoas.

Um dos autores que teve grande contribuição nessa área foi Abraham Maslow, psicólogo norte-americano, conhecido pela "Teoria da Hierarquia das Necessidades Humanas", ou, como acabamos de citar, a "Pirâmide de Maslow".

Em 1954, Maslow publicou "A Theory of Human Motivation". Esta obra aborda a teoria da "Hierarquia das Necessidades" que começou com o seu estudo observacional de macacos. Ele percebeu que estes faziam escolhas comportamentais com base nas suas necessidades pessoais. Por exemplo, os macacos se tornavam mais agressivos quando não tinham comida, mas por outro lado, ficavam mais sociais e dóceis com os outros após satisfazerem a suas necessidades fisiológicas.

A base empírica para esta teoria criada por Maslow foram os seus próprios estudos sobre a dominância em macacos e em humanos. Assim concluiu-se que tanto nos humanos como nos macacos, a capacidade de um indivíduo ser dominante em comparação com os outros deve-se ao fato de sua superioridade ser reconhecida pelos outros; e que as diferenças existentes em ambos os grupos ocorriam devido a diferenças no exercer a dominância pelos indivíduos que o constituem.

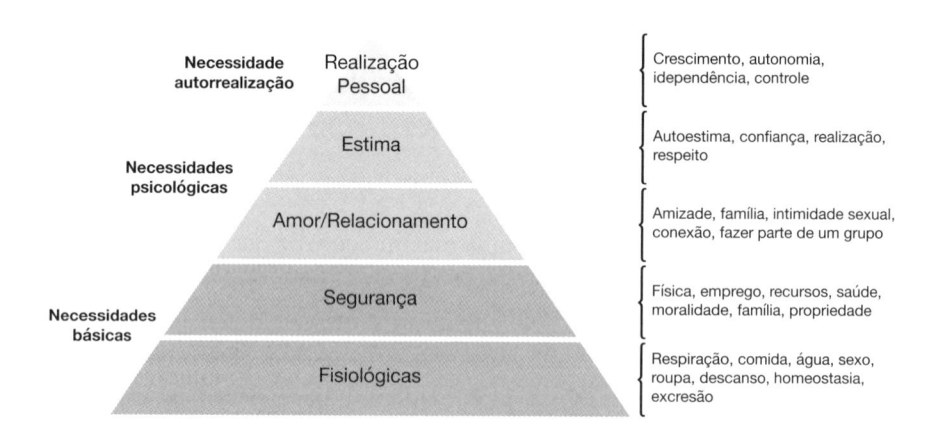

A "Pirâmide de Maslow" define cinco categorias de necessidades humanas: fisiológicas, segurança, afeto, estima e autorrealização. Esta teoria é representada por uma pirâmide onde na base se encontram as necessidades mais básicas que estão diretamente relacionadas à sobrevivência. De acordo com Maslow, um indivíduo só sente o desejo de satisfazer a necessidade de um próximo estágio se a do nível anterior estiver sanada, portanto, a motivação para realizar estes desejos vem de forma gradual.

NECESSIDADES BÁSICAS

1) Necessidades fisiológicas. O ponto de partida do modelo da "Hierarquia das Necessidades" são as necessidades básicas fisiológicas. Segundo Maslow, as necessidades fisiológicas são as mais importantes e, sem elas, é impossível motivar e satisfazer as pessoas. Assim, estas necessidades são representadas na base da pirâmide. São também chamadas de homeostáticas pois tem como objetivo a manutenção do equilíbrio interno do organismo de forma a regular os níveis sanguíneos de sal, açúcar, proteínas, gorduras, oxigênio, cálcio, equilíbrio ácido-base, temperatura, entre outros parâmetros. Quando existe um decréscimo nestes níveis, o indivíduo sentirá, por exemplo, fome, sede, desejo sexual, sono. A satisfação dessas necessidades é predominante no comportamento humano; consequentemente, para atender a esta indispensabilidade, eles podem se tornar agressivos e selvagens e arriscar a própria segurança.

Quando estas necessidades não são satisfeitas, geralmente, há queixas tais como reclamações referentes ao risco de morte, fadiga, fome, sede, más condições de moradia, falta de ar devida a problemas de ventilação ou ao tipo de trabalho, manifestação do desejo de um lugar de trabalho seco e aquecido e boas condições de saúde. Neste nível, as necessidades são, em sua maioria, multideterminadas, isto é, servem de canal para a satisfação de outras necessidades.

Exemplos de elementos com foco em necessidades fisiológicas: papel higiênico, alimentos diversos, bebidas diversas, qualidade do sono, qualidade do ar, *et cetera*.

2) Necessidades de segurança. É a necessidade de nos sentirmos seguros, perante algum tipo de perigo: violência, catástrofes naturais, *et cetera*; ter proteção, como, por exemplo, estabilidade na vida, como conseguir preservar o emprego. Esta necessidade também está relacionada com o fato de existirem leis e limites que permitem que haja uma ordem na sociedade.

Quando estas necessidades não são satisfeitas, geralmente há queixas como: medo de circular na rua quando se vive em locais violentos e/ou perigosos; queixas relativas à segurança e estabilidade no trabalho; ao medo de ser despedido arbitrariamente; a não poder planejar o orçamento familiar devido à falta de garantia quanto à permanência no trabalho; à arbitrariedade de um profissional superior com respeito a possíveis indignidades a que o indivíduo precise se submeter para se manter no trabalho; à própria segurança física com relação a possíveis acidentes no trabalho *et cetera*.

Exemplos de elementos com foco em necessidades de segurança: casa própria, carreira, oportunidades profissionais, viagem segura *et cetera*.

NECESSIDADES PSICOLÓGICAS

3) Necessidades de afiliação. É a necessidade de se relacionar com pessoas. As relações mais próximas — e básicas — geralmente são com os pais, seguidas de uma vontade de se ter um companheiro ou companheira e, por último, ter filhos. A hierarquia das relações dentro da necessidade de afiliação ou afeto acompanha o desenvolvimento do indivíduo, ou seja, a necessidade de se relacionar com os pais é maior no estágio infantil e com companheiros e filhos na vida adulta. Também está presente a vontade de se relacionar com grupos (vizinhança, nichos na escola, no trabalho, *et cetera*), criar laços, ter a sensação de pertencimento. A necessidade de afiliação é vista por uma vontade tanto de dar como receber afeto.

Quando estas necessidades não são satisfeitas geralmente há queixas, como: reclamações pela falta de amigos no trabalho; pela falta de companheiros amorosos; pela falta de relações afetivas com outras pessoas; de modo geral, por não pertencer a um grupo, dentro ou fora da organização; por não ter oportunidade de prestar ajuda aos colegas; por não receber ajuda dos companheiros de qualquer grupo social, como os do trabalho.

Exemplos de elementos com foco em necessidades psicológicas: marcas de cerveja, restaurantes e automóveis.

4) Necessidades de estima. É a necessidade de nos sentirmos dignos, autoconfiantes, independentes, autônomos, apreciados, respeitados por nós e pelos outros, com prestígio, reconhecimento, poder, orgulho *et cetera*. Inclui também o desejo de ser bom em alguma atividade e necessidade de autoestima. Estas necessidades passam por duas vertentes, o reconhecimento das nossas capacidades pessoais e o reconhecimento dos outros face à nossa capacidade de adequação às funções que desempenhamos — e são motivadas por uma necessidade de prestígio e reputação.

Quando estas necessidades não são satisfeitas geralmente há queixas, em sua maioria: à perda de dignidade; à ameaça ao prestígio; à autoestima e à estima vinda dos outros. Os desejos estão orientados para a realização de algo, para ter competência, para ter *status*, reconhecimento, atenção, importância, apreciação e a necessidade de confiar e de ser alguém no mundo.

Exemplos de elementos com foco em necessidades de estima: bebidas, carros, viagens, hobbies.

REALIZAÇÃO PESSOAL

5) Necessidades de autorrealização. Também conhecidas como necessidades de crescimento. Incluem o desenvolvimento das próprias necessidades, a realização, aproveitar todo o potencial próprio, ser aquilo que se pode ser, fazer o que a pessoa gosta e é capaz de conseguir. Relaciona-se com as necessidades de estima: a autonomia, a independência e o autocontrole. Aqui nós somos capazes de aceitar fatos, não criar preconceitos, sermos criativos, sermos espontâneos e ditarmos nossos atos baseados na moral.

Quando estas necessidades não são satisfeitas, geralmente as reclamações podem ser relativas à: ineficiência ou imperfeição do mundo para com as pessoas de um modo geral, à falta de verdade, à injustiça e à desonestidade. Neste nível de necessidade, os desejos estão voltados para a perfeição, para ser aquilo que o indivíduo tem potencial para ser.

Exemplos de produtos com foco em necessidades de realização pessoal: restaurantes, carros, bebidas, viagens.

Então, já começou ter ideias para copies com base na pirâmide dos desejos?

18
UMA QUESTÃO DE COMPORTAMENTO

"As estatísticas ajudam a estudar o comportamento e as preferências dos consumidores, para dar-lhes o melhor serviço possível."
— *Philip Kotler*

Entender o consumidor é um dos maiores desafios do copywriter, já que o desempenho de um bom texto de vendas está diretamente ligado ao conhecimento que temos do consumidor — e à sua capacidade de se colocar no lugar dele para entender seus anseios, motivações e prioridades.

Essa não é uma tarefa fácil, mas há diversos conhecimentos que podem ajudar você nessa missão. Apresentei nos capítulos anteriores recursos para você recorrer sempre que precisar de *insights* para compreender o que está por trás do comportamento humano. E para fechar esta seção de modo categórico, vou listar alguns recursos retirados das minhas pesquisas e estudos de comportamento do consumidor.

O que se deve considerar inicialmente é que o comportamento do consumidor é caracterizado pelas atividades mentais e emocionais que ocorrem no momento da seleção, da compra e do uso dos produtos ou serviços. Com base nisso, nos apoiamos em:

OS 4 FATORES DE INFLUÊNCIA

Escrever anúncios ou cartas de vendas tendo pleno conhecimento disso torna mais fácil não só considerar os desejos e as necessidades de quem compra, mas também orientar adequadamente as ofertas para o mercado:

1. **Fatores Culturais.** Quando falamos de fatores culturais, estamos tratando da maneira de como o consumidor interage com a sociedade por meio da cultura, subcultura e classe social. Por exemplo, o brasileiro tem hábitos de compra muito diferentes do americano, pois está inserido numa cultura completamente distinta. Assim como o consumidor do Nordeste também tem um comportamento diferente do consumidor do Sudeste do Brasil, pois está inserido numa subcultura diferente.
2. **Fatores Sociais.** Aqui entra em cena: família, amigos, *status* e o papel social. Esses fatores exercem muita influência no comportamento do consumidor, principalmente pela confiança depositada. Uma pessoa participa de diversos grupos sociais e em cada um deles possui um papel diferente; assim, seus desejos podem variar de acordo com a influência de cada grupo.
3. **Fatores pessoais.** Os desejos e necessidades do consumidor também mudam de acordo com a idade e ciclo da vida em que se encontra, assim como a condição econômica e estilo de vida. Os fatores pessoais costumam ser compostos por informações únicas que dificilmente formarão um padrão, visto que não existem indivíduos completamente iguais.
4. **Fatores Psicológicos.** As necessidades e desejos de compra podem surgir de estados emocionais, como: término de relacionamento, demissão, felicidade momentânea, entre outros fatores. Os aspectos psicológicos se baseiam em duas teorias: 1) a Pirâmide de Maslow, citada anteriormente; 2) a Teoria de Freud, que explica o funcionamento da mente através do consciente e inconsciente, e que muitas vezes nossos desejos são reprimidos por não sabermos que ele está lá, no inconsciente.

Também vale destacar que os princípios do comportamento do consumidor são divididos basicamente em...

5 CRITÉRIOS

- **O primeiro critério**. Relacionado aos motivos que geram um determinado comportamento no consumidor, e a compreensão da pessoa que é visto como consumidora.
- **Segundo critério.** A respeito da relação do consumidor com o produto, levando em conta a autoimagem e as marcas do mercado (também a questão de o mercado buscar satisfazê-lo).
- **Terceiro critério.** Envolve o ambiente em que o indivíduo está inserido, sendo a cultura um fator que também está envolvido nesse critério de processo de compra.
- **Quarto critério.** As ferramentas que medem o grau do comportamento do consumidor, entre o escolher e o consumir.
- **Quinto critério.** O comportamento do consumidor diante da sociedade, e como esta pode influenciá-lo, desde fatores econômicos até fatores que envolvem a personalidade.

Esses critérios ajudam a entender o modo de pensar de cada consumidor, e o que geralmente o leva a comprar, analisando o processo de diferentes formas. Esses princípios podem ser determinantes para o sucesso de uma campanha, anúncio *et cetera*.

A partir destes princípios entendemos que o comportamento do consumidor permeia as escolhas dos mesmos, as questões culturais do ambiente em que estão inseridos, envolvendo também a classe social e, principalmente, o grupo em que fazem parte, podendo ser família ou outros papéis de posições sociais.

Existem outras variáveis que influenciam, como: idade, ocupação, estilo de vida, personalidade. E também aspectos relacionados aos fatores psicológicos, sendo eles a motivação, a percepção, a aprendizagem e as crenças e atitudes próprias de cada consumidor.

Enfim, temos as chamadas:

3 MOTIVAÇÕES

"Motivações" são as razões subjetivas que incitam as pessoas a consumir ou a comprar um produto ou serviço. As motivações podem se agrupar em categorias principais:

1. **Motivações de caráter hedonista.** Os prazeres ou sentimentos agradáveis que um indivíduo espera do consumo, posse ou compra de um produto.
2. **Motivações de caráter racional ou utilitário.** Induzidas pela necessidade, demanda, ação racional; nesse caso, os fatores de decisão são tangíveis.
3. **Motivações éticas.** Quando a compra é feita com base em valores éticos, morais e/ou com sentimento de cumprimento de dever.

Ou seja, uma pessoa pode ser incitada a comprar, usar ou consumir um produto porque sabe ou imagina que poderá se sentir bem; pensa que este lhe é útil ou vem ao encontro da sua necessidade ou interesse; porque tem sentimentos de dever — ou obrigações morais.

Para entender tudo isso, na prática, você precisa observar e analisar atentamente o consumidor. Algumas perguntas básicas podem ajudar:

- Quem é o consumidor?
- O que ele pensa e sente?
- O que ele vê?
- O que ele ouve?
- O que ele fala e faz?
- Quais são seus medos e frustrações?
- Quais são seus verdadeiros desejos e necessidades?
- Quais são suas crenças e valores?
- Em que meio ele está inserido e como isso o influencia?

Essas informações podem ser encontradas nas pesquisas de público-alvo e persona, que são, respectivamente, o grupo de clientes com interesse em comum e o perfil simulado de cliente ideal. Para maior assimilação desses elementos, sugiro ler o capítulo 8 do livro "Copywriting: O Método Centenário de Escrita Mais Cobiçado do Mercado Americano" (páginas 83 a 93); e também consultar o capítulo 3 do livro "Marketing de Conteúdo: A Moeda do Século XXI", do Rafael Rez (páginas 66 a 102).

Agora que já abordamos os fatores de influência do consumidor, podemos seguir para a seção de artifícios!

PARTE 4

ARTIFÍCIOS

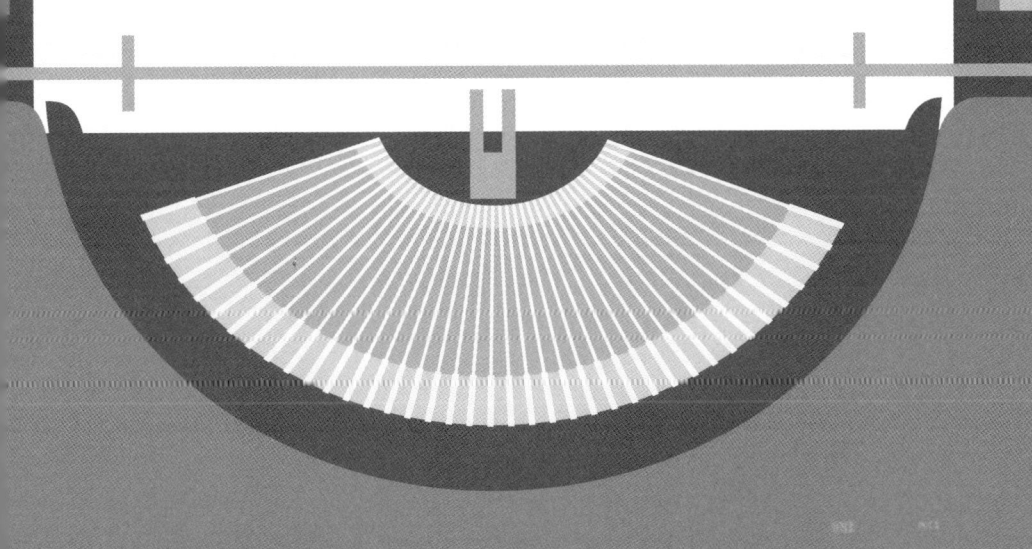

ESTRATÉGIA

> "A estratégia é uma economia de forças."
> — *Carl Von Clausewitz*

Copywriting pode fazer de um negócio ou produto um verdadeiro sucesso. As habilidades em copy afetam direta e indiretamente o quanto você se comunica e convence os seus clientes. Boa escrita desperta emoções, responde a perguntas e leva os consumidores a comprar. Para que isso aconteça, porém, é preciso antes pensar estrategicamente.

O copywriter que pensa estrategicamente ganha vantagem sobre outros porque não se limita a escrever. Suas headlines, cartas de vendas e anúncios não são meras peças de texto, mas "artifícios de guerra". Guerra por atenção, por interesse, por posicionamento, por conversão. E quanto melhor ele aprender a pensar estrategicamente, mais resultados terá. Estratégia ajuda a formar o "Cérebro de Ouro".

Basicamente, o pensamento estratégico de um copywriter avalia todas as condições do ambiente, analisa as forças e fraquezas do produto, observa o cenário do mercado, a força da concorrência e o leva a tomar decisões sobre o que fazer para ganhar a guerra. Pensar estrategicamente dentro do campo do copywriting também é reconhecer que há incertezas quanto à realização dos objetivos, que há forças adversas, nenhuma garantia de êxito, mas também grandes oportunidades para que o seu copy acerte o alvo. A partir daí, ele trabalha para descobrir modos de fazer com que as metas sejam garantidas.

A definição de Estratégia nos leva à arte militar, que trata das operações e movimentos de um exército até chegar, em condições vantajosas, à presença do inimigo. Sun Tzu, no século IV a.C., foi o primeiro a escrever especificamente sobre a Estratégia em sua obra "A Arte da Guerra". O tratado de Sun Tzu reúne todos os aspectos relevantes a considerar quando se deseja uma guerra guiada pela racionalidade. Vários estrategistas militares da história se valeram dos ensinamentos de Tzu. A fórmula para a guerra racional está baseada na figura de um general que tem astúcia, esperteza, sabe manter sigilo, é articulado e consegue surpreender.

No estudo da administração, chegamos ao entendimento de planejamento estratégico: "A determinação dos objetivos de uma empresa e das formas para que esses objetivos sejam atingidos". O contexto em que a definição de Estratégia se insere é o da guerra que as empresas travam no mercado em busca da preferência do cliente e da maximização dos lucros. São levadas em consideração as condições do mercado, da própria empresa e a relação entre mercado e empresa. É função do planejamento estratégico a definição do que se espera para o negócio no longo prazo, e de estratégias alternativas, antecipando possíveis imprevistos.

A primeira coisa, antes de considerar estruturas e modelos de estratégias, é desenvolver o pensamento estratégico. O pensamento estratégico, reforço, é uma das habilidades que os copywriters podem desenvolver para obter êxito; é o método que consiste em saber analisar o conjunto em que se está inserido para tomar decisões certeiras. Pensar de forma estratégica significa interpretar problemas e oportunidades de crescimento de uma maneira mais ampla. As decisões levam em consideração possíveis impactos que podem ser causados. A mentalidade estratégica maximiza a chance de sucesso.

Foi com pensamento estratégico que Claude Hopkins começou a usar recursos de mala direta codificados no começo do século XX, a fim de obter resultados com seus textos de propaganda; foi com ele que Bill Bernbach junto à sua agência pensou numa campanha (Think Small) que elevou o status do Fusca; usando princípios estratégicos, David Ogilvy tornou-se o autor de campanhas memoráveis das camisas Hathaway, que chamavam a atenção pelo personagem com um tapa-olho; a mentalidade estratégica levou Gary Halbert a pensar numa carta genial para vender os brasões da família Macdonald; foi com os mesmos princípios que Mark Ford virou multimilionário usando o "Cérebro de Ouro".

Para uma boa assimilação de como formar estratégias com base nas necessidades e desejos das pessoas, aconselho que observe novamente a hierarquia das necessidades da "Pirâmide de Maslow". Nela vemos o diferencial do que é inato e do que pode nos ser sugerido através de marketing, seja ele "sutil" ou "agressivo".

Agora, para melhor uso do conceito Estratégia no seu trabalho como copywriter, trago alguns *bullets* retirados dos meus estudos pessoais de marketing que podem auxiliar você com planos estratégicos voltados ao copywriting:

BULLETS DE ESTRATÉGIA

Dominância de mercado

- Líder.
- Desafiante.
- Seguidor.
- Nicho de mercado.
- Ser competitivo.
- Vender bem não significa ter o melhor preço e sim fazer valer o produto.
- Saber satisfazer o grupo que pretende atingir.
- Satisfazer a si mesmo e os outros do grupo

Classificação genérica de Porter

- Diferenciação do produto.
- Segmentação de mercado.

Quanto à inovação

- Pioneiros.
- Seguidores imediatos.
- Seguidores tardios.
- Exclusividade.

Estratégia agressiva

Aqui coloco a questão de saber se a empresa deverá crescer ou não; e se sim, com que velocidade. Um esquema divide as estratégias em:

- Segurar.
- Ceifar ou colher.

Um esquema mais detalhado usa as seguintes categorias:

- Marketing.
- Planejamento estratégico.
- Plano de marketing.

A METODOLOGIA DE PROJETO

Dentro do campo da estratégia, a metodologia de projeto também pode ajudar o copywriter a pensar em métodos de venda de produtos por meio de comunicações e discursos, de acordo com contextos específicos de lançamento, validação ou mudança de planos. Existem diversos métodos de projetos, mas todos seguem uma estrutura básica:

1. **Observar e analisar.** Definição do problema, pesquisa, definição de objetivos e restrições;
2. **Planejar e projetar.** Geração de opções de projeto, escolha de opção de projeto, desenvolvimento, aprimoramento, detalhamento;
3. **Construir e executar.** Protótipo; produção.

Com base nisso, podemos descrever os seguintes passos:

- Identificação de oportunidade.
- Análise do problema (levantamento de informações).
- Geração de ideias (fontes/técnicas).
- Seleção de ideias (triagem).
- Desenvolvimento e teste do conceito.
- Desenvolvimento da estratégia de marketing (através do plano de marketing).
- Análise do negócio (financeira/comercial).
- Desenvolvimento do produto.
- Teste de mercado.
- Comercialização.

As estratégias para o desenvolvimento de novos produtos podem ser de quatro tipos:

1. **Estratégias ofensivas:** adotadas por empresas que querem manter a liderança no mercado, estando sempre à frente dos concorrentes. É necessário investimento em pesquisa e desenvolvimento.
2. **Estratégias defensivas:** adotadas por empresas que não seguem as empresas líderes. Evita custos com desenvolvimento e não corre riscos entrando em novos mercados.
3. **Estratégias tradicionais:** adotadas por empresas que atuam em mercados estáveis, sem grande demanda por mudanças.
4. **Estratégias dependentes:** adotadas por empresas que não têm autonomia para lançar seus próprios produtos. Isto ocorre com subsidiárias ou empresas que produzem para outras (terceirização).

Essas são abordagens que a administração e o marketing listam numa extensa bibliografia. São conhecimentos mais teóricos e basilares que podem expandir sua visão como copywriter. São conhecimentos que eu considero quando eu participo em projetos específicos como copywriter estrategista ou redator.

Agora vamos conferir alguns conceitos interessantes de planejamento de copy que podem ser aplicados dentro de uma estratégia:

COPY STRATEGY

Dentro do campo da publicidade, temos o que é conhecido como "Copy Strategy" (também designado de "Plano de Trabalho Criativo"). Trata-se de um documento curto, formal, elaborado de modo tradicional por um anunciante de determinada agência — e que tem como finalidade orientar o trabalho desenvolvido por parte dos profissionais criativos.

O documento segue a filosofia da "Procter & Gamble" e, segundo Molinè (1988), não deve estar sujeito a mudanças de critérios. No entanto, cada agência elabora o seu, por norma, acrescentando suas contribuições de acordo com seus ideais. O documento segue, usualmente, o seguinte esquema: objetivo, público-alvo, promessa de benefício para o consumidor, suporte e o tom do ambiente da promessa. Atualmente, além de aspectos materiais de um determinado produto, são ainda incluídos aspectos imateriais.

Nesse modelo, cabe ao agente de publicidade selecionar os elementos essenciais para orientar o trabalho dos criativos, sendo exemplos os elementos do próprio produto e do mercado em que se insere. Também é colocado o que levou o anunciante a conceber a campanha publicitária e as informações mais relevantes no que diz respeito às atitudes e comportamentos dos consumidores.

A "Promessa" ou o "Benefício ao consumidor" é o elemento mais poderoso no "Copy Strategy", pois neles são identificados as vantagens que o cliente terá com o uso do produto e que o levará a comprar. Existem três níveis de promessa: o atributo maior do produto, o benefício ao consumidor e a identificação valorizadora.

O "Copy Strategy" ainda sugere suportes da promessa, as provas e os argumentos que são usados para atestar a veracidade da promessa. Por norma, são eles: o testemunho de uma pessoa competente na área em evidência e a performance *provide essay help* (ensaio de argumentação) do produto.

COPY-BOARDING

Não poderia deixar de citar o Copy-Boarding, uma ferramenta relativamente simples, mas poderosa, que visa maximizar os resultados de suas reuniões de estratégia e planejamento de copywriting. Nela geralmente se usa um quadro branco para escrever diretamente o que envolve o copy específico. Os participantes fazem anotações, desenham diagramas, fazem *brainstorming*, consideram técnicas *et cetera*.

O criador do método é Joe Schriefer, editor da Agora Financial, que se juntou ao grupo pouco depois de obter seu mestrado na Universidade Johns Hopkins. Segundo Joe, é usando esse recurso que a Agora Financial cria suas estratégias milionárias, e foi usando ela que a empresa chegou a US$ 170 milhões em receita só em 2017.

Com o Copy-Boarding você pode ter uma boa compreensão das necessidades do seu comprador em sua mente, observar coisas que provavelmente não está enxergando porque está muito próximo da oferta e o processo ainda pode revelar uma coisa que está matando suas vendas.

O método apresentado pode ter basicamente cinco passos: *passo 1:* criação de um *Big Idea* (sem uma big idea não existe um bom negócio, nada conserta uma péssima ideia); *passo 2:* uso de post-its onde se escreve cada objeção que você imagina que o leitor terá; *passo 3:* organização da sequência de cada objeção que você imagina que o prospecto terá; *passo 4:* início do processo de discurso de vendas; *passo 5:* preenchimento dos espaços onde se fazem "mini-vendas" a fim de convencer o leitor.

QUADROS DE ESTRATÉGIA

Tratando-se de copy de resposta direta, especificamente, as estratégias podem variar muito, indo desde uma simples carta de vendas enviada pelos correios até uma abrangente jornada de vendas com muitas ramificações e soluções dentro de um funil de marketing. Dentro do grande "guarda-chuva" da Estratégia, também gosto de visualizar quadros com o que eu chamo de "Estratégias Enxutas de Copy", como esses que estão abaixo:

Anúncios → Advertorial → Página de vendas

Anúncios → Página de Captura →
→ Sequência de e-mails → Página de vendas

Anúncios → Página de Captura → Sequência de e-mails →
→ Página de vendas → Sequência de e-mails 2 →
→ Página de Vendas 2

Anúncios → Página de Captura → Sequência de conteúdo →
→ Página de vendas

Anúncios → Página de Captura → Página de Planos →
→ Página de Agradecimento

Esses são alguns desenhos que podem ser adaptados e ampliados em qualquer contexto estratégico que envolva copywriting, independentemente do nicho e dos objetivos de negócios. A ideia é desenhar de forma simples e objetiva as ações e peças a serem criadas.

Numa ação específica na venda de um produto por assinatura, elaborei com meu sócio Fred Ribas uma estratégia enxuta usando alguns anúncios, um advertorial e uma carta de vendas. Em apenas 32 dias, tivemos um crescimento de 321% nas conversões. Nesse caso, os anúncios faziam chamada para o advertorial publicado numa plataforma de notícias com a seguinte manchete:

Empresários brasileiros criam Netflix da persuasão e do copywriting

Veja como estes mestres do marketing ensinam a desenvolver discursos de vendas que garantem lucros diretamente para o bolso

Esse advertorial levava o potencial cliente para a carta de vendas que continha a seguinte headline:

Faça parte do principal clube de orientações do Brasil especializado em persuasão e copywriting

E aprenda a encontrar sua promessa única, desenvolver discursos altamente poderosos e garantir lucros diretamente para o seu bolso

O advertorial chamava a atenção e fazia o cliente passar pelos estágios iniciais de reconhecimento do problema e solução, apresentando ao mesmo tempo o produto como uma grande novidade. A carta de vendas dava todas as respostas às objeções dos potenciais clientes, apresentando argumentos que visavam convencer o leitor a fazer parte do clube e caminhar ao lado de outros clientes semelhantes. Essa pequena estratégia nos trouxe 268 assinaturas recorrentes em pouco mais de um mês, gerando receita para investirmos no plano de consolidação e crescimento do produto.

ESTRATÉGIA EMOCIONAL

"Encontre a emoção principal; isso pode ser tudo que você precisa saber para encontrar sua história."

— *F. Scott Fitzgerald*

Harvey Specter, o personagem principal da série "Suits", tem uma frase interessante: "Ajuste sua estratégia com base na observação das reações emocionais das pessoas". Valorizo bastante estratégias de marketing emocional que, como o próprio nome sugere, se vale do apelo emocional para atrair consumidores. Muito mais do que apenas satisfazer desejos e necessidades do consumidor, essa é uma forma inteligente de fazê-lo se sentir valorizado por uma marca ou serviço.

O marketing emocional trabalha com base em valores, e mais do que atender a uma necessidade específica, o produto conquista o coração de quem compra e desperta nele uma sensação positiva, que o leva à decisão. Isso é muito mais do que apenas vender e gerar lucro para uma empresa: é atrair, conquistar e fidelizar o cliente. Até estratégias mais agressivas de copywriting podem se valer disso.

Fazendo uma espécie de conversão ao que foi dito acima sobre marketing emocional (que é trabalhado em várias etapas no processo de relacionamento com o consumidor) – e focando agora nas decisões de compra – podemos dizer que as ações de venda acabam resultando na integração de uma ou mais das:

6 emoções principais

1. **Ganância.** "Se eu tomar uma decisão agora, vou ser recompensado".
2. **Medo.** "Se não tomar uma decisão agora, minha vida ficará pior".
3. **Altruísmo.** "Se eu tomar uma decisão agora, vou ajudar os outros".
4. **Inveja.** "Se eu não tomar uma decisão agora, minha concorrência vai sair na frente".
5. **Orgulho.** "Se eu tomar uma decisão agora, vou parecer inteligente".
6. **Vergonha.** "Se eu não tomar uma decisão agora, vou parecer estúpido".

Para criar um discurso poderoso, o copywriter precisa trabalhar para criar um cenário na mente do comprador. Deve mostrar que ele pode ser inteligente em tomar a decisão de adotar a ideia ou adquirir o produto. Cada copy bem-sucedido cria ou aumenta esses estados emocionais. E quanto mais forte o discurso, mais estados emocionais ele incita. Assim, maior é a conexão com o discurso e maior a possibilidade da venda acontecer. Nada como influenciar pessoas a comprar por meio de uma boa estratégia emocional!

As mudanças no estado emocional só podem ser realizadas quando o discurso de vendas leva em conta o sistema de crenças do cliente. É este sistema de crenças que determina como surge cada emoção. Crença é a aceitação de que algo é verdadeiro ou real. Em muitos casos é sustentada por um sistema de certeza emocional ou espiritual. As crenças estão presentes, tanto no nível consciente quanto no nível subconsciente. Mas vale lembrar que a maioria das crenças estão presentes no nível subconsciente, pois é nessa "área" que estão gravadas todas as informações vividas por nós.

A capacidade da persuasão é um tópico fundamental no copywriting. Mas entender o que faz uma mensagem ser persuasiva ou não é um interesse de áreas que passam psicologia, política e até saúde pública. Há tempos pesquisadores investigam quais são os meios mais efetivos de mudar a ideia de outras pessoas ou convencê-las sobre alguma coisa. É unânime entre eles que é efetivo explorar como as formas de comunicação são moldadas e direcionadas de acordo com a nossa intenção de persuadir.

Uma pesquisa da Kellogg School of Management, da Northwestern University, nos Estados Unidos, examinou a associação que as pessoas fazem entre o uso de uma linguagem mais emocional e a sua capacidade de persuasão. De acordo com o responsável pelo estudo, o pesquisador Matthew D. Rocklag, as pessoas escolhem apelos mais emocionais mesmo quando tentam ser racionais ou neutras.

Para ele, é algo intuitivo do ser humano apelar para uma comunicação carregada de emoção quando temos a intenção de convencer alguém sobre algo: "Nossas descobertas indicam que existe uma conexão forte o suficiente entre a persuasão e a emoção na mente das pessoas de modo que elas continuam a usar uma linguagem emocional mesmo diante de uma audiência em que essa abordagem é considerada uma estratégia ruim."

A pesquisa deixa claro que as pessoas tendem a criar discursos que vão além das características positivas ou negativas de um produto, por exemplo, e se misturam com as emoções, mesmo quando tentam influenciar um público que pode não ser tão receptivo à essa linguagem. Tudo isso se dá, sobretudo, através da escolha das palavras que as pessoas usam.

O relatório "Persuasion, Emotion, and Language: The Intent to Persuade Transforms Language via Emotionality" foi publicado na revista acadêmica Psychological Science (edição de março de 2018). Na pesquisa, 1.285 participantes receberam uma foto com detalhes sobre um determinado produto de um site de compras online. Alguns foram convidados a escrever uma resenha positiva que persuadisse os leitores a comprar o produto, enquanto outros participantes foram solicitados a escrever uma resenha que simplesmente descrevesse as características positivas do mesmo produto.

Com ajuda do Evaluative Lexicon, uma ferramenta que faz a análise linguística quantitativa dos participantes, os pesquisadores puderam medir o quanto as mensagens eram emocionais, positivas, negativas ou até extremas. "Esse trabalho revelou que a intenção de persuadir outras pessoas aumenta espontaneamente a emotividade dos discursos por meio das palavras que cada pessoa usa", explicam os autores do estudo.

Eles acrescentam que essa mudança de discurso, quase que automática, não é uma decisão consciente e deliberativa da pessoa. Para o estudo, a tendência de usar a emoção permanece mesmo quando os participantes eram direcionados a serem "racionais" em seus discursos. "Pesquisas anteriores indicam que apelos emocionais são escolhas que podem sair pela culatra quando um público prefere discursos mais neutros e racionais", comenta Rocklage.

Quase tudo que desejamos depende, em diferentes níveis, da atitude de outra pessoa. Podemos conseguir isso através da força, método que se mostra insustentável ao longo do tempo, ou por meio da persuasão e influência. Este segundo modo parte do princípio de convencer uma pessoa por meio de ideias e argumentos que a sensibilize.

Na prática, não existem diferenças gigantes entre persuasão e influência. Sempre encontramos resistência das pessoas, e o segredo é saber expressar para aos outros o nosso ponto de vista. É mostrar de maneira clara os benefícios e vantagens de concordar com uma ideia ou ação. Influência e persuasão sempre tem a ver com trocas, com algo que pode ser intercambiado por coisas que as pessoas valorizam.

Qualquer um pode influenciar ou ser influenciado. Influência é particularmente importante quando a cooperação é necessária e há resistência, ou quando aquilo que se pede é custoso para o outro ou muito difícil de ser obtido. Persuasão e influência são elementos importantes numa estratégia. Aplicando corretamente seus princípios, é possível engajar pessoas, reduzir obstáculos e resistências.

Quanto aos artifícios emocionais para uso estratégico, procuro sempre me apoiar nos seis princípios da persuasão, identificados e difundidos pelo Dr. Robert Cialdini: Reciprocidade, Compromisso e Coerência, Aprovação Social, Afeição, Autoridade e Escassez. Você pode conferir isso com profundidade no livro "As Armas da Persuasão" (Editora Sextante, 2009). Ramificações dos 6 princípios são encontrados em alguns recursos, como:

Agradabilidade. Lembre-se do ditado: "Gentileza gera gentileza". Isso não é apenas uma frase de efeito. Funciona, de verdade. Por isso, profissional de copy precisa construir uma imagem agradável a fim de fazer o prospecto se identificar e olhar o interlocutor com olhos positivos.

Racionalidade. Mais conhecida como a tática do argumento, é transmitir uma informação construindo, ao mesmo tempo, um raciocínio com vantagens e consequências positivas para o receptor da mensagem. Apesar de a razão parecer sempre se opor à emoção, elas podem caminhar juntas.

Pressão social. Parte do princípio de que o ser humano precisa "seguir a boiada". Quando um copywriter acrescenta boas indicações sobre o produto, o cliente tende a desejar mais a solução. Esse recurso é uma variação da prova social e mostra que indicação é um forte artifício de persuasão.

Correspondência. Quando recebemos o favor de uma pessoa, normalmente ficamos com o sentimento de dívida com a mesma. Ser solícito desperta a vontade dos outros ajudarem, mais cedo ou mais tarde. Isso parte do princípio da reciprocidade.

Coalizão. Uma tática importante que permite se unir a outras pessoas por um bem comum. É um tipo de contrato de cooperação que, de modo verbal ou escrito, é feito entre as partes, que mesmo que discordem sobre os meios, concordam sobre o fim.

LISTA DE RECURSOS

Para deixar você ainda mais preparado para escrever copies emocionais, vou agora expor uma extensa lista de emoções usadas por grandes mestres do copywriting. Como os outros recursos deste livro, a ideia é que você possa consultar a lista sempre que precisar escrever um copy persuasivo e convincente.

41 principais pilotos emocionais de Victor Schwab

As pessoas querem ganhar:

1. Saúde (maior força, vigor, resistência, possibilidade de vida mais longa).
2. Tempo.
3. Dinheiro (para gastar, poupar ou dar aos outros).
4. Popularidade (através de uma personalidade mais atraente ou através de realizações pessoais).
5. Melhor aparência (beleza, estilo, melhor construção física, limpeza).
6. Segurança na velhice (independência, provisão para idade ou adversidade).
7. Louvor dos outros (por inteligência, conhecimento, aparência ou outras evidências de superioridade).
8. Conforto (facilidade, luxo, autoindulgência, conveniência).
9. Lazer (para viagens, hobbies, descanso, brincadeiras, autodesenvolvimento, *et cetera*).

10. Orgulho de realização (superando obstáculos e competição, desejo de "fazer as coisas bem").
11. Avanço nos negócios (melhor trabalho, sucesso, 'seja seu próprio patrão', recompensa por mérito)
12. Avanço social (movendo-se em círculos melhores, aceitação social).
13. Maior diversão (de entretenimento, comida, bebida e outros contatos físicos).
14. Autoconfiança.
15. Prestígio pessoal.

As pessoas querem ser:

16. Bons pais
17. Sociáveis, hospitaleiras.
18. Atualizadas
19. Criativas.
20. Orgulhosas de suas posses.
21. Influentes sobre os outros.
22. Gregárias (inseridas em um grupo).
23. Eficientes.
24. "Primeiras" nas coisas.
25. Reconhecidas como autoridades.

As pessoas querem fazer:

26. Expressar suas personalidades.
27. Resistir à dominação por outros.
28. Satisfazer sua curiosidade.
29. Emular o admirável.
30. Apreciar a beleza.
31. Adquirir ou colecionar coisas.
32. Conquistar a afeição dos outros.
33. Melhorar-se geralmente.

As pessoas querem economizar:

34. Tempo.
35. Dinheiro.
36. Trabalho.
37. Desconforto.
38. Preocupação.
39. Dúvidas.
40. Riscos.
41. Embaraço pessoal.

Lista de Desejo de Gary Bencivenga

- Reconhecimento (respeito, fama, exclusividade, *status*, prestígio, popularidade)
- Rejuvenescimento (longevidade, saúde, energia, *fitness*).
- Relaxamento (diversão, lazer, tendo o luxo do tempo, "faça o que quiser").
- Alívio (de compartilhar, dor, dificuldade de qualquer tipo).
- Religião (conjunto de crença, "uso dos santos padroeiros da sua religião", "uso das suposições que o mercado tem").
- Remuneração.
- Resultados.
- Vingança ("lembre-se daquelas pessoas que riram de você e pensaram que você nunca conseguiria, bem, agora com a nossa ajuda você pode mostrar a elas que estavam erradas").
- Performance de papel (como estar melhor no seu papel, o melhor no que você pode ser).
- Romance (viagem, estimulação de qualquer tipo).

Dispositivos de Dan Kennedy

Luxúria

- Motivação sexual.
- Aprovação, aceitação, admiração.
- Oposto de "fraco".
- Popularidade (sendo desejado por, interessante para).
- Desejo excepcionalmente forte, por qualquer coisa (sinônimos: fome, sede, apetite).
- Tesão para (exemplo masculino: por essa melhora, vou transar mais. Exemplo feminino: por essa melhora, ficarei mais atraente).
- Agitação: a energia sexual é biológica, fisiológica e pode ser focada em qualquer "objeto de desejo".
- Luxúria ligada à estima.

Escape

- Venda "substituição" em vez de "melhoria".
- Nosso desejo por "pastos mais verdes" (por exemplo, a história "Acres of Diamonds", de Earl Nightingale).
- Viciado em algum tipo de "pornô".
- As pessoas são como gatos - elas querem estar no outro cômodo.
- Libertação, liberdade, fora de controle (por exemplo, "Take This Job And Shove It")
- Escapismo: prazer de viver vicariamente através das experiências de outros.
- Ficção supera não-ficção por 5.000 a 1 (50 tons de cinza).

Estima/Inadequação

- O terreno motivacional mais confiável, a virada do século para o presente.
- Para que as pessoas se sintam bem o quanto antes, faça com que elas vejam a atividade como uma realização.
- Respeito, autorrespeito.
- Confiança (por exemplo, Dale Carnegie, artes marciais, cirurgia plástica).
- Propriedade e posse.
- Status, prestígio, elitismo.
- Ser parte da "multidão".
- Vingança (por exemplo, vingança dos nerds, "todos riram").
- Ser superior aos outros ou inferior aos outros. Há sempre uma hierarquia.
- Ignorante, não inteligente, fraco, envergonhado.
- Ninguém quer ser um perdedor.
- "Meu pau é maior ou menor que o pau dele".
- Links para afinidade.

Medo

- Todo mundo vive em medo secreto.
- A maioria das pessoas é ovelha em busca de um pastor.
- Medo de perder (dinheiro, *status*, respeito *et cetera*).
- Medo de raiva, perigos e ameaças.
- Medo de ser deixado de fora ou deixado para trás.

- Medo do criticismo, opiniões negativas dos outros, fofoca.
- Medo de más decisões ("assombrado por fantasmas de desapontantes compras passadas").

Culpa

- Todo mundo tem culpa (eles estão ansiosos, se não desesperados, para amenizar).
- Muitas compras são interrompidas porque elas vão piorar ou criar culpa.
- Falhas e abusos passados e não resolvidos ou presentes.
- Culpa por estar frequentemente ou perpetuamente decepcionando os outros (especialmente cônjuges, família).
- Culpa de não corresponder às expectativas dos outros ou a um código específico (por exemplo, religião).
- Culpa por ter medo, fraqueza, comportamento "ruim" (por exemplo, procrastinação, excesso de peso).
- Culpa por pensamentos verdadeiros, desejos, querendo riqueza.
- Há poder na emissão de notas de permissão. As pessoas são ensinadas e programadas para serem culpadas por sua verdadeira natureza, desejos e pensamentos desde a infância pelos pais, influenciadores religiosos, parceiros sexuais, correção política, mídia *et cetera.*

Afinidade

- É mais fácil para as pessoas escolherem um "quem" do que um "o quê".
- Dificilmente alguém sabe o suficiente sobre "x" para tomar decisões de forma inteligente e segura.
- Solução simples para um assunto complexo: escolha um guia confiável, orientador. Exemplo filosófico: Rush Limbaugh pregando aos convertidos.
- Por associação (compra), eu sou (inteligente, superior, renegado...).
- Quanto maior você fica, mais você é pago por quem você é *versus* o que você faz hoje.
- Segurança, segurança em números.
- Prestígio e *status*.
- Homem ou rato? Inteligente ou mudo? Vencedor ou Perdedor? - fazer com que o prospecto se identifique e se coloque no lugar de

outro, por acordo ou discordância com você e por sua compra (por exemplo: "Como a equipe de Obama e os meios de comunicação cúmplices fizeram de qualquer desacordo com ele um sinal de que você é racista").
- Use afinidade para: intimidar, tranquilizar.

Ganância

- Você nunca pode ser muito rico (ou muito magro).
- Muita ganância é impulsionada pelo medo, estima/inadequação e luxúria.
- Exemplos de títulos orientados pela ganância: "O caminho do homem preguiçoso para as riquezas", "Trabalhe 4 horas por semana".
- Apelos ao pecado da preguiça.
- Apelo à ideia universal de que existe um segredo ou segredos escondidos ou retidos, possuídos por outros.
- Uma conspiração contra = "não é sua culpa".
- Gula: desejo por excesso.
- Apetite insaciável, impossível de satisfazer, nunca o suficiente.
- Desejo de "vencer" os outros - mais motivados pela competição do que por metas pessoais.
- Links para o medo, estima/inadequação e luxúria.

35 emoções da AWAI

1. Aborrecimento
2. Benevolência
3. Tédio
4. Complacência
5. Confiança
6. Confusão
7. Curiosidade
8. Desespero
9. Nojo
10. Embaraço
11. Inveja
12. Exaustão
13. Medo

14. Culpa
15. Felicidade
16. Indiferença
17. Insegurança
18. Preguiça
19. Solidão
20. Amor
21. Luxúria
22. Otimismo
23. Paixão
24. Patriotismo
25. Pessimismo
26. Orgulho
27. Vingança
28. Tristeza
29. Timidez
30. Estupidez
31. Surpresa
32. Simpatia
33. Vaidade
34. Irrisório
35. Sagacidade

Top 5 Emoções do AWAI

1. Curiosidade
2. Vaidade
3. Medo
4. Benevolência
5. Insegurança

A ARTE DE EXPLORAR MERCADOS

> "A graça é dada por Deus, mas o conhecimento nasce no mercado."
> — *Arthur Hugh Clough*

Existem duas áreas de conhecimento que copywriters devem dominar além das técnicas de escrita propriamente ditas. Uma delas é o funcionamento da mente, assunto que abordamos em toda a seção anterior, Concepção. A segunda é a que vamos tratar diretamente neste capítulo. Ambas estão interligadas e precisam fazer parte da vivência de um especialista em copy.

"Agora, preste atenção. A primeira coisa que você deve perceber é que você deve se tornar um 'estudante de mercados'. Não de produtos. Não de técnicas. Não copywriting. Não como comprar espaço ou qualquer outra coisa. Claro, todas essas coisas são importantes e você deve aprender sobre elas, mas a primeira e mais importante coisa que você deve aprender é "o que as pessoas querem comprar". E é fácil. Entenda, a maneira de deduzir o que as pessoas querem comprar é simplesmente observar o que eles compram! É simples assim."

O parágrafo acima pode ser encontrado em "The Boron Letters", o livro formado a partir das cartas escritas por Gary Halbert enquanto esteve preso em Boron, e que foram endereçadas ao seu filho, Bond. Como profissional de marketing, inicialmente, posso afirmar que, de fato, essa é uma das lições mais importantes. Isso explica porque pessoas sem conhecimento algum de marketing prosperam em alguns mercados.

Há muitos anos, conheci um homem semianalfabeto que prosperou porque percebeu e agarrou as oportunidades de criar um mercadejo numa pequena cidade. Ele não era formado, mal sabia ler, não tinha conhecimentos técnicos formais, mas sabia farejar trilhas de oportunidades e, o mais importante, se dispôs a gerar valor com o comércio. Começou com uma banquinha de verduras na calçada, foi desenvolvendo o negócio até criar um império de varejo, atendendo parcela considerável da população local. Ficou milionário.

Quando decidi migrar da área de publicidade offline para o marketing digital, a primeira coisa que fiz foi identificar um mercado no qual pudesse pôr os pés e percorrer. Percebi que a necessidade de empresas por uma comunicação persuasiva online formava uma trilha lucrativa. Então passei meses estudando o campo e pensando em maneiras de entrar nele. Depois de colher informações suficientes, fechei meu primeiro trabalho como redator e, passo a passo, fui conquistando mais terreno. Isso é ser um explorador de mercados, e faz parte da ciência das estratégias.

Mercado costuma ser definido como "o local no qual agentes econômicos procedem à troca de bens por uma unidade monetária ou por outros bens". Segundo a teoria Liberal, os mercados tendem a chegar ao equilíbrio baseado na lei da oferta e demanda, que defende que os preços serão condicionados à quantidade de pessoas que desejam o produto *versus* a quantidade desse produto em estoque.

Para a economia, é possível separar os tipos de mercados em "genéricos" e "especializados" de acordo com a mercadoria disponível. Enquanto no mercado genérico temos todos os tipos de mercadoria disponíveis, nos especializados temos apenas um produto específico como opção para os clientes. Os mercados funcionam ao agrupar vendedores interessados em facilitar que os compradores potenciais os encontrem. Uma economia que depende primariamente das interações entre compradores e vendedores para alocar recursos é conhecida como economia de mercado.

Atualmente, com o avanço tecnológico, os mercados não necessitam de lugares físicos onde compradores e vendedores interagem diretamente. A internet é um excelente meio para se construir mercados onde a comunicação à distância resolve as demandas.

Ainda sobre definições de mercado, podemos entendê-lo de duas formas distintas:

1. **Em sentido amplo:** conjunto de pessoas individuais ou coletivas capazes de influenciar as vendas de um determinado produto.
2. **Em sentido restrito:** conjunto de dados sobre a importância e evolução das vendas de um produto.

Quando nos referimos ao mercado, em sentido amplo ou em sentido restrito, existem três classificações de mercado:

1. **Mercado real:** volume de vendas efetivo de um determinado produto ou número de consumidores que compram o produto (os consumidores do produto que a empresa fabrica).
2. **Quota de Mercado:** o mesmo que mercado real da empresa.
3. **Mercado potencial:** estimativa do volume a atingir pelas vendas de um determinado produto ou conjunto de compradores que estão em condições de adquirir esse produto (os consumidores que adquirem o tipo de produto fabricado pela empresa e pela concorrência).

Case Empiricus

A Empiricus é uma empresa brasileira fundada em 2009 com sede em São Paulo, especializada em publicação de conteúdo financeiro e de ideias de investimentos. A empresa oferece publicações de diferentes conteúdos sobre investimentos, que vão desde ações, renda fixa, fundos imobiliários, fundos de investimentos, até criptomoedas

Desde que foi fundada, a Empiricus se dispõe a ajudar pessoas comuns a conquistarem a sua independência financeira. Vendem assinaturas onde publicam ideias com as melhores sugestões de investimentos, em várias estratégias diferentes.

Há alguns anos, impactavam mais de 1.800.000 de pessoas com conteúdo de finanças e investimentos. A estratégia permite que esse conteúdo seja legível e acessível a todos. Na página Sobre, eles dizem: "Migramos o foco dos engravatados do mercado para o varejo, para o brasileiro comum. A dentista, o advogado, a engenheira, o professor, o aposentado, a comerciante."

A empresa foi fundada por dois professores universitários, Felipe Miranda e Rodolfo Amstalden, após terem conhecido o ex-sócio da corretora Link, Marcos Elias. Os três decidiram empreender e convocaram Caio Mesquita, ex-diretor dos bancos Brascan e BNP Paribas.

Para você ter ideia, eles chegaram a multiplicar seu faturamento por 20. A marca saiu de R$ 12 milhões para quase R$ 200 milhões em apenas dois anos. Até a data de publicação deste livro, contavam com 150 mil usuários, sendo 50 mil assinantes de conteúdos pagos, cujos preços variam de R$ 15 a R$ 390 por mês... O que eles usam para conseguir tudo isso — numa estratégia com diversos fatores trabalhando em conjunto — é o que você está estudando aqui: copywriting.

No entanto, isso só foi possível porque os criadores da Empiricus perceberam um grande mercado que poderiam aproveitar e dominar. Hoje é impossível pensar em investimentos sem lembrar por um instante da empresa e suas comunicações que, inclusive, tem vários cases bem-sucedidos (alguns controversos) de marketing.

SEGMENTAÇÃO

Não se pode tratar de exploração de mercados sem falar de segmentação. Um empreendedor chamado Allan Dib certa vez disse: "Segmentar o seu mercado permite você ser um peixe grande dentro de um pequeno aquário, dominando ele." Também gosto de dizer que segmentar é "conquistar sua praia particular no meio de um oceano azul". Essas definições dão base para a explicação a seguir.

Segmentar é identificar num mercado heterogêneo um determinado grupo de indivíduos, com respostas e preferências semelhantes de produtos. Isto deve ser observado como instrumentos que auxiliarão departamentos de marketing, no intuito de apresentar propostas que atendam aos desejos deste público-alvo. Esta deve ser a base que suporta toda a estratégia de marketing de um produto.

Quando você segmenta um mercado, isso é resultado da divisão de um mercado em pequenos grupos. Esse processo é derivado do reconhecimento de que o mercado total representa o conjunto de grupos com características distintas, que são chamados segmentos. Em função das semelhanças dos consumidores que compõem cada segmento, eles tendem a responder de forma similar a uma determinada estratégia de marketing. Isto é, tendem a ter sentimentos e percepções semelhantes sobre um nicho de marketing, composto para um determinado produto.

Para segmentar um mercado, é preciso escolher um conjunto de consumidores com um perfil semelhante. Logicamente, é impossível atender à população de uma cidade inteira ou criar produtos direcionados a cada pessoa. Seria ótimo se pudéssemos trabalhar desta forma, mas cada indivíduo possui suas próprias características, personalidade e expectativas.

A segmentação de mercado pode ser utilizada por qualquer negócio, independentemente do seu tamanho. Em iniciativas menores, ela facilita a criação ou domínio de um nicho dentro do mercado. Também permite identificar segmentos e nichos que não são atendidos, gerando novas oportunidades de mercado para a empresa explorar e lucrar ainda mais.

Quando o mercado está em declínio, há possibilidade de encontrar segmentos rentáveis. O departamento de marketing pode desenvolver produtos, serviços e soluções voltadas exatamente às necessidades e expectativas do segmento, deixando os clientes mais satisfeitos.

Para segmentar um mercado é possível escolher entre cinco níveis de segmentação:

1. **Marketing de massa (indiferenciado):** como o próprio nome sugere, não leva em conta características individuais e sim as características comuns de uma população. Nele, a forma de abordar um consumidor é sempre a mesma, independente de sua personalidade
2. **Marketing personalizado (diferenciado):** é o tipo mais comum atualmente, pois considera que cada indivíduo tem suas características individuais e gostaria de ser tratado de forma diferente.

3. **Marketing segmentado:** está entre os dois tipos de marketing, pois não personaliza o serviço a um único indivíduo, mas também não trata a todos como consumidores iguais. Neste tipo de marketing há grupos que possuem características idênticas e as ações da empresa são voltadas a eles.
4. **Marketing de nicho:** diz respeito a um segmento do mercado pequeno, ou seja, a empresa direciona as vendas para compradores restritos. O interessante do marketing de nicho é que atrai poucos concorrentes, já que não é um mercado amplo.
5. **Marketing local:** baseado em divisões regionais e abrange comunidades locais. Pode-se utilizar a análise geodemográfica para identificar oportunidades de mercado neste tipo de segmentação.

Cada um desses tipos de segmentação possui suas vantagens e desvantagens de acordo com a missão e visão do negócio e deve ser analisado antes de se executar qualquer ação de marketing, pois as chances de sucesso serão maiores.

Para desenvolver os segmentos de mercadol, existem diversas opções. Em vez de analisar características demográficas ou psicológicas, por exemplo, também podemos usar três padrões:

1. **Preferências homogêneas:** abrange um grupo de pessoas com as mesmas preferências.
2. **Preferências difusas:** cada consumidor possui a sua personalidade, apresentando produtos diferentes para atender a todos os públicos.
3. **Preferências conglomeradas:** as preferências são distintas (segmentos de mercados naturais) e pode haver várias marcas, cada uma em seu segmento.

Se a empresa que você está atendendo ainda não trabalha com segmentos, é bom rever o plano e atualizá-lo de forma a gerar ainda mais lucro para o negócio. O copywriter que acerta o alvo segmentando costuma mandar lucros diretamente para o bolso.

CAÇADORES DE ARCAS PERDIDAS

Henry Jones Júnior é um indivíduo com vida dupla: além de um pacato professor de Arqueologia, é um aventureiro destemido e pouco convencional que carrega um revólver, um chicote e seu inseparável chapéu. Possui um notável senso de humor, conhecimento profundo de muitas civilizações e línguas antigas e medo de cobras. Ele é mais conhecido por "Indiana", apelido tirado do nome do cão que tinha quando criança. Identificou de quem estou falando? Sim, Indiana Jones, o personagem famoso dos cinemas.

George lucas criou esse personagem em homenagem aos heróis de séries e filmes de ação dos anos 1930. Ele apareceu pela primeira vez em 1981 em "Indiana Jones e Os Caçadores da Arca Perdida", dirigido por Steven Spielberg e vivido por Harrison Ford. Desde sua primeira aparição, Indiana Jones se tornou um dos personagens mais icônicos da ficção. Em 2003, o "American Film Institute" o classificou como o segundo maior herói de filme de todos os tempos .

O ensinamento que eu quero deixar neste capítulo é que você, copywriter, seja um explorador de mercados, um tipo de Indiana Jones dos negócios. Exploração é o ato de pesquisar ou viajar com o intuito de descobrir e conhecer regiões desconhecidas. Assim como nos filmes de aventura os exploradores descobrem tesouros escondidos, um copywriter pode descobrir oportunidades de negócios. Vou citar alguns exemplos e fornecer insights para você agora:

INSIGHT 1: O MERCADO DE VENDA DE TEMPO

"Tempo é dinheiro!" Essa frase que já foi muito popular, hoje mudou para "Tempo é vida!". Quem não sonha com mais qualidade de vida e mais tempo para a família? Ou tempo para alimentar seus hobbies? Em meio a toda correria do mundo moderno, ficou raro ter tempo para os amigos, para o lazer e descanso. Mas com bom uso das tecnologias, é possível "comprar tempo".

Compramos tempo, por exemplo, quando contratamos uma diarista, quando terceirizamos uma atividade do trabalho contratando serviços pela internet, quando compramos um curso que vai reunir todo conteúdo valioso a respeito de determinado assunto. Tudo isso pode poupar tempo.

Para ter uma qualidade de vida extraordinária, é necessário ter mais tempo. Um copywriter explorador de mercados pode pensar em estratégias para produtos que ajudam as pessoas a vencer o problema de tempo. Isso pode formar uma trilha de oportunidades para criar um produto lucrativo ou encontrar um produto já existente para escrever um copy que faça o consumidor desejar a solução.

INSIGHT 2: O MERCADO DA VENDA DE CREDIBILIDADE

Os novos padrões de comportamentos apontam que a credibilidade só se mantém quando conquistada pela confiança. Portanto, se você se torna um copywriter que engaja e conquista a confiança das pessoas, constrói credibilidade. E credibilidade gera receita.

Se você pretende começar um negócio e/ou vender um produto, não caia na armadilha de achar que "já tem gente demais fazendo isso". É verdade que o mercado nos apresenta muitas opções; no entanto, de uma forma geral, o campo ainda tem muito conteúdo vazio, sem qualidade, gente desonesta, picaretagens etc. e assim em diante. Ser honesto e ter um trabalho sério no mercado, nesse caso, é um grande diferencial que trará o ativo da credibilidade.

No dicionário Aurélio, o significado da palavra "credibilidade" é definido como "qualidade de ser crível; acreditável". O discurso autêntico faz parte desse contexto e traduz que essa verdade se aplica às pessoas que se comunicam tal como elas são. Uma pessoa tem credibilidade quando seu interlocutor lhe atribui o conceito de ser e parecer verdadeiro.

INSIGHT 3: O MERCADO DA VENDA DE TRANSFORMAÇÃO

Apesar de boa parte do conteúdo da internet ser irrelevante, há uma minoria que se dispõe a entregar conteúdos de extrema qualidade tanto gratuitamente quanto de forma paga. Isso é feito por empreendedores e educadores que se propõem a compartilhar suas experiências. Existem diversos modelos para vender transformação, todos por meio de iniciativas de educação digital.

A educação digital desponta como ramo promissor em oportunidades de negócios a curto e médio prazo. E não é preciso se espantar quando eu falo em educação. Não estamos falando de educação formal, faculdade, MBA, academia, mas de educação livre, onde treinamentos, cursos e livros digitais podem ser comercializados para ajudar alguém a fazer alguma coisa.

Eu mesmo estou nesse ramo e educo pessoas por meio de livros como este e treinamentos diversos, compartilhando minhas habilidades e técnicas. Posso garantir: esse é um dos mercados que sempre poderá ser explorado com criação de iniciativas que ajudem as pessoas a se educarem como precisam e desejam.

Esses são apenas três dos muitos rastros que "Copywriters Indiana Jones" podem seguir para encontrar suas "Arcas Perdidas".

22
MORTE ÀS OBJEÇÕES

> "Uma venda não ocorre por acaso."
> — *Dr. Lair Ribeiro*

Ao estudarmos o processo de compra, entendemos que qualquer discurso de vendas deve, essencialmente, ser pensado para matar objeções; em outras palavras, transformar o "não" em "sim". Com o copywriting não é diferente. Seu texto persuasivo deve ser planejado para jogar por terra as principais objeções que seu prospecto possa ter sobre sua solução.

Os dicionários definem objeção como oposição; motivo ou argumentação que se apresenta para contestar algo. Em marketing e vendas, sempre que uma pessoa está passando por um processo de decisão, ela cria mentalmente diversos obstáculos. Isso ocorre, na maior parte das vezes, inconscientemente. Neste capítulo vou ajudar você a identificar, mapear e matar as maiores objeções que podem impedir o seu copy de fazer seu cliente agir.

A primeira coisa é entender que "nada é vendido, tudo é comprado". O que isso significa? Bem, se você está tentando "empurrar a venda", seu possível cliente pode acabar abandonando seu texto instantaneamente. A regra básica é: as pessoas não gostam de sentir que outros estão tomando as decisões por elas, elas devem sentir que a decisão de fazer ou não fazer algo foi ideia delas. Elas querem sempre se sentir no controle da situação. Dê isso a elas e você venderá mais facilmente.

Dito isso, vamos ver como matar as objeções e tornar o processo de persuasão por meio do copy um processo amigável.

OBJEÇÕES UNIVERSAIS

"Por que eu preciso disso?" Dependendo do momento que o seu cliente-alvo se encontra, ele pode não conseguir enxergar a necessidade de adquirir o seu produto. Isso é comum, pois se uma pessoa não sabe que tem um problema, ou não sente que tem um desejo latente, o que você está ofertando pode não parecer interessante. Isso não quer dizer, porém, que ele não vá comprar de você. Se você apresentar ao seu possível cliente motivos justos do porquê deve adotar sua solução, a venda pode ocorrer.

A primeira regra é destacar benefícios e não apenas características. É preciso vender a transformação, o estilo de vida, os sonhos, as mudanças e soluções, não características chatas sobre o produto. A Harley Davidson, por exemplo, não vende motos potentes e estilosas apenas, ela vende o estilo de vida e o sonho da liberdade. Entende o que eu quero dizer?

"Por que eu preciso disso agora?" Se o prospecto não sabe que tinha um problema antes, deve descobrir no copy. Você precisa educá-lo sobre a dificuldade. No entanto, ele pode ainda não sentir a necessidade de resolver o problema no momento. Nós, seres humanos, estamos condicionados a "empurrar com a barriga", deixar para depois, adiar, procrastinar.

Para vencer esse tipo de objeção, você precisa usar fatos negativos do mundo atual que o prospecto vive para fazer com que ele sinta urgência em comprar agora. Os princípios de persuasão da escassez e da urgência podem ajudar muito com isso. "Vai acabar", "É agora ou nunca" ou "Se você continuar assim, seus problemas vão aumentar", ainda podem ser usados com eficácia.

"Será que isso é para mim?" Outra objeção comum. Muitas vezes o prospecto está prestes a comprar, mas executa mentalmente perguntas como essa. O objetivo, nesse caso, é mostrar que é possível atingir os resultados ou conseguir o que ele espera, pois muitas outras pessoas como ele já conseguiram (e você pode provar). E, claro, se ele não conseguir atingir o resultado prometido, terá garantia de receber o dinheiro de volta.

Um artifício poderoso é mostrar que você estará com ele durante todo o processo, dando um passo a passo e mostrando o que for necessário para que nada dê errado. Em alguns casos, para deixá-lo mais confiante, costumo usar algumas palavras, como: "método", "fácil", "tranquilo", "garantia" e "segurança".

"Quem é você para me mostrar isso?" Parece uma pergunta ofensiva, mas pare para pensar: quantas autoridades existem por aí tentando empurrar algum produto? Quantos charlatães tentando arrancar o dinheiro alheio? A pessoa pode não saber quem é você, e é natural a resistência para adotar sua ideia.

Como vencer isso? Bem, provando sua autoridade, mostrando seus resultados, expondo gráficos e números reais, usando testemunhos de pessoas que já provaram da sua solução. Quanto mais específico, real e convincente você for, mais fácil será vencer o "quem é você para me mostrar isso?".

"Isso está caro." Seu produto pode custar R$ 999.999,99, mas deve ser percebido como barato, ou seja, deve ter valor agregado percebido. As pessoas não compram, muitas vezes, porque não perceberam o valor. Cabe a você saber sempre explorar o valor do seu produto.

O ideal é mostrar que a compra que ele está prestes a fazer é um excelente investimento, não um gasto. Mais uma vez, evidencie a transformação. Mostre que, por mais que ele gaste milhares de reais, o retorno dele vai ser tão grande que o valor investido vai parecer de graça no futuro diante dos resultados que ele pode alcançar.

OBJEÇÕES CLÁSSICAS

"E se eu não gostar?" Para explicar como funciona essa objeção, um amigo escreveu: "Imagine você indo em um restaurante e vendo aquele cardápio cheio de comidas novas que você nunca provou. O que você tende a pensar: ...'e se eu gastar uma grana com esse prato e não gostar? Vou ter perdido meu dinheiro e ainda vou ficar com fome.'"

Agora imagine se o garçom chegar para você e dizer: "Se não gostar do prato, não precisa pagar". As coisas ficam bem diferentes, não é mesmo? Imagine ainda se ele deixa você provar um bocado antes de você pedir o prato completo. Acho que você já entendeu. Para matar essa objeção clássica, dê garantias de satisfação, deixe seu cliente "provar o prato" e permita pedir a devolução do dinheiro, caso não goste.

"Eu já sei o que é isso." Essa objeção é bastante comum, e é relativamente fácil de matar. Mas você precisa saber que ela pode aparecer de duas formas distintas:

1. O seu cliente-alvo *achar que não precisa da solução*, pois ele já sabe do que se trata. Para matar essa objeção você deve ou incomodá-lo com um argumento negativo do mundo atual, a ponto dele continuar vendo a sua oferta. Algo do tipo: "Se você domina isso, por que sua vida continua ruim?". Outro modo eficiente é começar sua oferta falando algo que você sabe, mas que ele não sabe. Isso o faz prestar a atenção e manter o interesse.

2. Quando seu prospecto *acredita que consegue alcançar os mesmos resultados que você promete por conta própria*. Muitas vezes isso acontece, pois o benefício central do seu produto não está bem claro ou ainda não foi mostrado de modo impactante. Nesse caso, você precisa mostrar que ele pode perder muito tempo e dinheiro tentando encontrar a solução sozinho ou pode investir na sua oferta e ter os resultados de forma mais rápida e barata. Ele tende a se sentir um idiota se não aproveitar sua oferta.

"Isso não dá certo." Antes que o prospecto pense isso, você deve apresentar provas de que sua promessa funciona. Lembre-se de mostrar números, gráficos, testemunhos de pessoas que aplicaram sua solução e conseguiram não só os resultados, mas ultrapassaram as expectativas *et cetera*.

Deixe claro que é possível chegar ao mesmo resultado. Só tome cuidado com o tom, pois sua promessa deve ser crível. Por mais que os resultados sejam grandiosos, a pessoa que está diante de sua oferta precisa ver que aquilo é possível e que não se trata de algo mirabolante ou impossível.

"Ninguém pode saber." Essa é uma objeção comum para produtos de nicho adulto ou, como chamamos no mercado, "nicho black". Imagine o medo e a insegurança que seu cliente em potencial tem de que as pessoas saibam de problema sexual ou de seu consumo de produtos eróticos. Quando se trata de intimidades desse tipo, a barreira é maior do que você imagina.

Para matar essa objeção, você deve assegurar que ninguém descobrirá que a pessoa está consumindo esse tipo de produto. Termos como "sigilo", "segurança" e "segredo" podem entrar em cena. Muitas vezes, o argumento deve ser forte e repetido diversas vezes para surtir efeito e gerar confiança.

"Não confio no vendedor." Oposição parecida com "quem é você para me ensinar?", porém um pouco mais ampla. Ela existe porque você é desconhecido ou aida não despertou confiança suficiente no prospecto.

Além de usar alguns argumentos que eu já mostrei anteriormente, você pode assegurar a compra usando recursos de autoridade de terceiros. Também pode falar sobre a segurança na entrega, nas condições de pagamento *et cetera*. Você também pode usar prova-social e mostrar que outras outras pessoas confiam em você.

"Não tenho dinheiro para isso." Aqui podemos estar diante de duas situações diferentes:

1. Seu prospecto não tem dinheiro, de fato, e não tem como pegar emprestado. Se esse for o caso, não adianta insistir, a venda não será realizada. Como o problema de dinheiro pode ser temporário, você precisa ficar na mente da pessoa até o momento que ela tenha condições de investir no seu produto.
2. Quando ele ainda não se convenceu do valor do seu produto. Para matar essa objeção, basta agregar muito valor ao produto/serviço. Você pode apostar em bônus que ampliem o valor percebido e criar um grande sentimento de perda caso ele decida não comprar.

"Ouvi falar que é ruim." Pode acontecer de alguém estar falando mal do seu produto e isso chegar ao conhecimento dos seus prospectos. É comum acontecer quando você começa a vender muito, considerando que nem sempre é possível agradar a 100% dos consumidores.

O melhor a ser feito, nesse caso, é ser sincero e mostrar que você sabe que existem pessoas falando mal da solução, mas que você pode provar que elas estão erradas em fazer isso. Então você lista os motivos e argumentos.

Só tome cuidado para não parecer arrogante ou falar mal de outras pessoas, pois isso pode causar péssima impressão e queimar seu filme ainda mais no mercado.

"Por que nunca ouvi falar sobre isso?" É possível que a pessoa "caia de paraquedas" na sua oferta, desperte o interesse no que está vendendo e pense: "Por que nunca ouviu falar daquilo antes?". Em situações assim, é preciso usar recursos que a faça entender que foi uma espécie de falta de sorte dela.

Você pode usar argumentos que justifiquem o motivo de poucas pessoas conhecerem seu produto. Pode ser por "vagas limitadas", "algo novo", "algo restrito a apenas um número muito exclusivo de pessoas" ou outros motivos plausíveis.

"Tenho que consultar alguém." Isso pode acontecer em nichos em que os funcionários devem falar com os seus patrões, esposos com esposas, filhos com pais *et cetera*. Essa oposição pode ser um problema, pois a pessoa pode tentar vender seu produto a quem tem a decisão de compra e atrapalhar o trabalho de persuasão.

Caso seu produto ou serviço precise de aprovação de terceiros, você deve garantir que a pessoa que viu a oferta não tente vender seu produto. Ela precisa ser incentivada a mostrar a página de vendas, a proposta comercial ou o anúncio para a outra pessoa.

"Não vou ter tempo." A suposta falta de tempo para usar o produto ou serviço se manifesta em quase todos os setores. Mas ter ou não tempo é questão de prioridade e sempre damos importância àquilo que nos parece interessante o suficiente. Para quem sabota o tempo, isso sempre será um problema, agora ou daqui a um ano.

Você precisa mostrar para seu prospecto o que ele irá ganhar ao dedicar uma parte do seu escasso tempo para aplicar sua solução na prática. Crie quadros mentais de prazer e transformação futura. Outra maneira eficiente de eliminar essa objeção é mostrar o quanto é fácil e rápido aplicar sua solução.

Não existe forma melhor de saber quais são os motivos que fariam as pessoas não comprarem de você. Existem objeções específicas de nicho, ou seja, próprias do público e tipo de produto que você vende. Nesse caso, você terá que fazer pesquisas para descobrir.

Você pode adotar o hábito de listar as objeções antes de sentar para escrever seu copywriting, mais ou menos dessa forma*:

Objeção	Argumento
"Não estou interessado nisso agora".	"Você pode estar dizendo para si mesmo que isso não é interessante, mas porque ainda não percebeu o quanto sua vida pode ser prejudicada caso não ouça o que tenho a dizer".
"Não sei quem é você para me mostrar isso".	"Eu me chamo Thiago Viana e tenho experiência de 20 anos no setor de saúde. Nos últimos anos, ajudei 1237 pessoas a vencerem a obesidade apenas mudando suas rotinas".
"Eu não preciso disso agora".	"Você pode até pensar que não precisa disso agora... Mas a verdade é que se você não começar agora a mudar sua rotina, poderá estar numa cama de hospital em poucos meses".

*Geralmente faço isso no planejamento que chamo de "As 7 Sagradas Premissas", na parte de Persona.

Só não esqueça de que os argumentos precisam sempre ter um apelo emocional, mesmo que sutil. Ao tentar argumentar de forma completamente racional, você acaba esfriando o discurso e abrindo brechas para o seu prospecto abandonar o copy.

E então, pronto para eliminar objeções?

23

BIG IDEA

"Se, a princípio, a ideia não é absurda, então não há esperança para ela."
— *Albert Einstein*

No capítulo anterior, iniciamos uma transição de estratégia geral para planejamento específico de copy. Ainda nesse contexto — antes de definitivamente começarmos a colocar a mão na massa, o que significa sentar para escrever o texto de vendas — precisamos explorar mais o conceito de *Big Idea*. Isso será determinante na sua criação de copy. Particularmente gosto bastante do assunto e reconheço sua importância para o trabalho de copywriting. Nas próximas linhas você saberá porque não pode negligenciar o tema caso queira se destacar com copy e formar um "Cérebro de Ouro".

Big Idea, em tradução, "Grande Ideia", é um termo usado em marketing e publicidade para simbolizar a ideia por trás de uma marca, campanha ou ação. Trata-se de uma tentativa de comunicar extraordinariamente a própria marca, produto ou objetivo para o público em geral, criando uma mensagem forte que amplia os limites da marca e transmite um conceito aos consumidores.

Há diferentes entendimentos e interpretações para *Big Idea*. O termo foi citado com abordagens relativamente distintas nas obras de publicidade David Ogilvy, difundida pelo designer e autor George Lois, e tratada num livro de autoria de Thomas H. Davenport, Laurence Prusak e H. James Wilson. Mark Ford também debate sobre isso constantemente e dá créditos do uso eficaz do conceito ao lendário CEO da Agora, o gênio de marketing Bill Bonner: "Ele é amplamente reconhecido como o homem que trouxe a grande ideia para o marketing direto do consumidor e vendeu mais de um bilhão de dólares em publicações ao fazê-lo. Eu sei. Eu vi ele fazer isso." Todd Brown apoia sua mensagem em *Big Marketing Idea*. Ele destaca numa página de vendas: "A *Big Idea* criou mais milionários e multimilionários do que qualquer outra estratégia ou tática hoje…"

A Grande Ideia pode fazer muitas coisas, como mudar a cultura pop, transformar uma linguagem ou começar um negócio. Também serve para dar um sentido maior a cartas de vendas, anúncios e outros materiais de copywriting. Para assimilação, vamos conferir três definições de Ogilvy:

1) "Você nunca vai ganhar fama e fortuna a menos que invente grandes ideias. É preciso uma Grande Ideia para atrair a atenção dos consumidores e levá-los a comprar seu produto. A menos que sua propaganda contenha uma grande ideia, ela passará como um navio à noite."

2) "Uma grande ideia é uma ideia que é instantaneamente compreendida como importante, excitante e benéfica. Também leva a uma conclusão inevitável, uma conclusão que facilita a venda do seu produto."

3) "Grandes ideias vêm do inconsciente. Isso é verdade na arte, na ciência e na publicidade. Mas seu inconsciente precisa estar bem informado, ou sua ideia será irrelevante. Encha sua mente consciente com informações e depois desencadeie seu processo racional de pensamento."

A criação de uma *Big Idea* pode ser descrita através de duas abordagens principais:

1) Espontânea. Aqui não se força para se obter ideia, apenas permite-se que ela se forme naturalmente a partir do desafio de marketing. Como aconselhado por George Lois: "Comece em branco, com uma mente aberta, não faça suposições. Esqueça as tendências e tradições que o rodeiam. Não se concentre em criar a grande ideia, pois você a aprisiona no ar enquanto ela flutua ao seu redor.".

2) Pesquisa. Nesse caso você coleta informações valiosas do mercado e dos consumidores usando pesquisas qualitativas e quantitativas, geralmente seguindo 3 passos:

1. Criar uma lista de ideias.
2. Coletar dados de consumidores.
3. Avaliar a lista, considerando as informações coletadas.

Numa abordagem geral, eis o que forma uma grande ideia:

- Cria uma conexão emocional com o público.
- É diferente, *re-significa* a maneira como pensamos, agimos ou sentimos.
- Tem valor como tópico de discussão, por ser ressonante e significativo.
- Penetra através de fronteiras culturais e étnicas.
- Conecta-se com as pessoas em um nível mais profundo.
- É universal, pode ser comunicada em todas as plataformas de mídia.

Todo grande anúncio, carta de vendas e até mesmo campanha de marketing tem, em sua essência, uma ideia única e atraente que chamou a atenção das pessoas, fez com que eles quisessem descobrir mais sobre o tema e permitiram que adotassem o produto ou serviço.

Grandes redatores gastam muito tempo criando novas ideias. Às vezes, cerca de 50% ou mais do tempo gasto em um projeto é para a descoberta e aprimoramento de uma grande ideia sobre a qual você baseará sua carta de vendas ou anúncio. É uma parte totalmente desafiadora — e ao mesmo tempo divertida — do trabalho.

Quando você tem uma *Big Idea*, você sabe porque fica entusiasmado com o que pensou e sabe que seu anúncio praticamente se escreverá. Mike Palmer diz que uma grande ideia é *simplesmente algo novo, interessante e atraente*. Ele diz que uma *Big Idea* bem-sucedida tem quatro ingredientes principais:

1. **Originalidade.** Algo novo, algo que nunca foi visto antes.
2. **Intriga.** Para manter a atenção do leitor.
3. **Um benefício direto ou implícito.** Uma "recompensa" pela leitura.
4. **Afirmação.** Uma confirmação de algo em que seu leitor já acredita.

Tirando todo lapso criativo que possa surgir da Imaginação Criativa, acredito que uma das maneiras mais seguras de chegar à uma grande ideia é através de pesquisa. Para isso, você deve ler o máximo possível sobre o produto que está vendendo. Lembre-se da história de David Ogilvy e como ele encontrou a inspiração para sua famosa campanha Rolls Royce: enquanto folheava um diário comercial, encontrou uma única citação de um engenheiro da Rolls Royce: "A 60 milhas por hora, o barulho mais alto neste novo Rolls Royce vem do relógio elétrico". Essa citação tornou-se a manchete de um dos anúncios de maior sucesso na história da publicidade.

LISTA DE INSPIRAÇÃO

Para que você tenha uma melhor percepção sobre o poder da Grande Ideia, vou agora listar uma série de exemplos que extraí de pesquisas e também expor algumas ideias criadas por mim. O objetivo é, como toda lista de inspiração inserida neste livro, ajudar você a encontrar ideias interessantes para seus textos persuasivos.

Exemplo 1. Neste primeiro exemplo, a grande ideia é destinada a pessoas preocupadas com sua saúde. Eu acho a ideia super criativa:

```
Como os franceses vivem mais do que todos os outros...
Mesmo que comam como reis e fumem como chaminés!
```

A headline oferece a possível resposta a um enigma que intrigou o leitor por muitos anos: por que os franceses — que comem queijo, carnes e molhos em abundância — permanecem tão magros. Há outro mistério que o leitor acabou de descobrir também: por que os franceses — que fumam como chaminés — sobrevivem tanto tempo. Na *Big Idea* está uma promessa que pode agradar a quase todo mundo: "Você pode comer como os franceses comem... e emagrecer... e viver mais."

Exemplo 2. Este outro exemplo é uma grande ideia que interessaria a jogadores de golfe.

> **Quer diminuir tacadas do seu jogo quase da noite para o dia?**
>
> Incrível Segredo Descoberto pelo Jogador de Uma Perna Só que Adiciona 50 jardas aos seus Drives, Elimina Ganchos e Cortes...
> E Pode Diminuir até 10 Golpes do Seu Jogo Em Uma Noite!

A ideia de que há um segredo descoberto por um jogador de uma perna só é intrigante demais. A headline sugere que, se o leitor tiver duas pernas, terá uma vantagem ainda maior. Além disso, a promessa de que esse segredo pode adicionar 50 jardas aos seus drives e reduzir até 10 tacadas de seu jogo é muito importante e contém uma promessa forte. O leitor vai querer chegar à conclusão de que ele precisa do segredo.

Exemplo 3. Um exemplo voltado para investidores experientes que foi citado por Mark Ford num artigo para Early to Rise:

> **Proibido por 41 anos, agora legal novamente, este investimento lançou a maior fortuna familiar que o mundo já viu... e poderá retornar 665% nos próximos 12 meses.**

A grande ideia neste exemplo é que "o investimento secreto já foi ilegal". Isso torna a mensagem emocionante. É interessante também porque é o mesmo investimento que lançou a maior fortuna da família na história. Além disso, quando o leitor descobre qual é esse investimento, pode obter um retorno de 665% do seu dinheiro em um ano ou menos. Isso faz com que seja importante e contenha um benefício. A pessoa diz para si mesma: "Eu tenho que ler isso e descobrir que investimento é esse".

Exemplo 4. Aplicado numa carta famosa de John Carlton para vender a jogadores de golfe.

**Se você gosta de golfe... você vai pirar com esses "pequenos segredos sujos"!
A carta mais importante que você já leu antes de jogar o próximo jogo de golfe!**

"Há quatro 'pequenos segredos sujos' entre os golfistas profissionais... segredos que nenhum amador jamais aprende sozinho... e os profissionais gostam desse jeito. Esses quatro 'pequenos segredos sujos' são incrivelmente simples de dominar (uma vez que são revelados a você)... e ainda assim eles instantaneamente permitem que você (não importa quão ruim você ache que seu jogo é agora) "tranque" seu próprio "Balanço Perfeito"." Talvez você não considere a ideia tão extraordinária assim, mas acho genial como técnicas de golfe são vendidas como "pequenos segredos sujos" e tornam a carta interessante do começo ao fim.

Exemplo 5. O exemplo da carta de vendas que eu criei para vender este livro que você tem em mãos.

**Anotações Secretas De Um Escritor Revelam Como Ter Um "Cérebro De Ouro"
Você pode usar essas anotações para desenvolver a habilidade que milionários usam para construir fortunas pessoais.
Você pode usá-las para transformar anúncios, cartas e e-mails em verdadeiras 'máquinas de fazer dinheiro'.
Veja como conseguir tudo isso...**

"Caro leitor, cara leitora. Você sabia que o seu cérebro tem um valor monetário? O valor patrimonial dele é determinado pela quantidade de renda que você produz. Cérebros competentes, se forem vendidos da forma correta, representam uma forma muito mais desejável de riqueza." Assim eu iniciei a carta para apresentar este livro ao mercado e mostrei como eu "imprimi" minha mente nessas páginas. A ideia do "Cérebro de Ouro" foi extraída do livro "Pense e Enriqueça", de Napoleon Hill.

Exemplo 6. *Big idea* que pensei para uma carta de vendas de um livro digital de cultivo de bonsai.

```
Bonsai de 391 anos que sobreviveu à explosão de
Hiroshima aponta o caminho para vencer o estresse...

A bomba atômica a ponto de explodir dentro de você
```

Enquanto fazia pesquisas para este produto, descobri a história de um bonsai com 391 anos na época, que havia sobrevivido intacto ao bombardeio de Hiroshima. Tive um insight e decidi usá-lo na *Big Idea* e usar a história como gancho, inclusive, fazendo uso do desvio incidental (leia o capítulo sobre técnicas avançadas).

Um exercício é reservar um tempo para pensar em *Big Ideas* todos os dias. Eu gosto de ir inserindo essas ideias no documento que eu chamo de "depósito". Às vezes elas surgem enquanto assisto a um documentário ou caminho no shopping olhando as lojas e anúncios de vitrines. De qualquer forma, uso um aplicativo qualquer de anotação no celular ou abro um documento de Word para documentar sempre que surgem. Mesmo que não haja um produto em mente, é bom armazenar o que pode ser usado em comunicações futuras.

NÃO TRANSFORME ISSO EM MITO

Antes de fechar o capítulo, preciso deixar claro que, apesar de todo o poder em torno da *Big Idea*, aprendi que não podemos transformar esse conceito num mito. Não podemos romantizá-lo a ponto de achar que só se faz copy com ideias, digamos, "geniais".

Como já disse aos meus alunos: "Se não puder chegar ao que considera uma Grande Ideia, faça o melhor copy que puder, com uma promessa impactante e ganchos fortes e poderosos. Cozinhe o arroz com feijão bem temperado". Porque, convenhamos, ideias fantásticas não surgem em qualquer lampejo de pensamentos. O próprio Ogilvy dizia que teve poucas grandes ideias ao longo da vida (mas que isso não seja desculpa para não queimar os neurônios em busca de grandes ideias).

Evaldo Albuquerque é o brasileiro que está fazendo história nos EUA com copy. Ele é o autor de campanhas milionárias e fez sozinho mais de US$ 120 milhões em dois anos atuando na Agora Financial. Evaldo tem uma visão bastante peculiar sobre o assunto: "Eu acredito que *Big Ideas* são simplesmente ideias que deram certo. Mas você só vai saber se dá certo ou não se testar". Isso quebra o padrão do que convencionamos entender sobre Grandes Ideias. Evaldo complementa: "Todo mundo fala que "The End of America" foi a maior *Big Idea* na história da Agora, mas só porque deu certo. Ninguém tinha como saber isso antes de ela ser testada. Foi por isso que eu desenvolvi um Filtro de Ideias. Todas minhas ideias precisam passar por 3 filtros para eu saber se elas valem a pena serem testadas ou não."

Quando ofereceu seu treinamento no Brasil, Evaldo batizou seu processo de "Fórmula de Conversão Milionária" e destacou sua "Carta de Vendas de 16 Palavras". Essa fórmula pode ser dividida em 2 fases: "Uma Crença. 10 Perguntas." Então explicou o que quis dizer com "uma crença": "Como copywriter, sua única missão é fazer seu leitor acreditar nessa afirmação:

```
"Esta (NOVA OPORTUNIDADE) é a chave para (SEU DESEJO)
 e só é atingível através do meu (MECANISMO ÚNICO)."
```

"Sempre que eu escrevo um novo copy, a primeira coisa que faço é colocar essa frase no topo da página", completou ele.

Então fechou a explicação dizendo que, após isso, cada palavra que escreve é usada para convencer o leitor que essa afirmação é real. E assim usa as 10 perguntas como parâmetro para a construção de uma Grande Ideia. Não seria legal de minha parte colocar aqui todo o processo de criação de *Big Idea* pensado por Evaldo. Por isso aconselho que leia seu livro "*The 16-Word Sales Letter™: A proven method of writing multi-million-dollar copy faster than you ever thought possible*" para um melhor entendimento de sua forma de pensar.

Por fim, independentemente do processo que você use, vale a pena trabalhar por uma ideia que torne seus textos de vendas *emocionalmente envolventes e intelectualmente interessantes*. Só o esforço de tentar encontrar a *Big Idea* para o seu copy o empurrará para o jogo de gente grande, evitando que suas comunicações fiquem sempre na média.

AFIANDO O MACHADO

> "Quem não leva a sério a preparação de algo, está
> se preparando para o fracasso."
> — *Benjamin Franklin*

No livro *"Copywriting: O Método Centenário de Escrita Mais Cobiçado do Mercado Americano"*, forneço um panorama geral sobre os antecedentes de um copy, os componentes que precedem a escrita propriamente dita. Chamo isso de "As 7 Sagradas Premissas". A ideia é usar essa abordagem para fazer o planejamento de sua comunicação, trabalhando para extrair os principais fatos e conceitos que ajudarão a escrever um texto poderoso. Quero fornecer um reforço disso agora, uma espécie de especialização.

"Premissa" é o ponto ou ideia de que se parte para armar um raciocínio. Significa a proposição, o conteúdo, as informações essenciais que servem de base para a argumentação, para um estudo que levará a uma conclusão. Falando de copywriting, consideramos algumas premissas que fornecerão as informações essenciais para a construção do argumento de vendas:

---

* Aconselho que consulte a Seção Dois do livro citado, a partir da página 51.

1. **Contexto.** Em que contexto seu produto e público estão inseridos? Quais são os concorrentes? O que as pessoas falam sobre isso? O que a mídia fala sobre isso? Quais são as palavras usadas pelo público para expor o problema ou desejo (word mapping)?
2. **Persona.** Quem é o cliente ideal? O que ele pensa? O que ele faz? Como ele consome informação? Quantos anos ele tem? Qual é o sexo dele? Quanto ele ganha? Por que ele precisa do seu produto? Quais são suas objeções em relação à solução?
3. **Solução.** Que tipo de solução você está entregando? Quais são suas características? Quais são seus benefícios? Por que a pessoa deve adotá-la e não ir com a concorrência? Qual a grande transformação que ele causa?
4. **Emoção.** Qual a emoção central que pode nortear o copy? Como você pode mexer com essa emoção para fazer a persona adotar sua ideia? Quais os motivadores em torno dessa emoção? Que tipo de recurso pode ser usado para envolver a persona emocionalmente?
5. **Promessa.** De acordo as percepções sobre a persona, solução e emoção, qual é a grande promessa do produto? Qual a melhor forma de fazer a pessoa desejar o que você oferece? Que tipo de transformação será vendida a ela?
6. **Gancho.** Como você pode fisgar a atenção do leitor? Que tipo de manchete, insinuação, história, exemplo pode ser usado para fazê-lo se interessar pela sua promessa? Como despertar a curiosidade dele?
7. **Estrutura.** Qual a arquitetura que será usada para construir o copy? Como será a disposição de elementos para envolver a persona no discurso? Como será a disposição de itens (*headline, lead, CTA et cetera*)?

Essas são as 7 premissas, retiradas do meu método pessoal de copy. Eu gosto de escrever apenas quando tenho todas essas respostas, ou o máximo delas, respondidas. Então parto para outra etapa, que é pensar numa P.U.V e *Big Idea*.

P.U.V, sigla de "Proposta Única de Vendas". Uma ideia diferenciada, positiva e atrativa, que coloca um produto, empresa e marca de uma forma distinta na mente e no coração de seus clientes e consumidores.

Algumas perguntas ajudam a encontrar sua P.U.V.:

- Qual é sua proposta única de vendas?
- O que diferencia o produto dos concorrentes?
- Por que as pessoas devem escolher você e não os outros?
- O que faz o seu produto único e desejável?

E um passo a passo com 5 etapas:

Passo 1 – Conheça bem a sua concorrência.
Passo 2 – Conheça bem o seu público-alvo.
Passo 3 – Seja claro e específico.
Passo 4 – Busque ser excepcional.
Passo 5 – Crie algo que faça seu cliente-alvo desejar o que você faz.

Big Idea. Como explicado no capítulo anterior, a grande ideia é o que conceitua algo ou cria a representação de algo concreto. Surge através de uma concepção única que desperta no público emoções capazes de fazê-lo desejar o que está sendo ofertado.

Algumas perguntas ajudam a encontrar sua *big idea*:

- Qual é a grande ideia por trás de sua solução?
- O que a torna única?
- O que nela faz despertar o desejo real?
- Qual o conceito envolvido que fará com que as pessoas decidam tomar uma decisão?

O Checklist de David Ogilvy para encontrar uma grande ideia:

1. Me fez perder o fôlego quando vi a primeira vez?
2. Eu queria ter tido essa ideia?
3. É única?
4. É uma estratégia que combina com perfeição?
5. Pode ser usada por 30 anos?

Junto a essas abordagens essenciais, 7 premissas, P.U.V e *Big Idea*, trago o conceito criado por Mark Ford e difundido pela AWAI chamado:

Regra de Um. Para ter sucesso ao criar promoções — assim como em todos os esforços persuasivos — a mensagem deve ter:

- Uma e apenas uma grande ideia.
- Uma emoção central.
- Um único benefício desejável.

É uma regra simples. Mas, como acontece com muitas ideias "simples", ela contém muita profundidade. Então, lembre-se da regra quando for criar sua P.U.V e sua *big idea*. Aliás, quando estiver formulando sua headline, lembre-se disso. Se você norteia seu discurso com base em uma única coisa, fica mais fácil fazer seu prospecto chegar à tomada de decisão. No melhor cenário, ele não ficou confuso, tudo está claro e ele decidiu fazer o que você está propondo.

Para resumir, digo que as 7 sagradas premissas facilitam muito extrair informações para formular:

```
Um único e desejável benefício oferecido em torno de
uma única grande ideia - pensada numa única e real
               emoção do prospecto.
```

Acima está o antecedente de uma promessa forte e poderosa...

Agora vou mostrar um quadro com um planejamento completo que fiz para um produto de celulite, cujo nome verdadeiro não posso revelar por conta de cláusulas contratuais. Vamos chamá-lo de "Produto X". A ideia é que você visualize como geralmente fica o documento após todo o trabalho de pesquisa e planejamento.

MODELO PREENCHIDO DAS 7 SAGRADAS PREMISSAS (PRODUTO DE CELULITE)

1 - Contexto:

Contexto Camada 1: Mercado e Público-alvo

- **Mercado:** beleza e estética > celulite > soluções para celulite.
- **Público-alvo:** mulheres > mães entre 35 e 44 anos.

Beleza e estética: De acordo com um levantamento realizado pela Associação Brasileira da Indústria de Higiene Pessoal, Perfumaria e Cosméticos junto com o Instituto FSB Pesquisa, o Brasil é o terceiro país que tem o maior mercado consumidor em relação a produtos e equipamentos de **beleza e estética**.

O Brasil perde apenas para os Estados Unidos que têm uma porcentagem de 16,5% e para a China que tem 10,3% de todo o consumo mundial. Esses dados fazem parte do ano de 2016, considerado um dos anos mais positivos para esse setor, mostrando que conseguiu superar a crise econômica do período.

Beleza X Celulite:

- Uma reportagem publicada pelo Portal Terra apontou que cerca de 90% das mulheres sofrem, ou ainda irão sofrer, com a celulite.
- Celulite afeta autoestima e pode até causar dor.
- As mulheres de todas as classes socioeconômicas estão insatisfeitas com a aparência. Esta foi a principal constatação da pesquisa "A Beleza da Mulher Brasileira", realizada com cerca de 3.500 mulheres das classes A, B e C, entre 18 e 60 anos.
- Em relação à satisfação com o próprio corpo, 92% das mulheres acreditam que outras pessoas reparam em seus defeitos físicos.

Dado em destaque:

"A preocupação das mulheres com a aparência não diz respeito à própria satisfação com o corpo, mas à <u>impressão causada nos homens.</u> Os momentos em que os "defeitos" mais atrapalham envolvem o relacionamento com os homens: relacionamento com parceiro, sexo ou conquista."

Pesquisa com público comprador:

(Aqui havia um link com dois questionários de pesquisas feitas com compradoras)

Contexto camada 2: Word Mapping:

Dor	Solução
Celulite	Creme para celulite
Celulite infecciosa	Tratamento para celulite
Como acabar com a celulite	Remédio para celulite
Como eliminar a celulite	Melhor creme para celulite
Bunda com celulite	Melhor tratamento para celulite
Como acabar com a celulite nas pernas	Eficácia
Como acabar com a celulite na bunda	Resultados rápidos
Como acabar de vez com a celulite	Sem dor e sem sofrimento
Diminuir celulite	Corpo bonito
Celulite nas pernas e no bumbum	Bumbum lisinho
Flacidez nas coxas	Coxa lisinha
Pele está feia e cheia de furinhos	Pele lisinha
Vergonha	Confiança
Vergonha de usar shorts	Estar bem consigo mesma
Vergonha de usar biquíni	Se divertir na praia sem medo do que vão pensar
Vergonha de ficar sem roupa na frente do marido/namorado	Confiança para ficar nua e fazer sexo sem medo do que vão achar do meu corpo
Baixa autoestima	Desembaraço
Insegurança	Autoconfiança

2 - Solução real:

Característica	Benefício
É um creme.	Combate a celulite.
É um creme para celulite com nanotecnologia.	Manipula a matéria numa escala atômica e molecular.
É um creme para celulite com uma fórmula que possui nanopartículas...	...que atingem as camadas mais profundas da pele e agem de forma intensa na quebra dos nódulos de celulite.
É um creme para celulite com tecnologia avançada.	...que garante resultados nos primeiros 7 dias de uso.
É um creme para celulite com uma fórmula comprovada cientificamente...	... que elimina a celulite e o aspecto "casca de laranja" do bumbum.
É um creme para celulite com uma fórmula comprovada cientificamente...	... que reduz a flacidez especialmente da parte interna das coxas.
É um creme para celulite com uma fórmula comprovada cientificamente...	...que hidrata a pele e proporciona um toque suave e aveludado.
Característica única	**Benefícios**
É um creme para celulite com uma fórmula comprovada cientificamente que elimina a celulite em apenas 7 dias	E não há contraindicação ou efeito colateral.
É um creme para celulite com uma fórmula comprovada cientificamente que elimina a celulite em apenas 7 dias	Aprovado pelo Ministério da Saúde e registrado na Anvisa sob o número XXXX.XXXX.XXXX.
É um creme para celulite com uma fórmula comprovada cientificamente que atinge as camadas mais profundas da pele e elimina a celulite em apenas 7 dias	A fórmula é classificada como segura.
É um creme com uma fórmula comprovada cientificamente à base de nanotecnologia que atinge as camadas mais profundas da pele e elimina a celulite em apenas 7 dias	Pode ser usado por qualquer pessoa.

3 - Gancho poderoso:

1) Pintando o Sonho:

"Celulite? Dê adeus àquela aflição que surge quando você olha seu corpo no espelho... quando pensa no que seu parceiro vai achar do seu corpo... ou imagina comentários negativos de outras mulheres ao olhar suas coxas e bumbum".

2) Torcendo a faca:

"A celulite provoca um aspecto de casca de laranja, mas é você que se sente um bagaço."

"Você tem que evitar usar shorts, macaquinhos e roupas mais curtas."

"É triste porque você não pode usar roupas mais justas, não pode usar roupas de banho, como biquínis e sequer maiô."

"Você sente vergonha do seu marido, namorado e até mesmo das amigas."

3) Apresentando a grande descoberta:

"O [Produto X] encontrou a solução que contém uma fórmula comprovada cientificamente à base de nanotecnologia."

"Ela atinge as camadas mais profundas da pele e elimina a celulite em apenas 7 dias."

"É o fim da celulite sem remédios caros ou tratamentos que valem uma fortuna…"

"Apenas uma aplicação de um creme na região diariamente."

4) Expondo a verdade não falada:

"Todas as mulheres têm ou terão celulite em algum momento da vida".

"Se você não se cuidar, os furinhos na pele causados na celulite podem provocar um buraco no peito (falando de baixa autoestima)."

"Você sabe que outras mulheres reparam em seus defeitos físicos e isso incomoda você".

"Você se sente mal ao fazer amor de luz acesa, porque imagina que seu marido ou namorado irá achar horrível o aspecto de sua coxa, barriga ou bumbum."

"Você sabe que um simples passeio no sítio, na piscina ou na praia causará desconforto, considerando que não poderá ficar à vontade para andar de biquíni."

Isso se relaciona com as dores e medos da persona, é algo que exige que você não tenha filtros. De certa forma, isso começou a ser tratado na hora de torcer a faca.

Usando a história incrível:

Unir com big idea

4 - Persona:

> **Nome:** Cátia de Lemos.
>
> **Idade:** 35 anos.
>
> **Família/relacionamento:** casada; 2 filhos.
>
> **Atividade:** trabalha fora como funcionária pública; cuida da casa;
>
> **Renda familiar:** mais de 5 salários mínimos (contando com renda do marido);
>
> **Queixas e dores gerais:** autoestima baixa; tem vergonha do próprio corpo; deixou de se cuidar há anos; está acima do peso; quer emagrecer mas tem preguiça de ir à academia; já comprou cápsulas de emagrecimento na internet e não teve resultado; faz "dietas da moda"; não gosta do que vê no espelho quando se depara com as celulites que surgiram ao longo dos anos.
>
> **Problema:** celulite; furos nas pernas e no bumbum; flacidez; vergonha.
>
> **Desejo:** ficar com o bumbum lisinho; ficar com a pele firme; resultados rápidos.
>
> **Necessidade:** aumentar a autoestima que foi perdida há anos; voltar a usar as roupas que gosta (shorts, saia, vestido e biquíni); ganhar mais atenção do marido/namorado; aumentar a confiança rápido.
>
> **Como podemos chamar sua atenção para o produto:** tem resultados em 7 dias, fácil de usar + ação prolongada - ideal para quem tem uma vida corrida e não tem muito tempo para se cuidar.
>
> **Como obtém informação:** é influenciada pelas redes sociais, predominantemente Facebook e Instagram

Lista de objeções

Objeções	Argumentos
[Produto X] funciona mesmo?	"97% das usuárias perceberam redução da aparência da celulite"
	"93% perceberam a pele mais suave e hidratada"
	"91% perceberam redução de flacidez da pele"
[Produto X] funciona pra mim?	"Se você tem celulite, sim, ele é um produto para você. Você pode fazer o teste comprando um frasco ou usando a amostra grátis"
Alguém já usou [Produto X]? Tem fotos ou testemunhos reais?	"Veja esses depoimentos"
[Produto X] tem garantia?	"Garantia total de satisfação em 30 dias."
Se o [Produto X] não funcionar vocês devolvem meu dinheiro?	"Nós temos total compromisso com você, por isso, se você não ficar satisfeita no período de 30 dias, nós devolvemos 100% do seu dinheiro."
O site do [Produto X] é confiável?	"Sim, o site é confiável e a compra é 100% segura"
	"Empresa registrada CNPJ: XX.XXX.XXX/XXX-XX"
Já comprei muitos produtos (ex.: cápsulas) na internet e caí num golpe.	"Nossas clientes satisfeitas provam que o [nome do produto] não é mais um produto falso e que não queremos arrancar seu dinheiro. Veja as fotos das meninas que recomendam o produto"
Já tentei/usei de tudo e nada funciona pra mim (ex.: cremes, géis, tratamentos em clínicas de estética).	"Os resultados podem variar de pessoa para pessoa. Cada organismo tem suas peculiaridades, mas você não vai saber se não testar".

Tenho medo de comprar e não receber o produto.	"Nosso envio é 100% seguro, trabalhamos com as melhores transportadoras do Brasil e o prazo de entrega é de aproximadamente 15 dias úteis. O frete é grátis para qualquer região do Brasil. E caso haja algum problema e não chegue no prazo, nós enviamos novamente para você".
[Produto X] está muito caro	"Quanto custa para você eliminar a vergonha e poder usar a roupa que você quer? Quanto custa deixar de se preocupar com o que seu esposo ou amigas vão pensar do seu corpo?" "O [nome do produto] é absurdamente barato diante de remédios caros e tratamentos estéticos que custam o olho da cara. Sem contar que o rendimento é incomparável com outros produtos do mercado. O tratamento completo com 3 frascos rende um total de 414 aplicações na pele"

5 - Emoção central:

Extrato:

- Nos "6 medos básicos do ser humano" (retirado dos meus estudos de persuasão), o medo que mais faz ponte com esse produto é o **medo da crítica**.
- Na pirâmide de Maslow, encontramos a **necessidade de estima**. É a necessidade de nos sentirmos dignos, autoconfiantes, independentes, autônomos, apreciados, respeitados por nós e pelos outros.
- Nas 6 emoções básicas do ser humano, encontramos **a vergonha**.
- Na tabela com 27 emoções, temos a **apreciação estética**.

A VERGONHA é a emoção central, pois ela faz ponte com as outras emoções e sentimentos: medo, insegurança, baixa autoestima, medo da crítica, falta de apreciação estética, constrangimento, etc.

A vergonha pode ser induzida verbalmente pelo ridículo, insultos ou pela exposição pública da vulnerabilidade ou fraqueza de uma pessoa ou grupo.

Isso é identificado no relato abaixo:

"Não usava shortinho de nenhum jeito. Podia estar o calor que fosse, mas se eu fosse para a praia, não ia de biquíni porque tinha vergonha das minhas estrias e celulites".

Nota sobre baixa autoestima: *"A pessoa com autoestima baixa costuma exaltar os seus defeitos e as qualidades de outras pessoas. Nem sempre ela se acha feia, mas todas as outras mulheres têm algo a mais que ela não tem. Aquela pessoa consegue fazer um trabalho melhor do que ela, e se a sua autoestima não é elevada, se sentirá como uma fracassada, uma pessoa que falha sempre e se culpará por isso."*

Nas mulheres, a celulite causa um impacto muito grande na autoestima e na qualidade de vida, porque traz a vergonha e ausência de apreciação estética.

6 - A grande promessa:

"Como eliminar a celulite em apenas 7 dias e recuperar a confiança e a autoestima que você esbanjava aos 22 anos"

(Nesse caso, decidimos não expor a promessa de forma explícita na headline. Usamos um título que expôs a big idea)

7 - Estrutura usada:

- Carta de vendas

P.U.V:

Creme com uma fórmula comprovada cientificamente à base de nanotecnologia que atinge as camadas mais profundas da pele e elimina a celulite em apenas 7 dias

BIG IDEA:

"Flagrei Meu Cunhado Me Secando Na Praia... Fingi Não Gostar, Mas Eu Amei"

(Essa big idea foi usada como headline da carta)

Um detalhe importante: o cliente ajudou com esse planejamento, respondendo a um questionário detalhado que geralmente é enviado após o fechamento de contrato. Nesse caso, especificamente, o contratante conhecia bem a própria solução, o que facilitou bastante meu trabalho como copywriter. Quando o cliente não tem muitas respostas sobre seu próprio produto, é preciso conduzi-lo a encontrar tais respostas. Isso é feito com reuniões, entrevistas e questionários. Se ainda assim, faltar informações e dados, o melhor é lançar o copywriting com o que tem em mãos e colher fatos através de testes.

Como já disse em outras ocasiões, o ideal é gastar de 60% a 70% do tempo planejando o copywriting, e apenas 30% ou 40% escrevendo o texto. "Se você fizer sua pesquisa adequadamente, se fizer a preparação o suficiente, seus anúncios e cartas de vendas quase se escreverão. É como pintar um barco. A pintura é fácil; a parte difícil é a preparação, ou seja, deixar o barco pronto para ser pintado", dizia Gary Halbert.

Muitos donos de negócios acham que falar "profissionalmente" e "fazer marketing para todos" é o jeito de escrever copy. Esse é um grande equívoco. Talvez até seja por isso que muitos negócios não duram no mercado. É preciso pensar num público específico e ainda escrever com um perfil ideal de cliente em mente (persona). Não pense, porém, que você precisa ficar louco com isso... Você pode aprender a pesquisar o público usando a abordagem das 7 sagradas premissas ou contratar um profissional para ajudar você com isso.

Outro detalhe: nem sempre será possível ter clareza em alguns pontos, como a parte de persona. Falo por experiência própria. Nem sempre você saberá o perfil de cliente ideal. Nesse caso, o melhor é escrever com o público em mente e testar. Teste é uma palavra de ordem no copywriting. Você só saberá se acertou a mão no copy quando testar. Se os testes darem certo, ok, você foi bem. Se derem errado, é hora de mudar elementos e tentar novamente.

Em todo caso, lembre-se, há três coisas essenciais para você descobrir em relação ao público:

1) Suas esperanças e sonhos (o que o cliente quer alcançar ou alcançar acima de tudo).

Exemplo: "Eu adoraria construir um negócio em casa para deixar este trabalho que me toma muito tempo."

2) Suas dores e medos (o que os clientes querem evitar ou fugir a todo custo).

Exemplo: "Eu acordo todas as manhãs completamente exausta, temendo a minha viagem de uma hora para o trabalho."

3). Barreiras e incertezas (coisas que atrapalham ou impedem que seus clientes atinjam o que querem)

Exemplo: "Sim, claro que quero começar um negócio, mas por onde começo?"

COMO PLANEJAR COPY COM POUCO TEMPO DISPONÍVEL

Uma questão muito comum é: "Como fazer uma preparação completa quando não se tem tempo disponível?" Um amigo revelou a mim que precisava escrever um anúncio/página de vendas por dia quando trabalhava como copywriter em tempo integral no escritório de uma grande empresa. Ele não podia ficar 30 dias colhendo fatos e pensando em *big ideas*. Então, ao analisar dados e fatos mais rapidamente, ele agia de acordo com sua percepção e a Imaginação Criativa. Pensava por algumas horas sobre o que poderia fazer o leitor entrar no copy, seguir até o fim e ser conduzido para a ação. Às vezes acertava, às vezes errava. O bom é que conseguia fazer testes rápidos e corrigir. Mas ainda assim, sentia falta de poder gastar tempo "afiando o machado".

O ideal é que você consiga dedicar a maior parte do tempo planejando. É assim que os grandes mestres faziam e ainda fazem. Gary Halbert gastou um bom tempo planejando a carta "Coat-Of-Arms". Experimentou vários estilos e modelos antes de definitivamente chegar ao texto que lhe rendeu uma conta bancária gorda e o *status* de redator mais habilidoso do mundo. David Ogilvy passou três semanas estudando o novo Rolls-Royce antes de escrever uma linha definitiva do anúncio que se tornou famoso no mundo inteiro. Mas se você ainda tiver que escrever rápido, meu conselho é que pelo menos tente extrair uma grande e única promessa fazendo o que Gary Halbert chamava de "Folha de Fatos":

Fato	Benefício

Geralmente faço isso quando estudo a Solução, na abordagem das "7 sagradas premissas".

Bem, acredito que já tenha dado base para você preparar seu copywriting, com esses recursos, ferramentas e métodos. De qualquer forma, é preciso preparar-se porque escrever para influenciar pessoas não é algo mágico. Não é contar com a sorte. É analisar fatos e dados, observar a realidade para depois tentar transformá-la por meio da Imaginação Criativa aplicada ao texto.

Em todo caso, não escreva às cegas. Existem ferramentas acessíveis disponíveis hoje e uma "googlada" pode garantir o truque. Falando honestamente, algumas de minhas melhores cartas de vendas foram feitas com base em 100% da pesquisa via Google ou redes sociais. Esses dois canais funcionam bem, pois você pode ver exatamente o que o público-alvo está dizendo e depois começar a pensar em formas de conquistá-los.

Você não apenas começará a usar as palavras certas (o que é fundamental), mas também terá informações suficientes para compreendê-las melhor. Para pegar a ideia, confira os *bullets*:

- Comece usando o Google com termos relacionados à dor, à solução, ao mercado, ao produto, *et cetera.*
- Entre em sites com matérias escritas dentro daquele contexto.
- Leia o que especialistas estão dizendo sobre o assunto.
- Observe em áreas de fóruns ou comentários o que o público fala a respeito da dor e da solução que procuram.
- Acesse as redes sociais, entre em grupos ou veja *posts* específicos (a barra de pesquisa do Facebook e Instagram funciona) e também observe como o público se comporta.
- Crie um "perfil emocional" com as informações e dados.
- Coloque suas percepções num documento que será alterado, adaptado e melhorado ao longo do planejamento.

- Procure extrair a emoção central e a grande promessa desses fatos.
- Escreva o copy.

Viu? Se você souber pesquisar e usar as informações colhidas, poderá escrever um copy mais certeiro.

Agora você terá a chance de mergulhar fundo no que eu chamo de "A Grande Síntese"... A próxima seção é dedicada aos estudos de escrita de copy propriamente dita. Ela será reveladora ampliando sua mente para criar comunicações poderosas que influenciam pessoas e geram lucros diretamente para o seu bolso.

PARTE 5

SÍNTESE

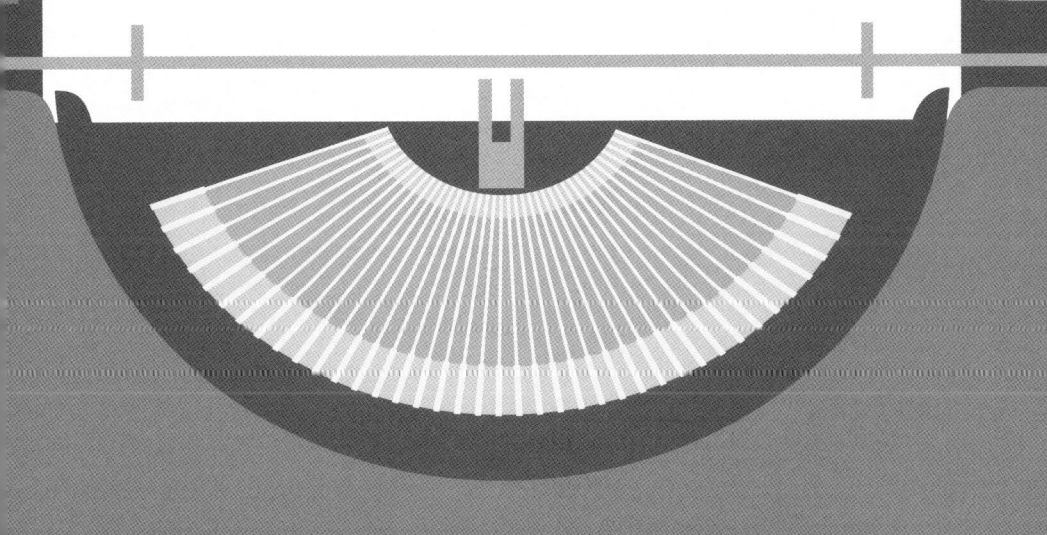

25
MÁQUINA DE ESCREVER

"Grandes cartas de vendas não dizem ao cliente o que pensar, ou sentir, ou querer. Eles localizam os sentimentos, pensamentos e desejos do cliente em potencial e os estimulam."

— *Michael Masterson*

Mark Morgan Ford — também chamado pelo pseudônimo Michael Masterson — é um americano conhecido por atuar como escritor, empresário, editor, investidor imobiliário, cineasta, colecionador de arte e consultor de marketing direto. Também é autor best-seller do New York Times, tendo escrito inúmeros ensaios e livros sobre empreendedorismo, geração de riqueza, economia e redação.

Ford criou seu primeiro negócio quando tinha apenas onze anos, em 1962, mesma época em que escreveu seu primeiro poema. O negócio era uma "editora de mesa de cozinha" que produzia e vendia panfletos satíricos, como o "Excuses for the Amateur". O menino Ford vendia esses trabalhos por um dólar para os seus colegas de classe. Desde então se aventurou em centenas de outros negócios. Hoje é multimilionário e um belo exemplo de copywriter rico. Se você quer ser um escritor melhor e ganhar muito dinheiro escrevendo, não há ninguém melhor para ensiná-lo isso do que ele.

Ford tornou-se ativo no desenvolvimento imobiliário nos Estados Unidos e no exterior. Segundo o TheStreet.com, Ford lançou dezenas de empresas de sucesso em vários setores diferentes, alguns dos quais cresceram além dos US$ 100 milhões. O milionário também se destaca como um dos fundadores da AWAI - American Writers and Artists Inc., e é mentor de Paul Hollingshead, Don Mahoney e outras dezenas de copywriters famosos.

Desde 1993, Ford é o principal estrategista de crescimento da Agora Inc., editora internacional de boletins informativos e livros, com receita de mais de US$ 300 milhões anuais.

Seu trabalho com o marketing direto começou em 1980, quando aceitou um emprego em uma editora iniciante em Boca Raton, na Flórida. Em uma entrevista para o Boca Raton News, ele lembrou que os primeiros boletins informativos publicados eram impressos com equipamentos ultrapassados, mas que a qualidade da impressão não parecia incomodar os clientes. As instalações de produção foram melhoradas à medida que as receitas cresceram.

Em 1983, Ford foi promovido a vice-presidente encarregado de marketing e desenvolvimento de produtos. Na função executou uma campanha para lançar empresas com uma nova linha de boletins direcionados aos consumidores, cobrindo tópicos como saúde, viagens, investimentos, astrologia e jogos de azar. No início dos anos 1990, as receitas combinadas dessas empresas excederam US$ 135 milhões anuais.

Em seu livro "Arquitetura da Persuasão", Ford diz: "De todas as formas de copywriting de marketing de resposta direta, nenhuma é mais fundamental do que uma simples carta de vendas. Cartas de vendas existem desde que o homem escreve cartas. Você poderia argumentar que os poemas de Safo, escritos há mais de dois mil anos, eram cartas vendendo amor. Mark Twain gastou tempo parcial escrevendo cartas de vendas. O mesmo aconteceu com F. Scott Fitzgerald e Ognen Nash. As cartas de vendas existem há pelo menos dois mil anos — desde que o correio usava transporte a cavalo."

"Hoje em dia — explica Ford — muitos redatores inexperientes escrevem exclusivamente para sites e blogs. Eles podem ter alguma familiaridade com formatos "mais antigos", como revistas, livros e reportagens, mas a maioria nunca escreveu uma carta de vendas real. Isso é uma vergonha. E um problema."

O multimilionário defende que nada lhe ensinará a arte e a ciência do bom copywriting mais rápido e melhor do que escrever cartas de vendas. "À primeira vista, escrever uma carta de vendas é uma questão simples:

- Você começa com uma provocação — impressa na parte externa do envelope.
- Então você escreve um título para o topo da carta.
- Então escreve a carta em si, vendendo o produto.
- E finalmente, "fecha" a carta pedindo a venda.

O que poderia ser mais fácil que isso? No entanto, a maioria dos redatores que chegam ao mercado não tem a habilidade para fazer isso. E essa falta de habilidade transparece na qualidade abismal da escrita que é onipresente na internet hoje."

Depois de Gary Halbert, foi Mark Ford quem fez me ver que, para ser um copywriter de alto nível, e desfrutar de recompensas financeiras e pessoais, você deve dominar a arte e ciência da persuasão — e que não há maneira mais rápida de fazer isso do que escrever cartas de vendas. Usando essa afirmação como apoio, vamos agora nos aprofundar nos estudos de cartas de vendas.

O que é uma carta de vendas?

Do inglês, *sales letter*, carta de vendas é uma carta escrita com o objetivo de vender. Em termos de marketing, "é um elemento de mala direta destinada a persuadir o leitor a comprar um determinado produto ou serviço na ausência de um vendedor."

Durante a maior parte do século XX, a carta de vendas foi usada como mala direta, quando anunciantes apostavam em impressões enviadas pelos correios a um cliente em potencial para oferecer produtos ou serviços.

Mais tarde, na internet, ela continuou ativa com o mesmo objetivo, mas agora vestindo roupagens novas, sendo publicada em canais online, como páginas de conversão, e-mails e até *posts* de blog.

O objetivo essencial de uma carta de vendas é "conversar com os clientes" e dizer a eles que você entende o que eles estão procurando. Depois é mostrar a eles como o produto pode ajudá-los a atingir suas metas, responder a quaisquer objeções e, em seguida, fazer com que tomem ações específicas.

Há muitas maneiras de fazer alguém comprar alguma coisa: *maneiras péssimas:* enganar, mentindo sobre o seu produto ou pressionar a comprar; *maneiras boas:* oferecer um produto que as pessoas realmente precisam, oferecer um produto que elas realmente desejam ou oferecer um produto que facilite a vida delas; *maneiras excelentes*: oferecer um produto que resolva um problema que elas estão tendo ou oferecer um produto que possa tornar o futuro delas muito melhor.

Cartas de vendas facilitam sua vida em qualquer um dos casos. A maioria das pessoas tende a achar uma tarefa complicada elogiar um produto sem soar "fanfarrão" ou "exagerado". Na verdade, não é difícil se você souber preparar o terreno e depois listar objetivamente os benefícios do produto, bem como destacar os ganhos que o cliente terá ao adotar sua ideia. Esse é o princípio básico de uma carta de vendas.

Dominar isso dá a você uma grande vantagem sobre os copywriters que não possuem tal habilidade. Quando você for chamado para analisar uma campanha de marketing ou discutir uma ação de vendas específica, você saberá do que está falando, porque dedicou tempo a dominar todos os aspectos do processo criativo.

Você pode até aprender a fazer isso com o tempo, treinando com outros modelos de copy, como anúncios, advertoriais e e-mails, mas ao estudar cartas de vendas, terá a chance de acelerar enormemente o processo de aprendizado. Principalmente se começar com as cartas escritas para fins de mala direta.

Esta seção será toda dedicada ao estudo de cartas de vendas, desde as headlines até as chamadas para ação. Passarei por dicas essenciais, com base no trabalho e nas ideias de copywriters clássicos, e também do já citado Mark Ford, que é, sem dúvidas, um dos maiores copywriters ainda em atuação.

Em entrevistas, Ford fala sobre como sua primeira carta de vendas realmente bem-sucedida o afetou financeiramente. Quando a escreveu, sua renda anual chegou a US$ 70.000; no ano seguinte, a renda saltou para cerca de US$ 350.000; e no ano posterior, faturou seu primeiro milhão. Segundo ele mesmo, só ficou tão bom em escrita e geração de riqueza devido ao fato de ler uma carta de vendas escrita por um mestre todos os dias.

De acordo com ele, ler e estudar uma carta de vendas (e outras peças) todos os dias o ajuda a dominar os segredos que fazem esses mestres trabalharem tão bem (e, por sua vez, isso pode tornar a sua habilidade com marketing realmente eficaz). Ele diz que a maioria dos grandes redatores estão calçados por outros grandes redatores, por isso faz sentido seguir a tradição, lendo-os para nos tornar bem-sucedidos também. Além disso, Ford observa que o conhecimento adquirido com tantas técnicas e abordagens diferentes fez dele um homem de negócios muito melhor, e que tornou mais fácil para ele orientar redatores a escrever copies melhores para os seus projetos.

O TRABALHO DE OBSERVAÇÃO E ANÁLISE

Para não nos limitarmos, diante de tantas opções de copies bem-sucedidos que temos hoje, não necessariamente você precisa estudar apenas cartas de vendas. Outras peças devem entrar no trabalho de observação e análise. Uma chave para tirar o máximo proveito desse valioso exercício é saber o que procurar ao ler promoções, anúncios, boletins informativos e roteiros de vendas bem-sucedidos. Com base nisso, aconselho que não deixe de procurar e analisar:

1) Estrutura, Layout e Design. Observe o *layout* e design de cartas de vendas, páginas e advertoriais. Os grandes profissionais de marketing testam o *layout* e o design, o que significa que você pode obter pistas sobre onde colocar elementos-chave em vez de adivinhar ou realizar seus próprios testes, que costumam sair caros. Há muito o que aprender sobre estrutura. Por exemplo, as pessoas leem uma carta de vendas impressa de forma diferente do que leem uma carta de vendas online; do mesmo modo, leem um advertorial diferente da forma que assistem um vídeo de vendas. Procure por essas diferenças, incorpore-as e teste-as em seu próprio trabalho. Às vezes, uma simples mudança no *layout* pode aumentar significativamente seus resultados.

2) Ideias por outros ângulos. Você encontrará várias ideias sobre como posicionar um produto ao revisar grandes peças de copy. Isso economizará mais tempo e dinheiro do que você pode imaginar — muito além dos poucos minutos que você levará para ler uma promoção todos os dias.

Ah, certifique-se de observar o copy fora do seu nicho. Muitas vezes você vai encontrar as melhores ideias fora do seu campo de atuação e poderá transpor para o seu mercado. Um texto bem escrito para o ramo alimentício pode apontar o caminho para escrever uma boa carta para uma clínica médica, por exemplo.

3) Raios-X de ofertas. A oferta é o elemento mais importante do seu anúncio ou promoção. Na verdade, sem uma boa oferta, sua promoção tende a falhar. Se você vê uma promoção enviada várias vezes com exatamente o mesmo tipo de oferta, é bem provável que essa oferta esteja convertendo bem. Fique atento às ofertas quando participar de eventos, seminários ou webinários. Procure ofertas em anúncios, malas diretas e cartas de vendas. Pergunte-se: quais capturam seu interesse — e por quê? As boas ofertas costumam ser fáceis de entender. Crie um "arquivo de furto" (*swipe file*) de ofertas para gerar novas ideias quando preciso.

4) Headlines, tópicos, *bullets*, storytelling, *et cetera*. Você já deve ter lido que 80% dos leitores não passam do título. Isso mostra a importância de escrever um ótimo título para sua carta de vendas, livro ou assunto para email marketing. Lendo headlines escritas por grandes mestres você terá pedras preciosas em seu "arquivo de furto". Sem mencionar outros elementos-chave de copywriting que você pode "furtar", como leads, tópicos, *bullets*, histórias, e até personagens; esses são elementos os quais você deve prestar atenção ao observar peças de copy bem-sucedidas.

Pergunte a qualquer mestre copywriter ou homem de marketing de resultados, e eles vão dizer que a última coisa a se fazer é "começar com a página em branco". Ao ler um grande copy todos os dias, você não apenas descobrirá técnicas grandiosas para a sua própria redação, como também criará um enorme arquivo de inspiração para fazer referência toda vez que for iniciar uma campanha de marketing.

Você não só economizará tempo, mas descobrirá que isso ajudará a criar consistentemente um marketing melhor, que garante melhores resultados. Antes que você perceba, este exercício o ajudará a elevar seu *status* de copywriter, assim como Mark Ford e os outros profissionais de marketing que eu pesquisei para escrever este livro. Todos eles observaram e analisaram copies milionários praticamente todos os dias. Considere esse conselho como introdução aos estudos de escrita de cartas de vendas.

COMO ESCREVER BOAS CARTAS DE VENDAS

A maioria das definições de "boa escrita" varia muito. O que um leitor ama, outro odeia. Poderíamos citar o exemplo de J.K. Rowling, uma das escritoras mais populares e bem-sucedidas, que é frequentemente criticada por sua prosa com muitos advérbios. Um exemplo clássico é "The Great Gatsby", de F. Scott Fitzgerald, que foi chamado de "fracasso" por muitos de seus contemporâneos. No Brasil temos Paulo Coelho e Augusto Cury, o primeiro e o segundo maior vendedor de livros por muitos anos, ambos frequentemente criticados por suas escritas "fracas" e "comerciais".

Existem aqueles que amam alguns escritores e aqueles que odeiam. E talvez esteja tudo bem. Porque talvez o que significa ser bom é apenas a nossa maneira de dizer "eu gosto disso" ou "eu não gosto disso". O mesmo acontece com o copywriter. Só que nesse tipo específico, temos outro indicador além da beleza da escrita: a capacidade de ser convincente e levar pessoas a ações específicas.

Venho estudando e criando materiais sobre boa escrita comercial há anos, e posso dizer com absoluta certeza que não existe uma definição universalmente acordada sobre o que constitui "boa escrita de copy". Existem sim, diversas escolas e conceitos, modelos e estilos testados que apontam para uma única coisa: "Boa escrita de copy é simplesmente comunicar efetivamente uma mensagem clara e convincente a um público específico". E quanto mais cedo percebermos isso, mais cedo poderemos dar continuidade ao nosso trabalho, que não é ser bom, mas ser claro e convincente o suficiente.

Lembro de uma situação onde fiz um teste para ser copywriter de uma grande equipe de profissionais de marketing. Homens que faziam lançamentos grandiosos de produtos, a maioria com resultados de 7 dígitos de faturamento. Na época do teste eu passava por uma grande crise como copywriter. Estava, como costumo dizer, colecionando fracassos, após "errar" sequencialmente em projetos importantes. E como se não bastasse, fui derrubado por uma forte gripe na semana do teste. Mesmo assim me esforcei para dar o melhor no exame. Depois de entregar as peças de copy, mostrei o trabalho a dois colegas experientes e eles foram negativamente críticos com minha escrita, deduzindo que eu havia ido mal, o que contribuiu muito com minha insegurança.

Os avaliadores demoraram a dar a resposta e, já com a autoestima lá embaixo, achei que o projeto também cairia no meu "baú de fracassos". Cerca de dois meses após a avaliação, quando não havia mais nenhuma expectativa de minha parte sobre ser selecionado, o copywriter estrategista da grande equipe entrou em contato comigo dizendo: "Você passou no teste e agora pode avançar na seleção". O que mais me chamou a atenção foi que ele elogiou a minha escrita, dizendo coisas como: "Você tem um estilo próprio... Sua forma de expor os fatos é única... Parabéns pela forma como conduziu o teste!".

Naquele dia eu tive mais certeza de que não existe um padrão universal de boa escrita de copy. O que existe são fatores que contribuem para uma comunicação clara e eficaz. Se sua escrita está sendo entendida, desperta emoções e leva um público à ação, você cumpriu seu papel como copywriter. Eu não diria isso dessa forma se estivesse escrevendo para eruditos ou ensinando literatura a pequenos Machados de Assis. No entanto, se tratando de copywriting, o segredo é ser claro, emocional e convincente (e, obviamente, não escorregar na gramática). O lendário Eugene Schwartz disse algo que cabe aqui: "Escreva para o cérebro dos chimpanzés – de forma simples e direta". Estamos prontos para continuar.

26
HEADLINES

> "O marketing que funciona é aquele que as pessoas escolhem prestar atenção."
> — Seth Godin

Para entender o que é headline, podemos quebrar o termo: *head*, cabeça; *line*, linha. Ou seja, "linha de cabeça". O entendimento de headline também nos leva a manchete, cuja explicação original remete ao título de notícia num jornal ou revista, geralmente escrito com letras grandes e, muitas vezes, na primeira página. O mesmo conceito é usado no copywriting. Quando o seu anúncio, carta de vendas ou e-mail são vistos ou abertos, o primeiro elemento observado é a headline. Essa deve estender a mão ao leitor, agarrá-lo e levá-lo à mensagem.

Criar headline é um ato imprevisível. Às vezes você as cria antes mesmo de começar a escrever sua carta de vendas. Assim pode construir todo o discurso em torno dela. Boas headlines podem surgir de uma *Big Idea*, de uma epifania, da consolidação da promessa, do pensamento sobre a relação problema-solução *et cetera*.

Em outras vezes, porém, você tem que derramar suor, queimar neurônios, passar horas e horas (e até dias) tentando encontrar as palavras certas para criar uma manchete que seja cativante e envolvente. Nesse caso, você pode escrever a carta de vendas inteira e depois voltar ao começo para finalmente criar o título. Isso funciona também porque você tem ideias enquanto escreve o texto.

Há muitos ensinamentos sobre headlines que poderíamos incluir aqui, mas vou fazer um apanhado do que aprendi sobre o assunto. Começarei apoiando-me nas explicações de um material elaborado por Bob Bly para a AWAI, que teve um de seus livros autorais de redação como insumo. Bly faz um trabalho impactante na hora de explicar os fundamentos dos títulos. Aliás, ele começa fornecendo uma pequena lista de palavras que costumam funcionar bem:

Termos tradicionais e funcionais para headlines

- Descubra
- Fácil
- Livre
- Novo
- Comprovado
- Salve
- Resultados
- Está aqui
- Apresentando
- Finalmente
- Garantia
- Barganha
- Última chance
- Rápido
- Venda
- Por quê
- Como
- Acabei de chegar
- Agora
- Anunciando

Fonte: *"The Copywriter's Handbook", de Bob Bly. Este livro é considerado "a bíblia dos redatores" por muitas empresas de resposta direta.*

O objetivo principal de qualquer headline é chamar a atenção (nesse caso, o "A", do clássico Modelo AIDA é extremamente funcional). Uma das premissas é clareza e objetividade. Alguns redatores ficam completamente perdidos na hora de criar suas headlines. Alguns tentam soar cultos ou inteligentes, um erro básico e fatal, que eu mesmo já cometi. Outros tentam colocar muita informação. Como resultado desses erros, a mensagem fica complexa, confusa, e isso enfraquece o discurso. Lembre-se: "Você tem apenas 5 segundos para agarrar a atenção do leitor". Se não agarrar a atenção dele dentro desse tempo, então os olhos dele vão procurar outra coisa mais interessante.

"A headline é a parte mais importante de um anúncio. Em média, cinco vezes mais pessoas leem o título do que o corpo do copy. Então, com seu título, seu cliente gastou, essencialmente, 80 centavos de seu dólar de publicidade", ensinou Ogilvy. Você pode gastar 80% do tempo criando o título e isso não será um desperdício. Deu para ter uma ideia do quão importante é o título do seu copy, não é mesmo? Não é à toa que eu trato disso em todos os meus livros sobre redação persuasiva.

Materiais rasos sobre o assunto dizem que o objetivo da headline é fazer a pessoa ler a carta de vendas. Mas não é apenas isso. Se assim fosse, quase qualquer título relativamente impactante cumpriria a missão. Grandes headlines fazem mais do que apenas abrir as portas para entrar no discurso. Elas atraem atenção, despertam curiosidade e levam o leitor para a carta de vendas com as expectativas emocionais certas. As mesmas expectativas emocionais que o copywriter explorará mais tarde para fazer a oferta e fechar a venda.

O renomado copywriter John Caples expôs o pensamento: "[Headlines] podem gerar 19 vezes mais respostas do que outras, sem nenhuma outra mudança na redação ou oferta". Certa vez eu li também que sem uma grande headline, você é como a pessoa que leva uma faca para um tiroteio ou seja, está derrotado antes mesmo de começar.

Agora, pegando carona mais uma vez no trabalho de Mark Ford, vou expor agora uma série de títulos poderosos que o mesmo listou há alguns anos num artigo em seu site. Trata-se de headlines de materiais que vendem suplementos de saúde. Há nelas grandes lições para um copywriter. Os títulos foram criados por Mike Pavlish, um redator de sucesso que afirma ter feito "US$ 4 milhões em royalties".

"AS 10 HEADLINES DE MIKE PAVLISH"

> Descoberta natural ajuda homens com mais de 50 anos. Desfrute de uma segunda juventude, tenha um desempenho sexualmente melhor e aproveite a saúde que tinha 10 ou 20 anos atrás!

Esta headline parece não ser grande coisa, mas funcionou efetivamente bem. "Então" — afirma Ford — "isso significa que é um bom título". Ela atinge todos os critérios essenciais para a venda de produtos de potência para homens acima de 50 anos: a solução é natural (não sintética), melhora o desempenho sexual e, de alguma forma, rejuvenesce também. Estas são as três principais promessas que devem ser feitas sempre que você estiver vendendo um produto de potência sexual. Eu não acho que essa headline funcionaria hoje, porque o mercado de suplementos de saúde está cheio de manchetes melhores (mais atrativas e mais específicas). Mas isso mostra que você tem que fazer as promessas básicas.

> O Grande embuste antioxidante!
> Veja por que os suplementos populares de hoje não são o que você precisa para acabar com seus problemas de saúde, sentir-se melhor e viver mais

*Fiz pequenas adaptações na hora da tradução para fazer mais sentido, mas a essência foi mantida.

Rebater ideias populares e consolidadas é uma maneira eficaz de atrair a atenção do leitor. Antioxidantes foram um tema quente por muitos anos nos EUA, mas posteriormente perderam a eficácia (porque os produtos em si não eram eficazes). Ao atacar uma tendência que está morrendo, o copywriter cria esperança no leitor de que há algo novo a dizer. Eu acho o título interessante.

> Esta incrível nova descoberta de "Rejuvenescedor
> Celular!" pode ajudar a acabar com sua dor, melhorar
> sua memória, acabar com sua fadiga, restaurar a
> juventude sexual, proteger seu coração e ajudá-lo a
> viver mais

O que chama a atenção no título acima é o "rejuvenescedor celular". Há algo imediatamente crível sobre a solução oferecida: o rejuvenescimento celular. E isso é uma característica de muitas grandes headlines: propõem algo que parece fazer sentido imediato. A outra coisa é que o suplemento que está sendo vendido (presumivelmente uma pílula energética) promete fazer várias coisas boas. Pavlish faz a promessa básica, mas também faz promessas secundárias que podem tornar a manchete mais "pegajosa". Um detalhe: o próprio Mark Ford recomenda usar "A Regra de Um", destacando apenas um único e poderoso benefício. Mas o exemplo prova que o copy pode funcionar com mais coisas sendo oferecidas. Da série: "Regras são feitas para serem quebradas".

> *SPRINGLE YOURSELF SKINNY!
> Novos "cristais de alimentos" fecham o seu "centro da
> fome". Então você pode perder 7 quilos a cada semana!

*Mantive SPRINGLE YOURSELF SKINNY! no original porque é um tipo de produto popular nos EUA, uma espécie de suplemento dietético. "Yourself" é algo como faça você mesmo.

Esta headline se baseia na headline que Eugene Schwartz escreveu certa vez sobre "esfregar" a gordura no estômago. A ideia de que você possa "polvilhar-se" soa como algo surreal — mas funcionou por causa da quebra de padrão. Observe também que a promessa (que você pode perder em média um quilo por dia) é muito forte e isso chama a atenção imediatamente.

> *Incrível "Amazon Berry" comprovado para limpar seu coração, ajudar a próstata, queimar gordura, adicionar energia e impulsionar seu desempenho sexual!
>
> *Berry é uma classe de frutas de coloração vermelha ou roxa de tamanho pequeno. Nesse caso, o autor fala de uma dessas frutas oriundas da Amazônia.

Apesar de não ser escrita com uma única promessa, essa headline expõe utilidade. Ela não apenas promete aumentar o desempenho sexual do potencial cliente, como também limpar o coração, ajudar a próstata, queimar gordura e acrescentar energia. Mais uma vez, Pavlish inseriu benefícios secundários após o maior benefício. O "surpreendente Amazon Berry" dá à promessa algum nível de especificidade e singularidade. O leitor está sendo informado de que vai aprender sobre os benefícios derivados de uma fruta da América do Sul. Isso parece suficiente para persuadir o leitor a entrar no copy.

> **O incrível segredo dos homens mais sexualmente satisfeitos do mundo!**
> Veja como você pode fazer o melhor sexo da sua vida, independentemente da sua idade ou problemas atuais!
> Este incrível segredo "Apenas Para Homens" está mudando drasticamente a vida dos homens (e mulheres) literalmente da noite para o dia...

Quando Ford listou essas 10 headlines de Pavlish em seu site, explicou que nesta, especificamente, o autor tomou emprestado uma headline clássica com a promessa de que a pílula elevaria o desempenho sexual do leitor, a ponto de fazê-lo pertencer a uma elite. Este título não faz promessas além do desempenho sexual. Mas Pavlish apoia a primeira linha do título com promessas secundárias ("independentemente da sua idade ou problemas atuais" e "literalmente da noite para o dia").

Veja por que 99% dos suplementos de próstata não funcionam bem o suficiente
Eu chamo de "A grande Pílula de Próstata Americana da Enganação!"

*A subheadline no original é "The Great American Prostate Pill Rip Off!". Rip off é uma expressão versátil e que pode ser usada em diferentes situações. Minha interpretação para a frase foi essa, considerando que o primeiro sentido do termo é fraudar, enganar, ou explorar no mau sentido.

Com esta headline, o autor está atraindo a atenção ao visar um problema que ele sabe que o potencial cliente tem: não o aumento da próstata, mas o fato de que a maioria dos suplementos para essa condição não funciona bem. Ao atacá-los, ele cria credibilidade para o seu produto e prepara o terreno para vendê-lo.

Como esta limpeza do cólon pode acabar com sua fadiga, dor, constipação e outros problemas de saúde... enquanto você ganha mais energia e um estômago mais limpo.
Mais de 65 problemas de saúde diferentes são causados por um cólon tóxico." - Royal Society of Medicine of Great Britain

Aqui Mike Pavlish faz novamente um monte de promessas num único título. Aparentemente, o copywriter acredita que adicionar essas promessas secundárias é um truque que ele pode confiar. Um detalhe interessante é a referência à "Royal Society of Medicine da Grã-Bretanha" na subheadline. Sempre que possível colocar uma fonte como essa no título, faça! Isso costuma ser extremamente útil (o recurso é chamado pelos americanos de "efeito auréola").

> **Anunciando um grande avanço na saúde natural para homens acima de 50 anos... O novo e surpreendente "suplemento de liberação de testosterona" dispara o desempenho sexual, remove o excesso de peso, dá energia para poupar, acaba com problemas de próstata, fortalece o coração... Agora você pode sentir e se comportar como se estivesse como há 20 anos!**
> **HARVARD MEDICAL SCHOOL, JOHNS HOPKINS, UCLA e outros relataram a segurança e os notáveis benefícios para a saúde do aumento da testosterona em homens maduros**

Nesse novo exemplo, você pode ver o mesmo padrão de várias promessas secundárias e, como na headline anterior, a citação de fontes confiáveis. Isso torna o título forte, extremamente atraente e poderoso. Particularmente gosto mais de títulos curtos e diretos, com no máximo 3 sentenças, mas sei que em algumas situações é inevitável economizar no uso de palavras. Isso pode ser funcional porque você está dando informações úteis e específicas ao leitor.

> **A nova solução para alívio rápido das dores articulares**
> **Dor articular e rigidez reduzidas em 84,1%: Notícias importantes para as pessoas que sofrem de dores articulares na mão ... JOELHO ... PESCOÇO ... COTOVELO ... QUADRIL ... PULSO ... OMBRO ... TORNOZELO ... COSTAS**

Mark Ford explica que esta headline é funcional por causa da referência específica de mão, joelho, pescoço, cotovelo, *et cetera*. Segundo ele, isso é muito melhor do que dizer uma dor "comum", que é o que a maioria das fórmulas de dor diz. Mais uma vez, a especificidade é fundamental (leia mais sobre isso na seção de técnicas avançadas).

Para reforçar, digo que sou adepto das headlines que expõem apenas uma única e grande promessa, e não com muitas promessas, como a maioria desses títulos acima. Mas não quer dizer que isso não pode ser quebrado, dependendo do caso, e que as headlines listadas não possam servir como objeto de estudo e inspiração. Em todos os casos, elas são ótimas.

O GRANDE CHECKLIST DAS HEADLINES

Agora vou apresentar o que eu chamo de "O Grande Checklist das Headlines", que é uma abordagem teórica e prática consolidada pelo meu parceiro de projetos, o copywriter Fred Ribas. O que você verá é um resumo de vários livros que ele leu e cursos que fez sobre o assunto. Ele expôs inicialmente essa explicação num encontro de nosso clube de copywriting:

Pensamento: *"A headline é a parte mais importante de um anúncio" — David Ogilvy*

Importante: Você tem apenas 5 segundos para chamar a atenção do seu prospecto.

1) As 4 Funções da Headline:

1. Fazer o prospecto parar de fazer o que está fazendo e prestar total atenção em você.
2. Fazê-lo ler a próxima frase.
3. Atrair o público certo e repelir o restante.
4. Prometer uma recompensa.

2) Por que as headlines fracassam?

- Soam como vendas.
- Falta surpresa.
- "Já escutei isso antes".
- São previsíveis.
- Não conversa com a persona.

3) Headlines obtêm êxito porque são...

- Únicas.
- Altamente segmentadas.
- Surpreendentes.

4) Pergunte-se:

- O que o meu prospecto mais deseja?
- O que o meu prospecto mais odeia?
- O que ele mais teme?
- Isso vai prender a atenção absoluta do meu prospecto?
- Está impossível ele não ler a próxima frase?

5) Use a fórmula "4U's"

1. Único.
2. Urgente.
3. Ultraespecífico.
4. Útil.

6) Faça uma equação da headline

Para cada "U", dê as notas 0, 1/2 ou 1. A soma das notas precisam ficar entre 3 e 4 para a headline ser considerada forte.

7) Busque o modelo ideal

A melhor headline que poderia haver: a de uma única palavra. Uma headline de 2 a 3 palavras seria o próximo ideal. Por exemplo: "Cura esquecida"; "Sabotagem no mercado de ações; "Mentira, mentira, mentira".

8) Use pimenta e drama

A missão é encontrar substantivos, adjetivos e verbos que apimentam a sua comunicação, que coloquem drama, que garantam um certo tom de exagero. "Poderoso" e "Potente" são melhores que "Eficaz". Em vez do termo "Quebrou", use "Fraturou", "Esmagou" ou até "Destruiu". Em vez de dizer que "Ele foi morto", diga "Ele foi assassinado", ou até "Chacina", "Carnificina". Ache as palavras mais viscerais que conseguir. Faça isso sem parecer excessivamente sensacionalista, caso contrário, seu título perderá credibilidade. Use seus instintos.

9) Mantenha a credibilidade por perto

Estabeleça credibilidade identificando a persona que está falando e estabeleça sua credibilidade. Uma boa maneira de fazer isso é através das "pré-headlines". Fale as características e as conquistas do personagem. Outra forma é dar crédito a médicos, ou cientistas, ou instituições de renome. Esses elementos também podem estar na própria headline ou até no *deck d*a headline.

10) Insira benefícios

Insira benefícios, mas saiba que pode soar como "Uhmmm, aí vem uma tentativa de venda!". Todo mercado passa por um estágio onde grandes benefícios em headlines funcionam, mas depois perdem força. Às vezes pode funcionar, afinal, até o mercado mais maduro terá iniciantes que serão menos céticos. Se for pra escrever um benefício, insira aquilo que o prospecto mais deseja.

11) Adicione elementos de curiosidade sempre que puder

Adicione paradoxos ou elementos de curiosidade para aumentar a conversão de sua headline. Por exemplo: "Como um erro idiota me fez um vendedor 5 estrelas"; "Como eu fiz uma fortuna com uma ideia estúpida"; "Como um barbeiro careca ajudou a salvar o meu cabelo".

12) Não ignore o poder de uma simples pergunta

Perguntas geram curiosidade, pois abrem um *loop* e nós sempre queremos fechá-los. Perguntas diminuem o ceticismo. Exemplo: "Você teria coragem de ganhar R$ 40 mil por mês?"; "É errado ganhar dinheiro fácil?".

SWIPE FILE

Swipe file, em tradução, é "arquivo de furto". Trata-se de uma coleção de textos de publicidade, marketing ou vendas testados e comprovados para serem usados como inspiração. Manter um *swipe file* como referência de ideias para novos projetos é uma prática comum usada por copywriters e outros profissionais de marketing.

Os criadores podem se beneficiar da criação de um *swipe file* com peças bem-sucedidas para dar a eles ideias para suas próprias campanhas, por exemplo. Os *swipe files* também são comumente usados por profissionais de marketing que precisam reunir muitos recursos, não apenas sobre produtos, mas também sobre métodos e estratégias de marketing.

Os copywriters também podem criar seus próprios "arquivos de furto" com grandes headlines. E é justamente isso que estamos fazendo aqui... Na verdade, estou abrindo com você o meu *swipe file* pessoal com 50 headlines poderosas e vendedoras...são títulos que eu uso como inspiração para minhas criações de copywriting.

Algumas headlines que você verá aqui são de minha própria autoria; outras de grandes gênios, como David Ogilvy, Gary Halbert, Jay Abraham e Dan Kennedy; outras são de copywriters anônimos, que não receberam os louros pelas criações, mas escreveram verdadeiras jóias; e outras foram retiradas de sites em inglês e português, sem apontamento do autor, e de peças de empresas, como Empiricus, Agora e Jolivi. Algumas serão acompanhadas de pré-headline, subheadline e deck para fazer mais sentido.

Diferente dos exemplos já listados, abaixo listo mais títulos aplicados no contexto do mercado brasileiro. Esse é um ponto importante. O que funciona num contexto cultural, pode não funcionar em outro. Por isso é bom sempre estar atento aos fatores que movem um público.

Enfim, os exemplos abaixo podem inspirar você a escrever poderosos títulos para cartas de vendas, anúncios, advertoriais e e-mails. Faça bom uso, mas lembre-se: a ideia não é plagiar ou copiar propriamente dito. É usar como modelo para criar algo que soe original e criativo. Jamais copie o texto de alguém (até porque isso pode deixá-lo em maus lençóis jurídicos). Portanto, só use este material para servir de apoio para algo novo e criativo, ok?

1. "A chave para influenciar pessoas e ganhar 9X mais com suas habilidades ainda este ano – usando apenas sua mente e seu computador."
2. "Os 15 passos para vencer os distúrbios do sono e evitar gastar milhares de reais com remédios."
3. "E se você pudesse ter acesso a informações privilegiadas sobre copy que são tratadas apenas em salas fechadas? Nós vamos abrir essas informações para um número restrito de 99 pessoas... AVISO: Esta oportunidade única desaparece em 31 de julho de 2019, às 23h59."
4. "Eles são iguais a você. Eles fazem mais dinheiro porque descobriram o "Santo Graal dos Negócios". O caminho para você fazer o mesmo está aqui. 'Se você for até o fim e seguir o plano, poderá transformar pensamentos em fortunas nos próximos anos'. – Paulo Maccedo, especialista em copywriting'."
5. "Uma conversa franca com empreendedores e empresários. Suas páginas podem trabalhar por você 24 horas por dia em qualquer lugar do mundo. E o melhor: elas não reclamam, não exigem um salário alto, décimo terceiro, férias ou coisas parecidas."
6. "Esposa de astro da TV jura que o perfume dela não possui nenhuma substância ativadora sexual ilícita."
7. "Evite o sofrimento da dor de coluna com este gel testado cientificamente."
8. "Há apenas 3 maneiras eficientes de fazer um homem desejar você."
9. "Treine seu filhote de Labrador em 2 semanas antes que ele destrua o seu sofá."
10. "A idosa de 62 anos que ganha dinheiro postando memes no Facebook."
11. "10 lindas flores brasileiras que matam de formas horripilantes."
12. "Como criar propostas profissionais em poucos minutos – e fechar mais contratos de ticket alto."
13. "Como limpar seu sofá de microfibra sem usar água e sabão."

14. "Receitas saudáveis e saborosas que vão ajudar você a vencer a balança."
15. "A Arte de Escrever Para A web E Produzir Conteúdos Poderosos."
16. "Você pode eliminar de vez a gordura comendo estes 7 alimentos milagrosos."
17. "Como fazer R$ 10 mil e melhorar sua autoestima usando seu computador."
18. "Uma cura virtual para a artrite que impede a dor e o sofrimento – e reconstrói a nova cartilagem em menos de 30 minutos."
19. "Dê-me cinco dias e vou dar a você o segredo de aprender qualquer assunto."
20. "Dê-me três minutos por dia e eu vou dar a você um negócio melhor."
21. "Se você quer subir de patamar financeiro já neste ano, então você precisa das... 3 Melhores Ações para 2019. AVISO: a valorização dessas três ações está engatilhada para disparar nas próximas semanas. Quem se antecipar e agir imediatamente terá uma chance histórica de ganhar R$ 5.000 para cada R$ 1.000 investidos."
22. "O jeito do pai preguiçoso de jantar na mesa rapidamente."
23. "Você reconhece os 7 primeiros sinais de alerta de pressão alta?"
24. "Veja como você pode aprender facilmente a dançar esse novo ritmo brasileiro."
25. "Você não precisa ser rico para se aposentar com uma renda garantida para a vida inteira."
26. "Você comete esses erros ao falar inglês?"
27. "Copywriting: O Método de Escrita Centenário Mais Cobiçado do Mercado Americano."
28. "Um novo roteiro para sua vida. Em 3 episódios inéditos."

29. "Uma série gratuita para quem procura ajudar pessoas, criar impacto no mundo e aumentar seus ganhos enquanto faz o que ama. Esse alguém é você?"

30. "Como ajudar pessoas, ganhar dinheiro com o que você ama e conquistar a satisfação profissional."

31. "Impressionante: Diabética conta como diminuiu a glicose de 140 para 90 em menos de 1 mês – sem agulhas."

32. "Professora paulista revela como deu um tiro nos sintomas da menopausa."

33. "Mulher 47 quilos mais magra faz marido se ajoelhar aos seus pés para reatar o casamento. Descubra o fim dessa história."

34. "A integridade do seu filho está em risco! Em até 90% do tempo ele está sendo exposto a temas impróprios."

35. "O fim dos joanetes. Dê adeus à dor e à vergonha de ter o dedão do pé torto – e passe a usar qualquer calçado que você queira."

36. "Um tratamento barato e 100% eficaz que evita custos com procedimentos caros, cirurgias dolorosas e uso de remédios com efeitos colaterais."

37. "Entenda como o valor de sua conta de luz pode ser reduzido em 31% com um simples cartão magnético encaixado na sua caixa de energia."

38. "A ação que quiseram esconder de você. Saiba agora qual é a polêmica ação que gerou a suspensão do estrategista--chefe da Empiricus... E por que ele está colocando mais R$ 100 MIL do seu próprio bolso nesta oportunidade."

39. "Fim do câncer? O segredo que Hitler não conseguiu levar para o Túmulo. Revelado pela primeira vez no brasil: A terapia revolucionária que pode matar as células do câncer."

40. "A 60 milhas por hora o barulho mais alto do novo Rolls--Royce vem do relógio elétrico."

41. "Famoso lutador mundial dará a você uma arma de graça... apenas para provar que ele pode tirá-la de você desarmado tão fácil como tirar doce de criança."

42. "Um guia de experiências e dicas para crescer na vida e nos negócios vendendo qualquer coisa."

43. "Como uma mudança de hábito simples pode fazer você se apaixonar pelo espelho."

44. "Abra a boca e feche o bolso: Veja como essa família ajustou seu orçamento de forma inusitada."

45. "Donas de casa encontram maneira inteligente de manter a forma sem deixar de comer bem."

46. "Vegetarianos agora podem contar com cardápio inteligente para manter estilo de vida saudável."

47. "O segredo de um simples redator para aumentar em 140 vezes o valor do seu trabalho."

48. "Jovem carioca monta negócio lucrativo na crise e abandona o emprego."

49. "Exclusivo: mulheres até 28 quilos mais magras contam como emagreceram."

50. "O tratamento natural em cápsulas que a indústria de cirurgias plásticas não quer que você conheça."

8 RECURSOS PSICOLÓGICOS COM EXEMPLOS

Dicionário define recurso como "ação de recorrer, pedir ajuda; auxílio". Isso tem tudo a ver com a proposta do conteúdo das próximas linhas. Minha ideia agora é apresentar a você o que eu chamo de "8 Recursos Psicológicos". São conceitos que podem facilitar muito sua criação de headlines. Veja!

1 - Surpresa. Pegue a pessoa desprevenida por ter algo inesperado no título. Exemplo:

"Este post é completamente ruim. Não leia isso!"

2 - **Questões.** Faça uma pergunta com a qual o público possa ter empatia. Torne isso pessoal. Exemplo:

"Você sabe como escrever headlines impressionantes?"

3 - **Curiosidade.** Eu adoro este recurso. Tudo gira em torno de sua curiosidade, abrindo um enorme "círculo" que precisa ser fechado. Exemplo:

"11 fórmulas de títulos comprovadas para testar em seu próximo post de blog. A número 9 vai deixar leitores aos seus pés!"

4 - **Negatividade.** As pessoas são motivadas pelo prazer e evitam a dor. Mas, por alguma razão, o lado da dor é o motivador e mais forte. Assim, as headlines que atingem um ponto crítico e fornecem um caminho podem funcionar bem. Exemplo:

"Evite cometer estes 4 erros na hora de ganhar dinheiro!"

5 - **Como.** Clássico! Comunicação imediata de valor, desde que você esteja mostrando o que os leitores desejam. Exemplo:

"Como escrever títulos de posts que dobrarão seus cliques e conversões"

6 - Números. As pessoas adoram números. Faz parecer mais específico, menos vago. Além disso, quanto mais específico for o número, em vez de arredondado, melhor. Exemplo:

```
"27 maneiras comprovadas de ganhar dinheiro em casa.
       Vamos ver o que é comum entre elas"
```

7 - Referência do público. Essencialmente, você se comunica de forma específica com um determinado público. Exemplo:

```
"O guia definitivo para escrever artigos: para donos
     de blog que não são escritores profissionais"
```

8 - Especificidade. Isso se relaciona com o aspecto dos números. Novamente, as pessoas valorizam fatos específicos que são confirmados por dados, em vez de teorias amplas. Exemplo:

```
"A estratégia de 3 partes que gerou 1.084 cliques a
                mais em 72 horas"
```

67 MODELOS PARA USAR COMO EXERCÍCIOS

Confesso que por conta de minha aversão a templates e "formulazinhas", resisti colocar esses 67 modelos aqui. Mas depois pensei que eles pudessem ser úteis a estudantes de copywriting que querem se desenvolver na arte da criação de headlines e precisam de um ponto de partida. Se for o seu caso, aconselho que os use como exercícios. Você pode pegar cada um dos exemplos abaixo e explorar nos mais variados nichos para desenvolver sua habilidade de pensar em títulos fortes.

1. E se você pudesse ter ____ por apenas ____?
2. X Fatos chocantes / terríveis sobre ____ que você precisa saber
3. X coisas que não te contaram sobre ____
4. ____ realmente funciona? Descubra agora!
5. O que ____ está fazendo vai surpreender você!
6. O que você sabe sobre ____?
7. Como obter ____ sem ____
8. O que ____ me ensinou sobre ____
9. Como ____ que conduz ____
10. Como ____ em X etapas fáceis
11. Como fazer ____ em X passos práticos
12. Como eu fiz ____ em ____ dias
13. Como encontrar ____
14. Como mudar completamente ____
15. Como criar ____ que geram ____
16. Como usar ____ para se destacar em seu mercado
17. Como saber se ____
18. Como ____ o caminho certo
19. Como ____ pode inspirar seu ____
20. Como se livrar de ____
21. O que fazer com ____
22. Onde achar ____ que mude sua ____
23. Guia rápido sobre ____
24. Um guia completo sobre ____
25. Guia final para ____
26. Guia para principiantes sobre ____
27. X Hacks sobre ____
28. Faça você mesmo ____
29. A anatomia de ____
30. X Coisas que seu ____ não conta para você
31. Tendências de ____ para [ano]
32. X coisas para considerar a respeito de ____
33. X coisas para fazer antes de ____
34. O ____ Insano que lhe dará ____
35. X Tipos de ____ para você usar hoje
36. X Perguntas que você deve fazer antes de ____
37. Vale a pena ____ Por ____
38. Segredos Para ____
39. X recursos para ajudar você a se tornar ____
40. X sinais que você pode ____
41. X Regras para ____

42. X hábitos de ____ para você copiar
43. X Ideias testadas e aprovadas para ____
44. X tendências que você precisa conhecer sobre ____
45. X fatos sobre ____
46. X coisas essenciais para ____
47. Os principais benefícios de ____
48. Exemplos de ____ para inspirar você
49. Impressionante: isso vai motivar você a ____
50. X estratégias inteligentes para ____
51. Táticas mais efetivas para ____
52. Maneiras mais populares para ____
53. Etapas Essenciais Para ____
54. Maneiras erradas para ____
55. X erros que você está cometendo sobre ____
56. X maneiras criativas de ____
57. O surpreendente fato sobre ____ e como isso está afetando você
58. X coisas ridículas sobre ____
59. A fórmula perspicaz para ____
60. X truques de ____ que você pode testar hoje
61. X maneiras de se certificar de que você não é ____
62. X erros que você nunca deve cometer sobre ____
63. O método estranho porém eficaz de ____ para ____
64. Táticas infalíveis para ____
65. Super dicas para ____
66. Isso vai fazer você ____
67. O que ninguém conta sobre ____

Agora você tem um guia para consultar sempre que precisar de ideias para criar headlines para suas cartas de vendas, bem como artigos, *posts* de redes sociais e assuntos de e-mail. Faça deste *swipe file* o seu próprio "arquivo de furto". E torne suas comunicações ainda mais poderosas.

27

LEAD

> "Todas as artes dependem de telepatia em algum grau, mas acredito que a escrita é pura destilação."
> — *Stephen King*

Agora que já falamos da importância de escrever cartas de vendas e apontamos o caminho para começar a desenvolvê-las, bem como já abordamos sobre formas de escrever headlines poderosas, precisamos tratar dos "leads".

O termo lead (não confundir com *lead* relacionado a contato qualificado), também identificado como "lide", em português, foi herdado do jornalismo, sendo a primeira parte de uma notícia. Geralmente é o primeiro parágrafo posto em destaque, que fornece ao leitor uma informação básica sobre o conteúdo a seguir. A expressão tem, entre outras, a definição de "primeiro", "guia" ou "o que vem à frente".

No copywriting, lead é um elemento fundamental para a funcionalidade do texto, pois expressa a função das linhas iniciais de uma carta, no intuito de atrair e conduzir o leitor aos demais parágrafos. Não se escreve copy sem um bom lead, pois é ele que determina, após a headline, o sucesso da comunicação. Vou continuar com explicações sobre o tema, mas antes gostaria de expor uma abordagem que eu acho interessante e que me ajudou a entender qual o impacto que um lead deve ter.

Gustavo Ferreira chama os inícios poderosos de copy de "impressões neurológicas". Ao buscar a definição de "impressão" no dicionário, cheguei a "sinal ou marca; abalo; comoção; ideia recebida; efeito de uma causa; ou mesmo escrito literário em que se é apreciado o valor de uma obra qualquer; sentimento despertado em alguém por um fato estranho". Já "neurológica" é um termo feminino relacionado ao sistema nervoso central ou periférico. Portanto, interpretei "impressões neurológicas" como "efeito causado no cérebro por uma ideia concebida". Isso tem tudo a ver com a função do lead numa carta de vendas. Vamos conferir:

5 EXEMPLOS DE "IMPRESSÕES NEUROLÓGICAS"

Caro leitor,

Estou escrevendo isso para falar sobre uma forma de ganhar dinheiro com seu computador da sua casa, testada por 21 anos; ou como criar negócios multimilionários do nada sem empréstimos bancários, aportes de capital ou vendendo ações.

Caro leitor,

Estou escrevendo para falar sobre uma forma realmente simples de acessar a rede mundial da Superestrada de Informações e um método para usar seu computador pessoal para ganhar dinheiro de casa.

Caro leitor,

Quero informá-lo que uma nova pesquisa finalmente descobriu as 5 causas da barriga do abdômen inferior e como deixá-lo reto como uma tábua.

Caro amigo,

Eu costumava trabalhar pesado. 18 horas por dia. 7 dias por semana. Mas eu só passei a ganhar rios de dinheiro quando comecei a fazer menos – muito menos.

Querida Betty,

Eu amo muito você. Quero cuidar de você e de nossos filhos pelo resto de nossas vidas. Haverá tempos bons e tempos ruins. Mas farei o melhor que puder. De tempos em tempos, provavelmente vou irritar ou incomodar você. Mas prometo que você nunca ficará entediada.

Fonte: "Copywriting: Palavras que Vendem Milhões", Gustavo Ferreira (exemplos do copywriter Bem Suarez e Joe Karbo).

Deu para pegar a ideia do que é uma "impressão neurológica", não é? Tem a ver com causar uma "segunda boa impressão" no cérebro do leitor — considerando que a primeira é trabalho da headline —, a fim de prendê-lo na ideia da carta, que é abordada logo no começo. Considere isso o abre-alas para o entendimento de lead.

Já ouvimos que muito do sucesso de um anúncio ou carta de vendas vem do título. Cada copywriter que se dedica ao assunto pode dizer o quão importante é o título de uma carta de vendas. Isso ficou claro no capítulo anterior. Muitos profissionais de marketing, porém, ignoram a importância crítica do lead.

Em "Great Leads: As Seis Maneiras Mais Fáceis de Começar Quaisquer Mensagens de Vendas", Michael Masterson (lembre-se, é um pseudônimo de Mark Ford) e o mestre de redação John Ford rompem isso para fornecerem um guia claro, conciso e fácil de seguir para escrever leads bem-sucedidos. Os autores examinam aspectos cruciais sobre como escrever leads poderosos e mostrar como esse processo começa muito antes de uma palavra ser colocada no papel. Segundo eles, "cerca de 80% do impacto emocional de qualquer copy será determinado pelos primeiros 20% dela".

"Great Leads" foi originalmente concebido como um livro sobre leads de carta de vendas. Mas, nos estágios de planejamento, rapidamente se transformou em um exame muito mais amplo e muito mais útil de como escrever inícios eficazes para qualquer tipo de anúncio de resposta direta. O que é mais interessante: este livro não é o melhor livro de seu tipo sobre como escrever leads bem-sucedidos, é simplesmente o único livro sobre o tema. E eu precisei lê-lo inteiro para escrever este capítulo. Aconselho que leia também para se aprofundar, mas vamos pegar nos conceitos basilares sobre o tema...

AS 6 MANEIRAS DE COMEÇAR UMA CARTA DE VENDAS

1. **Lead de oferta.** Um apelo direto ao leitor que menciona os elementos de oferta, como produto, preço, descontos, prêmios, garantia e muito mais — próximos à frente de sua mensagem. Às vezes entra no título, mas na maioria das vezes, é posto no início da carta.
2. **Lead de promessa.** É o tipo de lead mais comum. É apenas um pouco menos direto do que o lead de oferta devido ao "atraso" em mencionar o nome real do produto e especificar a oferta. No entanto, a headline da carta quase sempre faz a primeira menção de sua grande promessa ou reivindicação ousada.
3. **Lead da Solução de Problemas.** Começa identificando primeiro o problema urgente e importante que o leitor enfrenta, seguido imediatamente pela promessa de uma solução fácil e eficaz que está ligada, claro, ao seu produto. Esse lead cai como uma luva em advertoriais (textos editoriais com objetivo de vendas).
4. **Lead Grande e Secreto.** Este modelo revela a solução para um problema na forma de alguma informação, fórmula ou sistema anteriormente e propositalmente ocultos para o sucesso. Isso é explorado até o fim do discurso, mesmo quando o produto já foi revelado.
5. **Lead de Proclamação.** Uma maneira indireta de chamar a atenção de seu cliente em potencial. Ele trabalha para "chocar" um leitor in-

conscientemente para prestar mais atenção ao mencionar um fato incrível, ou fazer uma previsão ou declaração ousada.
6. **Lead de história.** A maneira mais indireta (e poderosa) de abrir uma mensagem de vendas. Muito tem sido escrito ultimamente sobre o poder das histórias no copywriting e no marketing. O público simplesmente responde bem a isso porque todos amam uma boa história

Todas essas formas de começar um copy estão dentro de uma...

ABORDAGEM DIRETA OU INDIRETA DE VENDAS

Existem o que podemos chamar de "2 guarda-chuvas" para estes seis leads:

1) Abordagem direta. Como o nome indica, vai direta à oferta quase sempre mencionando o produto, o preço, descontos, garantias e tudo o que é apresentado na headline e na cabeça do texto. Veja um exemplo de Eugene Schwartz:

```
Garantido Para Melhorar As Notas Escolares do Seu
      Filho - ou você não paga nada!
   A Fabulosa Nova Máquina de Ensino Automatizou O
            Método de Aprendizado Rápido.
```

Existe alguma dúvida que você vai se deparar com uma oferta nos instantes seguintes? Fica claro até mesmo sobre o que o produto faz. De imediato sabemos que existe algum tipo de "máquina de aprendizado", e para saber mais sobre isso, você terá que passar por toda a oferta. Nesse caso, o título já despertou sua curiosidade e o seu interesse.

Sabe-se que este anúncio rendeu milhões de dólares de clientes novos e recorrentes. Não é à toa que o Eugene Schwartz usou a mesma abordagem em outra ocasião, para vender um livro chamado:

"Como Dobrar Seu Poder de Aprender"
Não Pague Um Centavo Por Esse Livro Até Que Ele Dobre Seu Poder de Aprender!
Aqui, finalmente, está sua chance para fazer uma diferença esmagadora na performance do seu filho na escola - em menos de cinco minutos do seu tempo todo dia - que o professor pode até mesmo te chamar para saber o que aconteceu!

Mais uma oferta imediata. Logo de início fica explícito que você terá que pagar algo, e ainda ressalta que você pode pedir reembolso se não estiver satisfeito. Este anúncio vendeu mais de 600 mil cópias do livro.

2) Abordagem indireta. Este outro modelo de abordagem pode ajudar a superar alguns obstáculos simples, como quando seu cliente em potencial não souber quem você é não tiver ideia de como seu produto pode resolver os problemas dele. Pode ser especialmente útil se você tiver um cliente menos consciente ou cético. Alguns exemplos de abordagem indireta bem-sucedidas:

*Você nunca acreditará no que achamos enterrado dentro da declaração financeira de 2014 de Donald Trump

Copy para uma publicação financeira

*"Achavam que eu estava doente"
Conheça o segredo que fez Regina perder 27 quilos em 3 meses.

Advertorial sobre uma cápsula de emagrecimento

Como você pode ver, esses exemplos indiretos não fazem referência ao produto que será vendido. Eles entretêm e informam o leitor antes mesmo de tentar vender alguma coisa. A ideia é fornecer uma conexão emocional rápida e preparar o campo para a entrada do produto.

Ambos os modelos podem ser muito eficazes, e o uso deles depende apenas do objetivo que você está tentando alcançar. De um modo geral, quanto mais alto a pessoa está na escala de consciência, mais direto você precisa ser. Logicamente, quanto mais baixo eles estiverem, menos direto você deve ser. Em resumo...

Você vai usar um lead direto quando:
- Seu cliente em potencial já tiver consciência sobre o problema.
- Seu prospect já estiver procurando a solução para o que enfrenta.
- Quando seu produto já for conhecido do público.
- Quando não há muito tempo para educar o prospect para a compra.

Você vai usar um lead indireto quando:
- Seu cliente em potencial não souber praticamente nada sobre você.
- Seu produto exigir explicações mais detalhadas.
- Seu prospect for cético e você ter que trabalhar para fazê-lo superar isso.
- Seu produto tem uma conexão com algo grande acontecendo na mídia, no mercado, no mundo.

Só fique atento a algumas coisas: embora leads indiretos possam gerar algumas headlines e introduções realmente interessantes, você corre o risco de demorar muito ou ser muito chato antes de chegar ao produto em si. Entretanto, no caso dos leads diretos, você corre o risco de soar agressivo e afastar as pessoas que não estão interessadas no que você vende. De qualquer forma, esses são os princípios básicos por trás dos leads diretos e indiretos — e eu aconselho que você os encare como diretrizes em vez de regras.

OS 5 NÍVEIS DE CONSCIÊNCIA

Certo, agora vamos passar para a outro conceito que irá ajudá-lo a escrever leads melhores: os níveis de consciência do consumidor. Aprender sobre isso pode aumentar as conversões em duas vezes ou mais. O nível de consciência aqui significa basicamente se o cliente em potencial está ciente do seu produto ou se está ciente de que existe uma solução para o problema dele. Saber exatamente onde ele está determinará o tipo de lead que você escreve.

Gene Schwartz cantou a pedra: "Se o cliente em potencial já conhece o produto e sabe que ele pode ajudá-lo, o título deve começar com o produto. Se seu cliente não conhece o seu produto, mas tem um desejo, você encabeça com esse desejo. Finalmente, se o cliente em potencial não sabe realmente o que ele precisa, mas tem um problema geral, você começa tratando desse problema e escreve o copy para fazer com que o possível cliente perceba que precisa da sua solução."

Essas são as noções básicas que levou Schwartz a estabelecer a abordagem abaixo:

Os 5 Níveis De Conscientização Do Cliente:

1. **Consciente:** seu cliente potencial conhece seu produto e só precisa saber "quanto custa".
2. **Consciente do produto:** seu cliente potencial sabe o que você vende, mas não sabe se o seu produto é o certo para ele.
3. **Consciente da solução:** o seu cliente potencial sabe que existe solução para o problema, mas não sabe que você faz isso.
4. **Consciente do problema:** o seu potencial cliente detecta que ele tem um problema, mas não sabe se há uma solução.
5. **Completamente inconsciente:** não sabe nada, está perdido sobre o problema ou solução.

No primeiro estágio, o consumidor está mais atento. A pessoa sabe o que quer, confia em você e, quando você oferece algo novo, há uma boa chance de que ela compre. Esses são os clientes que todo profissional de copy gostaria de ter. Por exemplo, pense em marcas que têm seguidores e fãs fiéis como a Apple e a Harley Davidson. O consumidor conhece a marca e deseja o produto, portanto, não existe muito esforço de venda.

No segundo estágio, as pessoas não confiam em você ainda. Elas sabem que você está vendendo algo que elas querem, mas não têm certeza se é o ideal para elas. Como ainda não confiam em você, leem avaliações, examinam testemunhos e tentam determinar se seu produto pode fazer o que você diz. Com essa perspectiva, o objetivo do copy é tranquilizá-los imediatamente.

Estas duas primeiras categorias, a propósito, são as mais fáceis de garantir vendas. À medida que seu prospecto se torna menos consciente, você tem um trabalho mais difícil à sua frente. E então vêm os próximos níveis...

No terceiro nível, as pessoas sabem que têm um problema, estão cientes de que existe uma solução, mas não conhecem seu produto e os resultados que podem obter com ele. Com clientes em potencial nesse estágio, você busca recursos para fazer com que eles saibam que você entende seus desejos e que seu produto os ajudará a chegar lá.

No quarto nível, as pessoas estão preocupadas e, por vezes, confusas. Elas sentem que têm um problema, mas não sabem que há uma solução. Com esse perfil de cliente, você quer que seu copy lhes mostre que você entende sua frustração e ansiedade. O trabalho costuma ficar "mais pesado" aqui, você precisa educar seu prospecto para que ele avance na consciência.

No último estágio, é mais difícil conseguir vender. As pessoas não percebem que têm um problema, não conhecem nada da sua marca e nem sequer sabem que existe uma solução. Nesse caso, você precisa apresentar uma oferta poderosa e irresistível. Você precisa fazer isso como se estivesse desenhando de forma que as pessoas consigam ver todos os detalhes, até mesmo enxergar as cores, cheiro, gosto e textura daquilo que você está oferecendo.

LISTA DE INSPIRAÇÃO

Agora permita-me compartilhar alguns leads que eu desenvolvi para cartas de vendas de produtos próprios. Estenderei um pouco os textos para você entender melhor o contexto de cada um:

EXEMPLO #1: ALTMAKER PRO

> Paulo Maccedo e Fred Ribas dedicam parte da vida pesquisando e produzindo comunicações que influenciam pessoas e geram receita. Agora eles se juntam para ensinar suas abordagens e conceitos sobre persuasão e copywriting. Descubra todo o poder da escrita persuasiva e pegue as chaves que abrirão as portas dos resultados.

Da mesa de Paulo Maccedo
Rio de Janeiro.

Caro leitor, cara leitora.

Você sabe o que o Bruno, o Jamilson e o Guilherme têm em comum?

Bruno é um arquiteto por formação que viu na escrita persuasiva um meio de gerar mais resultados com seus negócios.

Com uma orientação dada por mim, Bruno ingressou no mercado digital e hoje gera receita com suas habilidades em persuasão.

O Jamilson tentou trabalhar com social media, mas só se frustrou...

Após receber uma informação certeira de minha parte, ele tornou-se um especialista em escrita persuasiva e hoje vive exclusivamente desta habilidade.

Já o Guilherme entrou em contato comigo há alguns anos, numa época de extremo aperto financeiro e com algumas orientações, começou a atuar como redator.

Atualmente é um dos copywriters mais requisitados do Brasil, tendo prestado serviços para empresas milionárias como Jolivi e Agora Financial.

Poderia citar diversos outros casos, como o da Kíssila, da Cida e do Emanoel.

Pessoas que fizeram acontecer com base no conhecimento certo, que cruzaram a linha da execução, profissionais que passaram do ponto em que não há volta.

Essas pessoas deram um salto usando o mesmo que estou disposto a dividir com você...

Lead criado para uma carta de vendas oferecendo a assinatura mensal e anual do meu clube de orientação dedicada à persuasão e copywriting. Essa carta gerou R$ 21.752 no primeiro ano e mais de R$ 33.663,80 no ano seguinte, ajudando a posicionar o produto no mercado. Aqui eu procurei usar uma ideia voltada ao "Lead Grande e Secreto", apontando uma solução para um problema na forma de informação anteriormente oculta, mas que foi revelada adiante.

EXEMPLO #2: R$ 21.752,00

Caro amigo,

Se você precisa resolver os problemas de baixas conversões em vendas e aumentar seu faturamento, esta é a mensagem mais importante que você vai ler.

Em poucas linhas, você vai descobrir como os R$ 21.752,00 mais importantes da minha vida apontam o caminho para você ter...

UM NEGÓCIO MAIS LUCRATIVO (E À PROVA DE FALÊNCIA).

Aqui está o porquê: meu nome é Paulo Maccedo e há cerca de dois anos eu simplesmente quebrei.

Meu negócio estava arrebentado a ponto de entrar para as estatísticas de empresas que fecham por falta de lucro.

Naquela situação eu não podia pagar o salário de minha assistente e muito menos o aluguel da sala que usava como escritório.

A verdade é que eu não estava apenas quebrado, eu estava desesperado.

No meio dessa situação, tive que viajar do Rio de Janeiro a São Paulo para um evento com milionários...

Por ironia do destino, o meu "eu falido" respiraria o mesmo ar que homens bem-sucedidos no mundo dos negócios.

Para cumprir o compromisso, tive que fazer o que eu mais temia: pedir dinheiro emprestado.

Quem me deu auxílio nesse momento foi minha sogra, me cedendo R$ 200,00.

Sem ter como pagar hospedagem ou viajar de avião, peguei um ônibus e decidi fazer um "bate e volta".

Precisei tomar banho na rodoviária e comer em restaurantes com comida barata.

Fiz milagres com aquele pouco dinheiro.

A situação estava realmente difícil.

É como se minha autoestima tivesse sido jogada numa caçamba de lixo.

Passados alguns dias após o evento, ainda com um fardo emocional nas costas, respirei fundo e decidi usar todo o meu potencial como escritor.

Busquei total inspiração no meu íntimo para escrever...

Um tipo específico de carta

Esse lead foi inspirado na carta "Nerd Desesperado de Ohio", de Gary Halbert, e criado para oferecer minhas habilidades em escrita de cartas de vendas. Eu inicio a carta contando uma história real e compartilhando minhas experiência em "flertar com a falência". Nas linhas seguintes, eu abro a reviravolta, que foi conseguida justamente com a escrita de uma carta (a mesma carta do exemplo #1). Se você reparar, eu uso o "Lead da Solução de Problemas", identificando o problema urgente e importante que o leitor enfrenta: "baixas conversões em vendas".

EXEMPLO #3: "CÉREBRO DE OURO"

Caro leitor, cara leitora.

Você sabia que o seu cérebro tem um valor monetário?

O valor patrimonial dele é determinado pela quantidade de renda que você produz.

Cérebros eficientes representam uma forma muito mais desejável de riqueza.

Mais do que aquela que se exige para comprar ou vender produtos.

Isso porque o cérebro forma um tipo de capital que não é depreciado a zero numa crise financeira, nem pode ser roubado ou gasto.

Ou seja, ninguém pode tirar esse patrimônio de você.

Além do mais, o dinheiro, que é tão fundamental para tocar um negócio, tem tão pouco valor quanto um monte de areia.

Qualquer vento de mudanças pode levar.

A não ser, claro, que ele seja misturado com um "Cérebro de Ouro".

"Como ter esse tipo de cérebro?"

Bem, eu acredito ter a fórmula.

E é justamente isso que vou mostrar nas próximas linhas.

O que você está prestes a saber pode mudar completamente a sua vida.

A mudança poderá ser sentida em tudo...

Na maneira de falar e escrever.

No modo de agir com as pessoas.

No jeito de atrair e influenciar.

E principalmente... no modo de investigar mercados e ganhar dinheiro.

Pode apostar, o que vou mostrar pode ser a mais importante revelação na sua vida profissional e pessoal.

E cada detalhe desse "milagre mental" com o potencial de gerar lucros estava guardado a 7 chaves em minhas anotações pessoais...

Até agora... quando decidi imprimi-lo.

Agora me responda uma coisa...

Você gostaria de saber como isso traz ideias que podem render milhares, senão milhões, de reais anuais para você?

Então comece dando uma olhada nessas matérias...

Este lead foi criado para vender este livro que você está lendo agora. Eu usei um gancho retirado de outro livro, onde o autor falava sobre o valor patrimonial do cérebro. Quando li, pensei imediatamente: "Essa é a *big idea* que eu preciso!". E então criei a headline e em seguida o texto que você acabou de ler. Este é um "Lead de Proclamação" usado para "chocar" e fazer a pessoa prestar a atenção ao mencionar um fato incrível. É um dos que eu mais fico feliz de ter feito.

28
A CARTA

> "Quase todos os problemas da vida podem ser resolvidos com uma carta de vendas."
> — *Gary Halbert*

Tenho trabalhado muito atualmente com estruturas de cartas de vendas que aprendi ao longo dos anos. Decidi escrever um resumo útil dessas estruturas contendo os elementos mais importantes de um copy — uma lista adaptada de vários modelos de criação de cartas de vendas que costumam ser funcionais. Destaco desde já que, se você quer saber como implementar qualquer arquitetura de cartas efetivamente, terá que continuar observando os grandes mestres citados anteriormente (é assim que eu estou aprendendo, rapidamente, e com resultados).

Ok, agora vamos fazer uma amarração com o capítulo sobre headlines, a fim de reforçar um princípio básico: "Você precisa chamar a atenção do leitor de modo categórico". Se você não puder chamar a atenção, ele não lerá a carta e, claro, não comprará de você. E se um cliente qualificado passar pelo copy e não comprar, você falhou. Simples assim, sem desculpas.

Eu gosto de usar um "molde" que chamo de "Tríade da Headline", composto por: pré-headline, headline e subheadline. Esses três elementos trabalham em conjunto com o dispositivo de atenção para que seu copy seja lido. E representam uma chance de atrair a atenção, prometer algo e incentivar a ler as próximas linhas.

Pré-Headline. Uma pequena frase ou duas no topo da carta de vendas antes do título. Geralmente é uma declaração que atrai o leitor para o título (ou motiva o título de alguma forma). Essa parte é opcional, e você não precisa usá-la caso não ache necessário.

Título. Fonte grande, muitas vezes em vermelho ou negrito. Difícil de não ver porque é criado justamente para chamar a atenção. Este é um componente essencial para captar atenção do leitor. Pense na primeira página dos jornais ou revistas. Note que o título está quase sempre destacado para ser visto de longe.

Subheadline. Outra parte opcional que vem depois do título e pode servir como a linha de amarração para o título. É um "dispositivo de atenção". Simplificando, objetivo do "dispositivo de atenção" é fazer com que o leitor leia o restante do copy. Pode fazer parte do título ou ficar sozinho. Muitas vezes, vem na forma de um aviso, uma estatística, uma história implícita ou mesmo uma citação.

Exemplo com "A Tríade da Headline"

"Cérebro de Ouro?"

A impressionante história do escritor que imprimiu a própria mente

E criou o maior e mais completo guia sobre escrita persuasiva e geração de riquezas publicado em português

Certo, agora vamos ao ponto central desse capítulo: o corpo da carta.

MODELO 10B

O corpo da carta de vendas precisa "respirar" e "fluir". Você precisa desenhar um cenário para que seu cliente em potencial leia, sinta interesse e deseje o que você está ofertando. O básico é fazer com que ele queira ir para a próxima parte. Em resumo, desenhe cenários, conte histórias, seduza o leitor, quebre parágrafos (aliás, cartas de vendas geralmente são escritas com parágrafos curtos, às vezes com duas ou três linhas, para fazer o leitor deslizar para baixo mais facilmente). Vamos conferir uma estrutura funcional de uma carta de vendas que eu chamo de Modelo 10B (uma divisão com 10 blocos):

Introdução. Aqui é a chance de aplicar o que aprendeu na criação de leads poderosos. Qual é o lead recomendado? Como você pode despertar o interesse do leitor? Eu gosto de começar expondo a grande promessa ou inserindo o gancho que estabeleci no planejamento (uma história, talvez), mas tudo depende do nicho, do perfil de público, do tipo de produto, *et cetera*.

Declaração de Problema. Se você tem um produto, precisa resolver um problema com esse produto ou não vai vender. Por que o seu cliente em potencial precisa do seu produto? Se ele não sabe que precisa do seu produto e porquê, você terá que educá-lo aqui. Exponha como ele continuará tendo problemas ou como poderá ter uma vida ruim se não adotar sua ideia.

Destruindo o antigo método. Um modelo que funciona bem é derrubar as soluções existentes para que o leitor possa ver sua solução como a melhor opção exclusiva. A tática do inimigo comum é muito usada com este objetivo. Nesse caso, você trabalha para dar ao leitor a ideia de que sua promessa é única e melhor do que o que foi apresentado anteriormente por outros.

Valorização (bônus e depoimentos). As pessoas compram quando o valor excede o preço. Qual é o valor do seu produto e dos bônus? Seu produto vale 8, 9 ou 10 vezes mais que o preço estabelecido? Provas sociais podem ajudar a mostrar valor e também reduzir os riscos que o prospecto considera ao pensar ou não em comprar. Enfim, existem muitas maneiras de criar valor e você aprenderá no caminho.

Quebra de preço. Isso é quase um clichê no marketing digital, e é feito incorretamente na maior parte do tempo (já errei muito nisso também). Basicamente, você precisa fazer mais do que riscar um preço absurdo de R$ 2.997 e colocar R$ 297 ao lado. É preciso argumentar antes, mostrar o porquê de você estar vendendo mais barato.

Por que isso é tão barato. Certifique-se de que seu desconto seja bem justificado, caso contrário, a pessoa desconfiará. Por exemplo, se eu oferecer um curso online que me gerou R$ 100.000 por R$ 37,00, posso criar possíveis objeções. Como algo que custa menos de R$ 40,00 pode gerar 6 dígitos?

Razão da oferta. Por que você está fazendo esta oferta especial hoje? Urgência e escassez podem entrar em cena aqui. A ideia é explicar o motivo da oferta e também fazer a pessoa entender porque precisa agir agora.

Agora vem a hora do vamos ver. Finalmente chegou momento da decisão, da venda. Aqui há poucas coisas para fazer. Poucas coisas, mas importantes:

Reversão de risco. É preciso oferecer uma garantia de devolução do dinheiro. Convença o leitor de que eles não têm nada a perder e tudo a ganhar. E que, caso eles não fiquem satisfeitos, poderão cancelar a compra e pedir o reembolso.

Fechamento. Você deve incentivar a venda. O apelo à ação é uma parte crítica de qualquer carta de vendas. Não deixe o cliente em potencial adivinhando o que você quer que ele faça. Você precisa ser claro (um capítulo posterior irá ajudá-lo com isso).

PS.: Use o *post-scriptum* para segmentar pessoas que ignoraram a carta das vendas e foram para a parte inferior da página para ver o preço. Você pode resumir a oferta e chamá-los para ação ali mesmo, nessa parte.

OS 4 P'S DAS CARTAS DE VENDAS

Se você realmente quer conhecer os princípios de qualquer ciência, vale a pena dissecá-la para suas formas mais básicas. Com o copywriting não há exceção. Algo que eu aconselho os meus alunos a fazer é entender a arquitetura por trás de todo o processo. Costumo transitar entre as emoções e a lógica, e saber "como, onde, quando e porquê" o que foi feito se fez. Essa é uma grande maneira de construir conhecimento de modo profundo em sua mente subconsciente.

No entanto, algo que acelera isso tremendamente é ter uma estrutura básica para escrever uma carta de vendas. Eu sou um grande fã do "menos é mais", do simples, e acredito que Da Vinci estava certo quando disse que "simplicidade é o último grau de sofisticação". Descobri que aqueles que não conseguem explicar ou executar algo de modo simples não têm uma boa compreensão do que estão falando. Uma frase atribuída a Einstein diz: "Se você não consegue explicar algo de modo simples é porque não entendeu bem a coisa".

Quando eu me dedicava aos estudos de bateria — apesar de admirar os solos monstruosos de músicos de rock progressivo e jazz fusion, como Neil Peart, Mike Portnoy, Dave Weckl e Dennis Chambers — minha satisfação musical vinha de reproduzir o som descomplicado e limpo de bateria de bandas como U2 e Toto. Era tudo muito simples e ao mesmo tempo sofisticado. Ao destrinchar a anatomia do som dessas bandas aos meus alunos de bateria na época, conseguia mostrar porque o modo simples e preciso de tocar é, na verdade, puro refino. Trago isso para o trabalho com copy.

Se me dessem o desafio de tentar escrever cartas de vendas com um único modelo, escolheria um dos mais simples. Faria isso porque é o tipo de estrutura que ainda funciona, apesar de tantos novos recursos. Esse modelo é chamado de "Os 4 P's da Carta de Vendas", foi difundido por John Forde e funciona "como uma batida simples e precisa de bateria":

1. Promessa.
2. Picture (imagem).
3. Prova.
4. Push (impulso)

Isso descreve uma boa carta de vendas perfeitamente, veja:

1) Promessa. Seu anúncio ou carta de vendas precisa começar com uma grande, corajosa, clara e atraente promessa. A headline deve sempre incluir o seu maior benefício, independentemente do que está sendo vendido. Qual é a maior promessa do seu produto ou serviço? Que coisa incrível e "milagrosa" você está prometendo à pessoa se comprar seu produto ou serviço?

Uma grande promessa às vezes é tudo que você precisa. Pois se você não tem muito tempo para escrever a carta de vendas ou anúncio, com a grande promessa em mãos, o texto fluirá mais facilmente.

Você precisa responder a pergunta que ronda o inconsciente do cliente-alvo: "O que você tem para mim?". E não apenas responder isso, mas responder de forma clara e ousada. Cada produto ou serviço deve ter uma grande promessa, um grande benefício que vai atrair o prospecto a ler o restante de sua carta de vendas e comprar o produto. E lembre-se de não apenas prometer, mas cumprir a promessa.

2) Picture (imagem). Agora que você prometeu algo, é hora de fazer com que o prospecto sinta o que vai acontecer. É hora de levá-lo a imaginar em sua mente o que seu produto ou serviço vai fazer por ele, fazendo-o viver na imaginação a promessa que lhes foi oferecida no início do texto. Você quer que ele tome posse mentalmente do produto ou serviço e que sinta como seria ter essa promessa cumprida. Você faz isso pintando uma imagem vívida emocionalmente carregada em sua mente, fazendo-o sentir o desejo de ser beneficiado pelo produto.

Esta é a parte principal da sua carta de vendas e trata de envolver e acelerar essas emoções. Você precisa usar palavras descritivas fortes para realmente fazer a pessoa sentir o que é ter o grande benefício que está sendo prometido. Por exemplo, digamos que "eliminar 12 quilos" é a sua promessa para o público masculino. Então você deve fazer o homem imaginar as garotas olhando para ele, ter a confiança de andar e ser notado, imaginar seus amigos com ciúmes por ele estar se dando bem e, finalmente, mostrar que ele pode conseguir um relacionamento porque a foto do Tinder chamou a atenção dessa vez.

3) Prova. Agora vem a hora da parte lógica da carta de vendas. Esta parte é importante para que, depois de ter suas emoções aceleradas e, talvez, até ter comprado, o cliente não volte mais tarde e diga: "Talvez isso não valesse a pena".

Aqui nós apresentamos fatos e estatísticas para que o consumidor possa racionalizar a compra para si mesmo (lembre-se do *modo racional*). "R$ 197 para um programa de treino não é muito. Veja, ele é aprovado pelos melhores cientistas e até usados por artistas famosos!". Nessa fase, você inclui fatos, figuras, números, estatísticas, depoimentos, palavras de especialistas e tudo o mais que possa convencer de que você tem um bom produto genuíno e funcional.

Lembremos daquele conceito muito citado no marketing: "As pessoas compram através das emoções e justificam com a razão". No entanto, você precisa dar ao leitor algo para racionalizar na hora da decisão. Se você fornecer dados e estatísticas na sua carta, ele terá artifícios para defender sua compra e proteger seu ego, afinal, contra fatos e dados não há argumentos. De todos os fatos e números, os depoimentos são os mais fortes (embora outros devam ser usados também). Enfim, se possível, use números, gráficos, depoimentos e estatísticas.

4) Push (impulso). Chegamos à última parte, o *push*, em tradução livre, "impulso" ou "empurrão". Muitos redatores fazem as três primeiras coisas muito bem, mas se esquecem de dar o "empurrãozinho". Assim, veem tudo o que construíram descer pelo ralo.

É o impulso que faz a pessoa agir e dar a você o dinheiro em troca do seu produto ou serviço. Depois da seção de provas, você faz um breve resumo onde lista todos os benefícios, um por um, para que o prospecto realmente conheça todas as grandes coisas que está obtendo e como sua vida será mudada pela solução ofertada. Então você declara explicitamente o que deseja que ele faça.

Como na parte da headline, o impulso não é lugar para imprecisão ou ambiguidades. Se sua carta de vendas fornecer vários passos para o cliente-alvo trocar dinheiro pelo seu produto, então você o levará pela mão até a ação. Enfim, quanto mais claro, objetivo e persuasivo você for, mais seu copy terá chances de converter.

Você acabou de ter uma simples lição de anatomia de uma carta de vendas em 4 passos simples. Mesmo depois de estudar centenas de cartas de vendas, ainda uso estruturas básicas como essa para compor discursos de vendas. É algo testado e comprovado, portanto, use-o para escrever suas cartas de vendas.

UMA PALAVRA SOBRE GANCHO (HOOK)

Ganchos são a "psicologia subjacente" que acontece em qualquer forma de redação de vendas. Para usá-los, você só precisa prometer algo ou reforçar algo que já foi prometido, usando palavras e frases que atraiam o público, como se fossem ganchos que usamos para "fisgar os peixes certos". Os títulos têm papel fundamental nesse caso. São eles que primeiro chamam a atenção das pessoas, por isso o primeiro gancho é colocado neles por meio da grande promessa. Depois da headline, gosto de listar um, dois ou mais ganchos que serão usados durante o copy.

Já li e pesquisei muitas técnicas diferentes para aplicar esses ganchos, mas vou expor uma abordagem do consultor de finanças pessoais Ramit Sethi. Como explica ele, os únicos ganchos com os quais você precisa se preocupar são:

1) Pinte o Sonho. Mostre ao leitor como você os ajudará a alcançar seus sonhos.

Exemplo: "Você pode ganhar dinheiro enquanto viaja o mundo".

2) Torça a faca. Algo sobre realmente explorar os medos ou dores.

Exemplo: "Por que a Geração Y é um fracasso?"

3) Apresente a grande descoberta. A descoberta que você considera "chocante" ou "quebradora de regras"; que mostre como contornar suas barreiras ou incertezas.

Exemplo: "Percebi que a chave para viver o grande sonho não é apenas imaginar, acreditar, agir… mas criar um tipo de plano mega detalhado com metas claras e específicas".

4) Exponha a verdade não falada. Este é um dos recursos favoritos de muitos copywriters, e é exatamente como o nome diz: expor a verdade não dita. Isso se relaciona com as dores e medos e, mesmo que seja mais difícil no começo, é algo que exige que você não tenha filtros.

Exemplo: "Você cuida das pessoas, mas quem cuida de você?"

5). Use a história incrível. Por último, mas não menos importante, história incrível. Esse gancho geralmente se relaciona mais com a categoria "esperanças e sonhos", e conta às pessoas uma história incrível que também mostra como elas poderiam alcançar seus sonhos.

Exemplo: "Idosa de 66 anos ensina como trabalhar pela internet e viajar o mundo".

Como você pode ver, esses ganchos realmente não são complexos, são relativamente fáceis de implementar. Claro que nem sempre você terá tantos detalhes e fatos, e não precisa mentir caso esteja numa situação como essa.

Tudo o que você precisa fazer é escolher os ganchos que combinem bem com o modelo de pesquisa do cliente que você criou. De qualquer forma, depois que tiver alguns ganchos no lugar, é hora de tecê-los juntos com uma história. Tenho certeza que você já ouviu falar da importância de contar histórias e como é a melhor maneira de nossos cérebros processarem informações. Por isso eu falo de técnicas de storytelling sempre que posso, em artigos e livros, inclusive, reservei um espaço para falar disso neste livro também.

A FÓRMULA 4 U'S APLICADA ÀS CARTAS DE VENDAS

Em "Copywriting: O Método Centenário de Escrita mais Cobiçado do Mercado Americano", página 108, capítulo sobre headline, apresento a "Fórmula 4 U's", usada com sucesso na criação de headlines poderosas. Agora vou mostrar como esta mesma técnica também pode ser usada na criação de toda uma carta de vendas.

Para exercício, vou expor agora uma *lift note*[*], que é uma carta curta destinada a pedir aos leitores que cliquem em uma mensagem de vendas mais longa. Ela foi retirada do site do Mark Ford (https://www.markford.net/). Depois que você ler, peço que dê uma classificação de A a D. Depois, pense em como você poderia melhorar a escrita da mesma.

---

[*] *Lift Note*, em tradução livre, "Carta de Elevação", é uma pequena carta ou nota de alguém que não seja o autor da principal carta de vendas: editor, diretor, especialista, criador do produto et cetera. Elas podem aumentar a taxa de resposta de uma carta de vendas em até 50%.

Caro (NOME)

Espero que você esteja gostando dos 10 Guias de Vida Mais Longa que você recebeu de graça quando se juntou ao The Inner Circle (por um valor de US $ 150).

Eles estão armazenados na área "Members Only" do nosso site, InstituteforNaturalHealing.com, para você ler e baixar para o seu computador a qualquer momento. E lembre-se, você sempre pode imprimi-las e compartilhar com seus entes queridos - com nossa bênção.

Eu também quero dar-lhe outro presente gratuito, como um agradecimento por se tornar um membro. É uma apresentação especial sobre uma preocupação de saúde muito comum para homens mais velhos. Muitos homens nos dizem que essa informação mudou suas vidas - e esperamos que ela faça o mesmo por você.

Começa com uma planta conhecida como a raiz do guerreiro. Milhares de anos atrás, guerreiros incas na América do Sul comiam essa raiz antes de conquistarem uma cidade...

Então iam para casa para "conquistar" suas esposas ansiosas.

Agora, os cientistas modernos estão mostrando que a raiz do guerreiro ajuda a aumentar a libido, o desejo sexual, a energia e a resistência. Transformando o desejo sexual em uma resposta física rápida. Não importa quantos anos você tem, ou quanto tempo se passou desde que sua vida sexual diminuiu.

Hoje é parte de um segredo de aumento de sexo que está fazendo os homens em todo o mundo declararem...

"Isso me mantém sempre pronto - e mais forte em ação." -Thom H. in Reserve, NM

"Tenho 82 anos de idade e ainda posso atuar quando necessário - e com desempenho satisfatório." - Alton W. em Oakland, CA

"Isso me permite recarregar meu corpo e mostrar à minha esposa o quanto eu me importo com ela depois de um longo dia no trabalho." - Barry S. in Fish Creek, WI

Os detalhes são revelados AQUI. Homens, vou avisá-los agora: vocês podem querer assistir isso sozinho.

Então o que achou? Que nota você deu? E se você acha que precisa melhorar, o que você diria a um copywriter profissional para fazer melhor aí? Você escreveria esta carta diferente? Se sim, como faria?

Mark Ford explica que há cerca de 30 anos criou uma fórmula simples para tornar headlines e subtítulos mais fortes. Ele chamou a fórmula de "4 U's". Você pode entender e descobrir como usar esta fórmula lendo o que Ford disse ao redator que escreveu a *lift note* que você acabou de ler (em tradução livre):

"Esta carta é muito macia, muito indireta... Desde o início, não há razão para que eu queira ler. Quando você não tem um título, sua primeira sentença deve ser forte. O fato de que você aparentemente me deu 10 "guias" que eu provavelmente não estou lendo, não ajuda. Isso é ruim. E então você me fala sobre outro relatório para "homens mais velhos" (que não sou eu!). Eu não deveria estar interessado em nenhuma dessas coisas".

Muitas vezes, redatores dão pouca atenção para *lift note* porque elas são curtas. Isso é um grande erro. Esse tipo de carta tem um trabalho muito importante e precisa ser escrita com o mesmo cuidado que você teria ao compor uma carta de vendas. Elas não devem apenas levar o leitor a agir, mas incentivá-lo a fazê-lo com a expectativa de benefício imediato e significativo. No curto prazo, o benefício é ter sua curiosidade satisfeita. Mas ela também deve antecipar um benefício maior e mais poderoso.

Assim, Ford defende que toda comunicação deve seguir os "4 U's":

- **Seja útil.** Forneça um benefício claro e desejável ao leitor.
- **Soe urgente.** Eu preciso saber por que eu devo ler isto e responder a isto... AGORA!
- **Faça parecer único.** Diga-me claramente por que o benefício específico que você está me dando não está disponível em outro lugar.
- **Seja ultraespecífico.** Não há ultraespecificidade na carta acima. Imagine o quão mais forte seria se o autor tivesse entrevistado as pessoas que citou no final e detalhasse como elas se beneficiavam do produto.

Revise esse ensinamento de acordo com o seu contexto e, pode apostar, suas cartas serão muito, mas muito melhores. Vale destacar que hoje não crio um título sem usar o gabarito dos 4 U's e tenho feito o mesmo com o texto central de minhas cartas de vendas.

BULLET POINTS

Ainda nos estudos de cartas de vendas, temos os *bullet points*, em tradução, "pontos de bala". Esses elementos são possivelmente a parte da escrita mais subutilizada (e mal compreendida), mas quando usada corretamente, pode fazer uma enorme diferença nos resultados.

Os "pontos de bala" são mais como pontos de fascinação. E sempre que você tiver algo importante para dizer, você deve colocar neste formato, já que todos os leitores são mais propensos a ler correndo os olhos sobre a carta de vendas.

Eu costumo usar pontos sempre que estou mostrando ao leitor um benefício significativo que posso fornecer a eles. Eu acho isso importante porque, como dizia Dale Carnegie, "A persuasão é apenas saber o que as pessoas querem e mostrar como você pode ajudá-las a chegar lá". Isso faz ponte com outra frase popular: "As pessoas não compram um martelo porque querem um martelo, mas porque querem bater no prego". Portanto, se você puder mostrar ao leitor como seu produto os ajudará a alcançar os resultados desejados, então você terá um ótimo começo.

Mais uma vez, darei um exemplo, agora incluindo trechos da carta famosa de Gary Halbert, "O Nerd Desesperado de Ohio", apresentada na Seção Dois:

```
Aqui está uma amostra do que você aprenderá quando ler o
restante do livro:
```

- Como obter um produto para vender, se você não tiver um, e como obtê-lo por nada! (Veja a página 11)
- Como obter tanto dinheiro quanto você precisa realmente para começar a girar ... e obtê-lo sem pedir emprestado! (Veja a página 19)
- Como conseguir estrelas de cinema e TV para ajudá-lo a vender seus produtos e serviços! (Veja a página 21)
- Um segredo incrível que pode transformar seu jornal local em sua própria mina de ouro pessoal. (Veja a página 29)

- Como obter o nome e o endereço exatos de milhares de pessoas que gostariam de lhe enviar dinheiro! (Veja a página 37)
- O que escrever em um pequeno postal barato que fará as pessoas te inundarem com dinheiro! (Veja a página 41)
- Como enviar até 100.000 cartas por semana sem nenhum custo... nem mesmo postagem. (Veja a página 53)
- Como usar os números de telefone "976" para fazer com que as pessoas paguem para ouvir seu discurso de vendas! (Veja a página 57)
- Como usar as páginas amarelas da sua lista telefônica de forma secreta, que irá liberar enormes quantias de dinheiro! (Veja a página 65)
- Como usar anúncios classificados baratos para ganhar até US$ 10.000 por dia! (Veja a página 71)
- Como conseguir que o seu produto seja apresentado na TV a cabo, sem nenhum custo! (Veja a página 89)

Para fechar o capítulo, destaco que é possível transferir todos esses ensinamentos para anúncios, vídeo de vendas, e-mails, artigos de blog, páginas de vendas, advertoriais *et cetera*. Na maioria dos casos, a escrita de outras peças de copy se torna incrivelmente mais fácil quando você domina as técnicas mais robustas de escrita de cartas de vendas.

No demais, aconselho que treine lendo e destrinchando as cartas de vendas que eu espalhei nos capítulos. E lembre-se: não é preciso aplicar todo tipo de técnica numa única peça de copy. A ideia de catalogar modos de construção de copy é que você tenha em mãos uma grande caixa com ferramentas para testar em diferentes situações. No fim, todo bom copywriter deve internalizar aquilo que aprendeu para que fique natural na hora da aplicação.

CHAMADA PARA AÇÃO

> "Um dos call-to-action que pior convertem é o "Fale conosco". Se é o que seu site usa, mude-o o mais rápido possível."
>
> — *Brian Halligan*

Você escreveu uma grande headline, um lead interessante e um texto central de cair o queixo e inseriu sua oferta, mas o trabalho ainda não acabou. Há um pequeno pedaço de copy que você ainda tem que eficientemente escrever. Antes que você possa finalizar sua carta de vendas, é necessário adicionar este pedaço de texto que incentiva o prospecto a realizar a ação desejada. Então, você rapidamente coloca algo como: "Clique aqui para comprar o produto". Sinceramente, isso é o melhor que você pode fazer?

Grande parte do sucesso ou fracasso do copy depende da força de sua "Chamada Para Ação" (CTA). Como copywriter, é importante que você saiba como escrever CTA's tão bem quanto outros elementos para aumentar seu poder de resposta. Inclusive, além de serem necessários em cartas de vendas, CTA's são usados em páginas, e-books, posts de blog, e-mails, posts em mídias sociais e em praticamente qualquer coisa que tenha copy.

Nos meus livros anteriores, "A Arte De Escrever Para A Web" e "Copywriting: O Método Centenário De Escrita Mais Cobiçado do Mercado Americano", explico que a ideia básica por trás de um bom CTA é você dizer ao leitor "o que fazer", "como fazer" e "como fazer isso agora". Daí a expressão "Chamada Para Ação". Agora vou subir o nível e propor um tipo de especialização no tema.

1) Use palavras orientadas para a ação. De acordo com o especialista em usabilidade Jared Spool, quando os visitantes encontram *palavras de ação* poderosas em uma *landing page*, as chamadas são 72% bem-sucedidas. Se a palavra de ação não estiver na página, o número cai para 6%. Um verbo de ação, como o nome indica, é uma palavra que induz a um tipo de ação.

Exemplos de palavras úteis que você pode usar em seu CTA:

```
"Baixar", "Fazer", "Agir", "Iniciar", "Falar", "Ligar",
       "Registrar", "Assinar", "Doar".
```

Se você tiver dificuldade em determinar se é um verbo de comando, pergunte a si mesmo se é algo que uma pessoa pode fazer.

2) Crie seu CTA com base na Fórmula 4 U's. Como citei anteriormente, os 4 U's são um dos princípios fundamentais da redação persuasiva. Inicialmente sabemos que devemos aplicar o princípio dos 4 U's em todos os títulos e subtítulos, e agora no corpo do texto, mas nos atentamos que podemos aplicar também esses princípios em CTA's. Vamos à uma releitura específica:

1. **Urgente.** Obviamente, acrescentar urgência só funciona se você estiver oferecendo algo que seu leitor queira. Mas, se você praticar, não importa onde o seu CTA esteja, você consegue fazer com que o leitor em potencial realize uma ação AGORA. Por exemplo, você pode adicionar urgência dando à sua oferta uma data ou hora de expiração, declarando que as quantidades são limitadas, ou avisando ao leitor que restam apenas algumas vagas.
2. **Único.** Embora a exclusividade nem sempre seja possível num CTA, é definitivamente algo pelo que podemos trabalhar. Pode ser uma oferta única, uma garantia única ou um benefício exclusivo. Com um

pouco de atenção e criatividade, dá para chegar a bons resultados de CTA's únicos.
3. **Útil.** Chega soar óbvio que o seu CTA deva ser útil. Mas eis a questão-chave: "Como posso torná-lo completamente útil?". Bem, você faz isso declarando os benefícios de forma clara. Por exemplo, em vez de "Faça o download do seu relatório gratuito", escreva algo como: "Baixe seu relatório financeiro e descubra como nunca mais andar no vermelho — mesmo que você fique desempregado".
4. **Ultraespecífico.** Como conseguir isso? Regra básica: usando números exatos (por exemplo, "5.317" em vez de "mais de 5.000") transmite ao seu leitor que o que você está dizendo a ele é realmente verdade. O mesmo acontece com detalhes exatos. Além de adicionar credibilidade, o uso de números específicos e fatos detalhados cria mais curiosidade e interesse no leitor.

3) Remova o risco. Em geral, as pessoas suspeitam das ofertas que recebem. Elas não querem se comprometer com nada que não seja 100% confortável e confiável. Portanto, é importante remover qualquer medo ou dúvida que o prospecto possa ter. Lembre a ele de que "não há obrigação", e ele está "livre de riscos", que há uma "garantia de devolução do dinheiro" ou forneça os detalhes que farão com que ele se sinta seguro o suficiente para agir agora. Exemplo:

```
      Reserve sua vaga agora no curso Os Segredos Das
                      Cartas de Vendas
         Lembre-se: você está livre de riscos e tem uma
              garantia incondicional de 15 dias.
```

4) Aumente sua proposta de valor. Um elemento-chave do bom copywriting é posicionar o valor percebido de seu produto ou serviço como sendo maior do que o preço (dinheiro, tempo, esforço). Você pode aumentar a proposta de valor de várias maneiras no CTA. Dependendo do que você está promovendo, você pode oferecer ao seu leitor um bônus, um desconto especial, um incentivo extra, frete grátis, uma oferta de "dois por um" e assim por diante. Exemplo:

> Compre agora um exemplar do livro Vermelho
> do Copywriting e receba mais 3 livros digitais
> totalmente grátis (download imediato)

5) Apresente o benefício mais importante. Faça uma lista de todos os benefícios que seu leitor receberá ao tomar a ação desejada e destaque o único e maior benefício em seu CTA. Aqui será preciso usar a P.U.V e a "Regra de Um", expostos no capítulo sobre planejamento de copy. Exemplo:

> Acesse o link para reservar uma cópia exclusiva do
> Método Master e comece a ELIMINAR GORDURA SEM
> PRECISAR DE DIETAS RESTRITIVAS

6) Considere o uso de palavras que são menos obrigatórias. "Experimente" e "Reserve sua cópia agora" e "Adicionar ao carrinho" parecem atribuir menos compromisso do que "Comprar" e "Encomendar". Sei que você quer vender, mas às vezes usar termos mais "soft" pode fazer toda diferença. Veja o exemplo:

> Vá pelo link que eu deixei abaixo e acesse o material
> que eu disponibilizei para você

7) Evite usar "Clique aqui"... ou não. Descobri que há duas escolas de pensamento sobre esse assunto. A primeira defende que "Clique aqui" não contém nenhum incentivo real para fazer o leitor agir, e que você acaba desperdiçando espaço valioso no seu CTA. Também temos o fato de que a maioria das pessoas já sabe que terá que "clicar", então não há necessidade de direcioná-las para isso.

A outra escola de pensamento considera importante incluir essa chamada porque ela diz ao seu leitor a ação específica que você quer que ele faça. Num estudo realizado pelo Copyblogger, Brian Clark cita dados de testes independentes, mostrando que as duas ou três palavras usadas juntas com "clique" podem aumentar as taxas de cliques em mais de 8%: "'Clique para continuar' - 8,53% de elevação; 'Continue para o artigo' - 3,3% de aumento; 'Leia mais' - uma redução de 1,8%." Claro, isso é apenas um estudo, então os resultados não devem ser tomados como regras. A única maneira de saber com certeza é testar.

Por fim, entenda que você não deve tratar seu CTA com desleixo. Coloque a mesma energia e entusiasmo na chamada como você escreve outras partes do seu copy. Recorra a essas dicas para escrever chamadas para ação que convertem mais leitores em clientes.

30
TÉCNICAS AVANÇADAS

> "Em todo o saber há poucos princípios e muitas técnicas."
> — *Dale Carnegie*

Técnica vem do grego *téchnē*, que remete à arte, técnica, ofício; ou maneira de realizar uma ação ou conjunto de ações. Na concepção de Ortega y Gasset, técnica é um esforço para reduzir o esforço. Trata-se do procedimento, ou conjunto de procedimentos que têm, como objetivo, obter um determinado resultado, seja no campo da ciência, da tecnologia, das artes ou em outra atividade qualquer.

No caso do copywriting, a técnica tem tanta importância quanto a criatividade. Não basta apenas pesquisar, conhecer seu público e ter claros os objetivos para o seu texto. A boa técnica de copywriting permite que seu texto seja informativo e relevante sem ser maçante; persuasivo sem ser promocional; profundo e baseado em fatos sem perder a fluidez.

Muitas vezes, é a técnica que diferencia um grande copywriter de um mediano. A técnica torna um copy original, como se fosse a assinatura do copywriter, e também pode mostrar o estilo que o redator adotou para criar sua comunicação.

Um copywriter pode utilizar diferentes técnicas para obter diferentes efeitos ou para expressar emoções ou transmitir mensagens; cada técnica é original e, muitas vezes, um copy só fica bom com determinada técnica. Em resumo, a técnica serve para tornar sua escrita mais eficiente, levando-o a alcançar mais facilmente seus objetivos.

Você vai conhecer agora uma lista de técnicas avançadas de copywriting que eu compilei em meus estudos:

TÉCNICA 1: DESVIO INCIDENTAL

Aqui eu gostaria de falar de uma técnica de copywriting poderosa, mas acho que antes é interessante contar a você como uma vez quase coloquei fogo num paiol da Aeronáutica Brasileira. Eu tinha treze anos e trabalhava como ajudante de marceneiro. Na ocasião, estávamos construindo um quiosque com madeira de maçaranduba na área de rancho do quartel. Próximo ao horário do almoço, eu decidi colocar nossas marmitas para esquentar numa estufa improvisada, uma caixa de madeira com uma lâmpada ligada por uma gambiarra, que ficava num biombo de peões. Tudo teria dado certo se eu não tivesse deixado os potes de comida dentro do caixote tempo demais. A estufa superaqueceu, o biombo pegou fogo e causou um mega-incêndio. O paiol só não explodiu porque os bombeiros chegaram a tempo.

Talvez você não tenha percebido, mas com essa história eu apliquei o que copywriters americanos chamam de *indirection*; uma técnica que eu batizei de "desvio incidental". Eu desviei o foco e mantive sua atenção na história para que você não tivesse noção exata do que eu falaria nas próximas linhas. Repare como eu consegui desviar do tema "técnica de copywriting" e inseri uma história imprevisível numa única frase: "...gostaria de falar de uma técnica de copywriting poderosa, mas acho que antes é interessante contar a você como uma vez quase coloquei fogo num paiol de armas da Aeronáutica Brasileira."

Em copywriting, temos o que chamamos de "imperativo categórico", que é quando os leitores começam a saber para onde o copywriting está indo. Nesse caso, eles descartam a leitura e vão fazer outra coisa. Isso acontece porque a mente tende a simplificar o trabalho, colocando as ideias recebidas em espaços pré-existentes, ou seja, em categorias que já criou. Ela faz isso para que você possa mudar sua atenção para outra coisa. Para contornar essa "programação mental", uma escrita forte — e, em particular, comunicações de vendas — devem evitar uma abordagem lógica e linear. Por isso é aconselhável usar o "desvio incidental".

Ao usar essa técnica, você evita que o cliente em potencial descubra do que se trata sua carta de vendas. Paul Hollingshead, da AWAI, coloca isso da seguinte forma: "*Indirection* é como um copywriter diz algo comum de uma maneira nova, diferente e excitante. Quando cria intriga em torno de uma ideia simples. Fazer isso é o seu maior desafio como redator. Depois de dominá-lo, nada o impedirá de ter sucesso."

Por exemplo, suponha que uma headline diga: "Veja como você pode obter 15% de desconto em nosso curso cheio de conselhos sobre a vida financeira e pagar apenas R$ 29,90 por 12 meses!". De forma automática, você deduz sobre o que será tratado. E como você provavelmente não precisa de um curso de finanças, é bem provável que essa comunicação de vendas vá direto para o lixo.

Se usado adequadamente, o "desvio incidental" intriga seu leitor o suficiente para que ele seja obrigado a continuar lendo, mesmo que para satisfazer sua curiosidade apenas. Como resultado, sua atenção é mantida por tempo suficiente para você apresentar os benefícios do seu produto e ligá-los ao seu complexo emocional central.

Um caso que mostra a eficácia do "desvio incidental" é o texto de Bill Bonner para a International Living:

```
"Você olha pela janela, passa pelo jardineiro que
está ocupado podando os pés de limão, cereja e figo...
   em meio ao esplendor das gardênias, hibiscos e
                    hollyhocks."
```

À primeira vista, você não faz ideia do que é a carta, mas ela pinta um quadro tão convincente que você precisa ler mais para satisfazer sua curiosidade.

Outro grande exemplo é a fascinante carta "Ferrovia", de Porter Stansberry:

> "Há uma nova estrada de ferro em toda a América.
> E isso está deixando algumas pessoas muito ricas...
>
> Na verdade, um ex-negociador de títulos com um histórico misto fez US $ 1,8 milhão por dia por 540 dias seguidos!"

Esta headline transforma o que poderia ter sido uma promoção de boletim financeiro "comum", que a pessoa já viu e categorizou em sua mente, em algo que chama a atenção e desperta a curiosidade. Isso levanta questões na mente do cliente: "O que é essa nova ferrovia?", "Como isso está tornando as pessoas ricas?" e "Como um ex-negociador de títulos com um histórico misturado pode ganhar US$ 1,8 milhão por dia, e quanto eu poderia ganhar?". Com base apenas no título, seria difícil "categorizar" a mensagem como "apenas mais uma promoção de boletim financeiro tentando vender alguma coisa". E por causa disso, o autor chama sua atenção por tempo suficiente para informá-lo sobre os benefícios de se inscrever.

Naturalmente, o "desvio incidental" não se limita a manchetes e leads. Para manter o leitor envolvido, você deve usá-lo, se for apropriado, em toda a sua carta. Vamos a um exemplo da Ken Roberts Company que faz exatamente isso:

> "A maioria das pessoas nunca aprende como ou onde começar a procurar meios de alcançar seu próprio sucesso (seja lá o que isso signifique para elas).
> É por isso que escrevi A Rich Man's Secret e fechei contrato com um grande editor para distribuí-lo em livrarias em todo o país. É um romance muito especial (meu primeiro) que revela e descreve o segredo que descobri e instrui como aplicá-lo à sua vida e às circunstâncias. Funciona para qualquer pessoa, a qualquer hora, em qualquer lugar."

Inicialmente, parece que este parágrafo está estabelecendo a perspectiva de um discurso de vendas sobre o livro. No entanto, em vez disso, o redator emprega ideias indiretamente, dizendo: "Espero que você receba uma cópia em sua livraria favorita". Isso pega o leitor de surpresa e o faz querer ler mais para descobrir do que trata a carta (já que não é sobre o livro).

O que conhecemos como "falso fechamento" é um tipo de "desvio incidental". Quando o leitor sente que você está prestes a chegar ao fim, você inesperadamente o leva em outra direção. Aqui está um exemplo criado por Mike Palmer para a Stansberry Research:

> "'True wealth', eu prometo a você, é diferente de qualquer outra consultoria de investimento que você já viu antes. Eu garanto que o Dr. Sjuggerud lhe dará informações sobre oportunidades únicas de investimento que você nunca ouvirá em nenhum outro lugar."

Neste ponto, um copywriter menos experiente finalizaria, dizendo ao leitor quanto custa e o que exatamente recebe. Para o cliente, isso seria muito previsível. Em vez disso, Mike usa o "desvio incidental" para manter a atenção do leitor: "Por exemplo, veja outra ideia de investimento de baixo risco que está animando o Dr. Sjuggerud agora…". Em seguida, o copy continua a dizer sobre o investimento que pode ajudá-lo a colocar mais dinheiro no bolso.

Deu para pegar a ideia, não é mesmo? Da próxima vez que você se sentar para escrever uma carta de vendas, considere o uso dessa técnica. Existem várias maneiras de empregá-la e, como diz Paul Hollingshead, uma vez que você tenha dominado, nada o impedirá de ter sucesso. Se você escolher usar esse recurso, aumentará exponencialmente suas chances de transformar o que pode ter sido um fracasso num sucesso absoluto de vendas.

LISTA DE INSPIRAÇÃO

O Sexto Sentido

"O Sexto Sentido", em inglês, *The Sixth Sense*, é um filme estadunidense de terror psicológico de 1999, escrito e dirigido por M. Night Shyamalan. O enredo gira em torno de Cole Sear (Haley Joel Osment), um menino perturbado e isolado que esconde um segredo dos que vivem à sua volta, e um psicólogo infantil igualmente transtornado (Bruce Willis), que tenta ajudá-lo. Você passa o filme todo preso à narrativa, ansioso por descobrir como o psicólogo ajudará o menino. Nas últimas cenas do filme, você descobre que o psicólogo é, na verdade, um fantasma que conversava com o menino o tempo todo. Um belo exemplo de "desvio incidental" que dá à narrativa um desfecho surpreendente.

Os outros

"Os Outros", no original, *The Others,* é um filme de suspense hispano-franco-norte-americano-italiano de 2001, criado por Alejandro Amenábar. No enredo, Grace Stewart é uma mãe católica devota que vive com seus dois filhos pequenos em uma mansão no campo da remota ilha de Jersey, no rescaldo da Segunda Guerra Mundial. As crianças, Anne e Nicholas, têm uma doença rara, caracterizada por fotossensibilidade. Devido a isso, suas vidas são estruturadas em torno de uma série de regras complexas para protegê-los da exposição acidental à luz solar. A chegada de três servos na casa — uma babá envelhecida e serva chamada Sr.ª Bertha Mills, um jardineiro idoso chamado Sr. Edmund Tuttle e uma menina muda, chamada Lídia — coincide com uma série de eventos estranhos e Grace começa a temer que eles não estão sozinhos. Mesma fórmula do "O Sexo Sentido": acreditando que a família é assombrada por fantasmas, você se mantém preso à trama até descobrir que os personagens são, na verdade, os fantasmas que assombram uma outra família que vive na casa.

O Laço Duplo

O escritor americano Chris Bohjalian apaixonou-se pelo clássico "O Grande Gatsby", de F. Scott Fitzgerald, e foi inspirado nele que escreveu "O Laço Duplo". No romance, Laurel Eastbrook tinha dezenove anos, estava no segundo ano da faculdade em Burlington e adorava andar de bicicleta no morro Underhill. Em um de seus passeios, foi atacada por dois homens que tentaram estuprá-la e matá-la. Anos depois, Laurel trabalha como assistente social em um abrigo para sem-tetos quando volta a se deparar com a fatídica tarde de domingo em Underhill. Você acompanha Laurel nas investigações sobre o que ocorreu realmente consigo naquela tarde e descobre, no fim, que a história é fruto da imaginação de uma esquizofrênica, ou seja, a própria Laurel.

TÉCNICA 2: ESPECIFICIDADE

"Especificidade vende. Generalidade não". Este é um princípio de marketing aceito e bem estabelecido. E por um bom motivo: especificidade, se usada corretamente, torna sua mensagem mais convincente. No entanto, quando aplicada incorretamente, pode realmente prejudicar a credibilidade da sua comunicação. O que significa atrapalhar as conversões de vendas.

Claude Hopkins já apontava a importância de ser específico no começo do Século XX: "Chavões e generalidade escorrem pela compreensão humana como a água pelas penas de um pato."; "Números reais não são geralmente postos em dúvida. Fatos específicos ao serem afirmados, tem todo seu peso efeito."

Especificidade, em copywriting, é dar detalhes específicos dentro de suas histórias de marketing, ganchos, promessas, declarações de benefícios e estudos de caso. Tais detalhes podem aumentar exponencialmente a credibilidade de sua mensagem e persuadir pessoas mais facilmente.

Isso acontece porque as pessoas acabam construindo uma imagem mais viva da mensagem que você está passando em suas mentes, enquanto declarações e promessas genéricas fazem sua promessa se perder como uma bolinha de gude no oceano.

OS DOIS TIPOS DIFERENTES DE ESPECIFICIDADE

1) Especificidade do passado. A especificidade do passado se aplica quando você está falando sobre algo que aconteceu. Por exemplo, o resultado que você ou um cliente experimentou ao usar seu produto ou serviço, método *et cetera*. Nesse caso, quanto mais preciso e específico você for sobre o que já passou, mais crível sua mensagem se torna. Por exemplo, dizer que faturou "R$ 100.000 em 90 dias" não é tão confiável quanto dizer que você ganhou "R$ 97.856,72 em 87 dias". A razão para isso é simples: ao falar sobre algo que já aconteceu, você deve ter todos os detalhes para fornecer. E se você não os fornecer, as pessoas poderão achar que você não está dizendo a verdade completa ou simplesmente está usando meras hipérboles.

2) Especificidade do futuro. E quando falar sobre algo que a perspectiva pode experimentar no futuro? Por exemplo, quando você está apresentando sua grande promessa (ou seja, uma promessa de resultado, transformação, mudança *et cetera*)? É aí que muitos copywriters erram e aplicam mal a ideia de especificidade. Tentam usar o mesmo nível de especificidades para sua promessa que para descrever uma experiência passada. O resultado? Headlines como: "Como fazer um extra de R$ 18.346, 89 todo mês" ou "Como perder 2,89 quilos de gordura toda semana". Falando de forma simples, essas manchetes são específicas demais para serem acreditadas.

Como você pode prometer o que uma pessoa vai ganhar todo mês, até os centavos? Como você pode prometer quanto de gordura uma pessoa perderá, a cada semana, até o número decimal? Você não pode prever esse tipo de coisa, e as pessoas sabem disso. Veja bem, ao descrever algo que você experimentou no passado, você pode ser ultraespecífico, porque isso já aconteceu e tem todos os mínimos detalhes. Mas você não pode ser ultraespecífico assim ao apresentar sua promessa futura, porque você não tem uma bola de cristal. Você não é um tipo de vidente e não pode prever o futuro com esse nível de detalhe. Então, você precisa ter algo como: "Como fazer um mínimo de R$ 18.000 por mês usando...". Isso é especificidade futura. Faz sentido? Para lembrar disso, basta anotar em seu caderno:

- Seja específico ao fazer promessas.
- Seja ultraespecífico ao descrever resultados.

Observe nos exemplos abaixo a aplicação da ultraespecificidade do passado ao referenciar o que já aconteceu; e especificidade futura quando se fala sobre o que o prospecto pode esperar:

```
"Veja como eu investi R$ 13.467,99 num mês em anúncios
no Facebook... e como você pode facilmente fazer o mesmo
    para ter cerca de R$ 27.000 nos próximos 30 dias!"
```

```
"Como eliminar um alimento da minha dieta me fez
perder uma média de 2,89 quilos por semana. E como
   isso vai ajudá-lo a emagrecer em apenas 30 dias!"
```

```
"Finalmente, você pode usar o mesmo método de
compra de mídia que gerou uma média de 14.338 novos
visitantes do blog para mim. Teste isso nos próximos
                     21 dias!"
```

Fazer promessas vagas em seus copywriting é fácil, mas isso não faz muito pela sua credibilidade. Na verdade, as declarações genéricas enfraquecem sua reputação, já que os compradores experientes são naturalmente desconfiados pela falta de detalhes. "O que você está escondendo?", eles perguntam, por vezes inconscientemente.

Não ser específico no seu copywriting pode significar que você não consegue falar sobre todos os aspectos do seu negócio. Ser específico faz com que você escolha o que é importante e dê todos os detalhes. Ser específico faz com que você cumpra suas promessas.

MAIS EXEMPLOS:

Especificidade na economia:

"Você pode economizar até 17% de desconto na sua próxima conta"

"Você pode economizar até 23% de desconto no pedido total que, em média, é superior a R$ 91"

Especificidade na quantidade:

"Há duas colheres de sopa de chocolate preto em cada porção de sorvete"

"Há 15 gotas de licor em cada bombom, tornando-o o bombom mais saboroso da cidade"

Especificidade no retorno:

"Nós garantimos que você receberá um retorno em 4 horas ou menos"

"Nossa equipe responderá sua solicitação de serviço em 30 minutos"

Veja, mais detalhes é igual a mais credível.

LISTA DE INSPIRAÇÃO

Um objetivo audacioso

Irmãs e Irmãos,

Vou compartilhar com vocês algumas informações que causarão arrepios nas espinhas da elite financeira e do *establishment* político da nação:

Desde que as pesquisas fecharam em New Hampshire ontem à noite, recebemos mais de 150.000 contribuições de pessoas em todo o país totalizando US$ 5,2 milhões ... em apenas 18 horas.

Então, estabelecemos um objetivo audacioso, mas podemos alcançar juntos se todos entrarem com:

Uma contribuição de US$ 3 agora para ajudar nossa campanha a chegar a US$ 6 milhões levantados on-line desde que as pesquisas fecharam na noite de ontem em New Hampshire.

O e-mail acima foi usado para captação de recursos para a campanha presidencial americana de Bernie Sanders. Ele é um ótimo exemplo de como manter as pessoas envolvidas e motivadas. Começa por aguçar a curiosidade do leitor, dizendo a ele que está prestes a ouvir algumas informações verdadeiramente chocantes. Isso o encoraja a continuar lendo. Por uma boa medida, a linha de abertura também lança alguns vilões (a "elite financeira e o establishment político") para fazer com que o apoiador compre a causa. O restante do e-mail é um exemplo perfeito de como usar metas de captação de recursos, provas sociais e prazos com grande efeito, sempre usando números específicos. Repare como os números passados são quebrados e os futuros são 'genéricos'.

Como milhares de americanos podem agora coletar...

"Verificações de descontos médicos"

Você pode garantir seu primeiro cheque até 5 de abril!

Não perca estes pagamentos regulares – até US $ 9.600 ou mais!

Caro contribuinte,

Não importa se você usa o Medicare todos os dias ...

Ou se você nunca usou uma única vez em sua vida ...

Você está pagando para o fundo Medicare toda a sua vida em impostos.

Deixe-me mostrar como é:

É o quanto o Medicare gasta todos os anos em saúde.

US $ 672 BILHÕES e crescimento rápido.

US $ 672 BILHÕES é quase o tamanho da *economia inteira* da Suíça

E todos os anos, esse dinheiro é retirado dos bolsos e alojado nos Fundos Fiduciários do Medicare.

Mas não fica lá por muito tempo.

De fato, alguns americanos espertos encontraram um investimento que realmente se encaixa nesse fluxo de caixa…

E eles conseguem descontar cheques regulares – variando de até US$ 640 ... para US$ 3.200 ... para alguns até US $ 9.600 ou mais ...

(continua)

O trecho acima é de uma carta da "Seven Figure Publishing", uma empresa de publicações sobre liberdade financeira. Nesse exemplo, a empresa parece realmente tentar colocar em prática o que prometem na página Sobre de seu site: "Pretendemos fornecer a você uma pesquisa de mercado de alto nível que você pode colocar em prática para garantir sua própria estabilidade financeira". Em todo o tempo usam números, mostram gráficos sem abrir mão de elementos que remetem ao lado emocional.

> Se você quer subir de patamar financeiro já neste ano, então você precisa das...
>
> ### 3 Melhores Ações para 2019
>
> **AVISO:** a valorização dessas três ações está engatilhada para disparar nas próximas semanas.
>
> Quem se antecipar e agir imediatamente terá uma chance histórica de ganhar R$ 5.000 para cada R$ 1.000 investidos

Esse é um exemplo da Empiricus, empresa de investimentos, que se posiciona como vendedora de assinaturas que publica ideias com as melhores sugestões de investimentos, com várias estratégias diferentes. Repare que já na headline da carta, a promessa vai ficando específica a cada frase. Repare como você é jogado de uma frase para outra e a proposta do copy parece aumentar como um farol se aproximando dos seus olhos. No fim você está diante de um clarão. Há números e especificidade futura.

TÉCNICA 3: TRANSUBSTANCIAÇÃO

Se você dedicar tempo a "dominar" a próxima técnica que estou prestes a mostrar, isso fará de você um copywriter mais bem-sucedido. É uma técnica sofisticada que pode lhe dar uma vantagem sem igual na hora de escrever cartas de vendas e outras peças de copy realmente poderosas.

"Durante os últimos 15 anos, passei uma quantidade considerável de tempo ensinando jovens redatores sobre os segredos do marketing direto. A maior parte do que eu ensinei foi a sabedoria difundida dos mestres publicitários lendários de épocas anteriores — publicitários, como: David Ogilvy, John Caples e Claude Hopkins. Mas alguns dos segredos que eu compartilhei eram meus. Ou pelo menos eles pareciam meus quando eu os ensinava. Naturalmente, nunca sabemos quão verdadeiramente originais são as nossas ideias "originais". Há sempre vertentes de influências do passado na fibra de novos conceitos", diz Mark Ford ao falar sobre transubstanciação.

"Dito isso — continua Ford — várias vezes na minha carreira tive a experiência de uma iluminação repentina, uma visão de porque as coisas são ou como as coisas devem ser feitas novas e até mesmo revolucionárias. Esse é o sentimento que tive quando surgiu a ideia de "transubstanciação": uma das pedras angulares do programa de redação AWAI.".

Você pode estar familiarizado com a palavra "transubstanciação", talvez no mesmo contexto que eu a ouvi pela primeira vez: bíblico. O termo significa a mudança de uma substância comum para uma extraordinária e, como parte da missa católica, ou santa ceia, para os protestantes, é usada para descrever o milagre pelo qual o pão e vinho são transformados no corpo e no sangue de Cristo. "E não pense que a transubstanciação é simbólica", alertam padres e pastores. Para os cristãos mais fervorosos, a transubstanciação é uma mudança literal. O vinho que há uma hora era apenas um produto comprado no mercado mais próximo, após a oração se torna o verdadeiro Sangue de Cristo.

Talvez, por ter tido uma educação cristã, e ser "bem resolvido" com milagres, acredito no poder da transubstanciação. Também, claro, no que se refere a marketing e negócios. Eu acredito que é possível mudar completamente um negócio ou produto de algo comum para algo "milagroso". A *Big Idea*, em partes, possibilita isso. Mas o segredo da transubstanciação é o seguinte: começa com uma ideia que parece uma impossibilidade e é anunciada por uma afirmação que soa como falsa ou impossível, mas depois se torna um "milagre".

Aqui estão alguns exemplos de transubstanciação:
- Um simples lápis de cor se torna uma ferramenta para trazer ideias diretas da imaginação para vida.
- Uma máquina de escrever simples se torna uma produtora de texto com velocidade e precisão.

- Um simples chocolate se torna a melhor opção em alimento para matar a fome em momentos oportunos.
- Um par de óculos de sol comuns se torna um par de óculos capaz de dar mais charme e estilo aos usuários
- Uma motocicleta clássica se torna uma máquina potente capaz de garantir liberdade e mais estilo de vida aos pilotos.

Se você percebeu que eu estava falando de Faber Castell, Remington, Snickers, Chilli Beans e Harley Davidson, entendeu a mensagem. Os produtos passam a ser mais do que meros produtos: começam a fornecer caminhos para o consumidor mudar de vida de modo "mágico".

Vamos dizer que seu trabalho é vender hambúrgueres, ou seja, sanduíches. Você já tentou de tudo para vender, marketing, *merchandising*, aplicativos, mas nada funcionou. Você percebe que o problema é que você está vendendo um simples hambúrguer. Se ao menos pudesse ser outra coisa: algo mais impactante, desejado, excitante, incrível, que fizesses as pessoas desejarem.

Você decide que vai desenvolver um hambúrguer que é mais que hambúrguer. Vai ser outra coisa. Você pensa sobre as possibilidades e então decide: "Meu hambúrguer fará mais do que meramente alimentar as pessoas. Vai ser um produto de luxo!".

Você pesquisa e vê que as receitas *gourmet* estão em moda e decide fazer algo relacionado a isso. Então num post de blog, você descobre que a palavra *gourmet* apareceu pela primeira vez em 1825, no livro "A fisiologia do gosto", do gastrônomo francês Brillat Savarin, e logo em seguida no "Almanach des Gourmands", que indicava bons locais para comer em Paris, ou seja, basicamente locais com o lanche bom da época. Ou seja, em seu uso original, *gourmet* indicava alta gastronomia, uma comida que necessitava de técnicas ou ingredientes que fugissem do comum. Obviamente, algo diferenciado. E essa definição faz total sentido para você.

Você tem a ideia, agora você precisa fazer a afirmação questionável. Você gasta algum tempo fazendo *brainstorming* com sua equipe e chega ao nome: "Ele será chamado "Gourmet Grill"... Será preparado com carne de churrasco de primeira e com elementos especiais, como molho *barbecue*". Isso parece ótimo e todo mundo concorda. Mas o pão que você usa não combina com a nova receita. É pão com gergelim comum, que o Mcdonald's e qualquer trailer da esquina também usa. "Tudo bem, sem problemas, vamos melhorar isso".

Você sai à procura de um pão especial e chega no pão australiano. Então, no seu aprendizado, você descobre que esse pão é também conhecido como *aussie bread* e é rico em vitaminas e fibras. Bingo! Era o que faltava.

Três meses depois, tudo está pronto. Você não está mais vendendo hambúrguer comum. Você está vendendo o "Gourmet Grill", um sanduíche inovador com picanha, *aussie bread (pão australiano rico em vitaminas e fibras) e barbecue*. Adivinha o que irá acontecer? Vai funcionar! As vendas vão disparar e seus clientes vão adorar o produto.

Em pouco tempo, você tem meia dúzia de variedades de "Gourmet Grill": um para pessoas pesadas, um para pessoas magras, um para pessoas com intolerância ao trigo, outro para pessoas que comem apenas ingredientes naturais *et cetera*. Você começou com um produto chato e desinteressante que não estava vendendo. Mas em vez de gritar mais alto que seu produto era bom, você transformou o produto. Você fez isso com a coragem de se comprometer com *a criação do impossível para vender o improvável*.

Ainda sobre a explicação desta poderosa técnica, Mark Ford traz algo interessante: "Agora, aqui está um exemplo de como a transubstanciação pode funcionar para alguém em um nível pessoal: seu amigo de 240 quilos, Anthony, entra no escritório um dia e diz que ele é um triatleta. "O que você quer dizer, Anthony? Você está dizendo que está interessado em se tornar um triatleta?". "Não", ele diz a você. "Eu sou um triatleta agora. Na verdade, sou um triatleta de muito sucesso". Após mais questionamentos, você descobre que Anthony tem uma ideia incomum sobre o que é ser um triatleta. Para ele, não é uma questão de alcançar algum nível de realização — competir efetivamente em um certo número de eventos, ganhar medalhas *et cetera*. Não! Para Anthony, ser um triatleta significa simplesmente que ele está praticando o esporte. Anthony sabe que se ele se definir como um triatleta, ele será duplamente abençoado: ele terá a recompensa psíquica de pensar em si mesmo como sendo algo que ele quer ser, e estará mais motivado a continuar trabalhando nisso. E assim ele faz. Um ano depois, ele está participando de competições e ganhando prêmios — e é, segundo a definição de qualquer pessoa, um triatleta. Você pensou que ele era tolo por dizer isso antes, mas ele não era. Ele era esperto".

Em seu livro "The Tipping Point", Malcolm Gladwell explica que a maioria das mudanças revolucionárias sociais e de negócios ocorre quando uma consciência de desenvolvimento de um problema ou oportunidade gradualmente atinge um ponto em que a necessidade de uma solução ou resposta se torna esmagadora. Nesse ponto — o ponto de inflexão — a primeira pessoa com uma nova ideia se torna rica e bem-sucedida. Essa nova ideia, a que resolve um problema crescente ou responde a uma oportunidade crescente, é geralmente uma ação revolucionária de uma coisa de longa data. Em outras palavras, é geralmente um produto da transubstanciação.

Não há dúvidas: se você pode aprender como transubstanciar seu negócio, seu produto, seu serviço — ou você mesmo — você pode colher algumas recompensas de mudança de vida. Não ignore isso se quiser realmente ser um grande caçador de tesouros.

Agora, vamos ver como você pode transubstanciar seu negócio, o seu produto mais importante, ou mesmo, você:

1) Reconheça que o que você tem agora não é bom o suficiente. Você está lutando por vendas, reconhecimento, participação de mercado, mas parece que o mercado tem muito da mesma coisa que você está tentando fazer funcionar. Você já tentou todos os truques de livros como este para destacar seu negócio ou produto, enfatizando sua singularidade, mas ele parece nunca decolar. Este é o momento de reconhecer que o mercado pode estar tão entediado com essa ideia quanto você. É hora de reinventá-lo. Para torná-lo melhor, olhando para ele de uma maneira nova e identificando um problema que você pode resolver ou uma oportunidade que você pode aproveitar.

2) Acredite que você é inteligente o suficiente para chegar a algo melhor. Não é suficiente reconhecer a necessidade de uma ideia inovadora. Você precisa acreditar que pode ser a pessoa que começará a inovação. O segredo aqui é reconhecer que boas ideias geralmente não são um produto de brilhantismo. Elas geralmente vêm para pessoas que estão dispostas a gastar o tempo perguntando: "E se?"

3) Pergunte a si mesmo "E se?". Passe algum tempo deixando sua imaginação correr solta. Com relação ao problema ou oportunidade que você identificou, crie uma lista de soluções ou respostas que pareçam maravilhosas — mesmo que você pense que elas podem ser absurdas ou irrealistas. Um conselho? Não "edite" ou "corte" a si mesmo neste momento. Apenas explore as possibilidades.

4) Faça a grande e improvável promessa de que você vai fazer aos seus clientes a resposta para "E se?". Depois de ter identificado pelo menos várias novas ideias, discuta sobre elas com os colegas (novamente, filtrando todos os pontos negativos). Neste momento, não se preocupe sobre como você vai tornar a ideia real. Depois é hora de determinar: "A próxima campanha será baseada nessa promessa transubstancial."

5) Articule a grande e improvável promessa. Uma promessa única, grande e ousada não é suficiente. Você precisará concretizar fazendo pequenas modificações e micro-promessas que irão aperfeiçoá-la. Isso ajudará você a entender o que precisa fazer. A ideia é que você crie um plano de desenvolvimento de negócios/produto, que valide a ideia no mercado, e...

6) Siga adiante. Por fim, exponha a novidade. As pessoas podem pensar que você ficou doido. Convença-as de aquilo é totalmente possível, apesar de parecer improvável. Prove. Diga a elas que você tem fé naquilo. Lembre-os dos sucessos que tiveram no passado. Aconselhe-os a não tomarem a grande promessa que você criou como algo literal no início, mas a reconhecer a promessa real contida na promessa doida.

LISTA DE INSPIRAÇÃO

O fim do câncer?

O Segredo que Hitler Não Conseguiu Levar Para o Túmulo

Revelado Pela Primeira Vez no Brasil:
A Terapia Revolucionária que Pode Matar as Células do Câncer

Caro leitor, cara leitora.
Antes de mais nada, é meu dever avisá-lo:
Você está prestes a conhecer a descoberta mais controversa e promissora da história da medicina mundial.
(...)

Nesta carta de vendas da Jolivi, assinada pelo Dr. Lair Ribeiro, temos um documentário sobre "a cura para o câncer". Ele é baseado na descoberta científica do Dr. Otto Heinrich Warburg, médico alemão, Ph.D em química, indicado a 46 prêmios e vencedor de dois prêmios Nobel. Em alguns momentos, a descoberta é chamada de "Santo Graal da Medicina", em outros, de "Efeito Warburg". No fim você descobre que trata-se de uma terapia natural, batizada de "Dieta Cetogênica". Apesar do nome complicado, ela consiste em uma diminuição drástica no consumo de carboidratos e aumento no consumo de gorduras boas.

"Cérebro de Ouro?"

A impressionante história do escritor que imprimiu a própria mente

E criou o maior e mais completo guia sobre escrita persuasiva e geração de riquezas publicado em português

Exemplo que foi usado na venda deste livro que você lê. O que eu procurei fazer aqui foi dar ao material "o milagre da impressão da mente", mostrando que peguei parte do meu cérebro e coloquei no papel para que outros tivessem acesso às minhas memórias de copywriter. Se você leu a carta inteira, vai lembrar que dei uma explicação científica, me apoiando em falas de médicos. Isso tornou o "milagre" credível.

TÉCNICA 4: STORYTELLING

Procuro falar sobre storytelling em todos os meus livros de escrita e redação, e aconselho que copywriters aprendam a dominar a arte de narrar, pois isso faz grande diferença no ofício. Fui salvo muitas vezes pela minha paixão pela narrativa. Por exemplo, quando sentei para escrever a carta de vendas de um dos meus treinamentos, decidi criar um lead em forma de documentário, narrando como o copywriting foi usado por grandes gênios com grande êxito. Usei uma sequência de histórias para mostrar o poder do texto persuasivo, até entrar definitivamente na oferta. O resultado foi interessante e eu cumpri meus objetivos de negócios na época, garantindo um pouco mais de 50 vendas do curso.

Contar histórias eficazes envolve uma profunda compreensão das emoções humanas, motivações e psicologia, a fim de realmente encantar o público e fazê-lo agir. Contar histórias é algo que todos fazemos naturalmente desde pequenos. Mas há uma diferença entre "simples narrativa" e "grande narrativa". E nada melhor que aprender "grande narrativa" com quem sabe fazer isso muito bem.

A "Pixar Animation Studios", mais conhecida popularmente como "Pixar", é uma empresa de animação digital norte-americana pertencente à "Walt Disney Company" que, ao longo dos anos, ganhou 13 Academy Awards, 9 Golden Globes e 11 Grammys. Portanto, é um grande caso com o uso de histórias em que se pode aprender muito.

Decidi compor este trecho com 6 regras da grande narrativa ensinadas pela Pixar. E no fim, você ainda terá a chance de conferir um mapa com 22 dicas para aprender a narrar com classe e poder de influência.

1) Universalidade. Uma grande história é sobre "pegar trechos da jornada humana (nascimento, crescimento, emoções, aspirações, conflitos, decisões, lutas, vitórias) e transmiti-las numa situação única". O aclamado diretor da Pixar, Pete Docter, fala sobre isso perfeitamente: "Quando conta uma história, o que você está tentando fazer é escrever sobre um evento em sua vida que fez você se sentir de um modo particular. E o que você está tentando fazer quando conta uma história é fazer com que o público tenha o mesmo sentimento".

Uma maneira de desenvolver isso é "recortar" as histórias que você gosta. Divida cada pequeno elemento sobre o que você ama nelas. O que faz você amar os Filmes da Marvel? O que toca em você quando lê os gibis da DC? O que faz você amar sua série preferida da Netflix? Ou o que sente ao assistir as animações da própria Pixar? Procure observar os elementos que lhe causam sentimentos reais, e isso o levará a contar boas histórias. Em outras palavras, o autoconhecimento e a conscientização estão na raiz de toda grande narrativa. Você faz parte da condição humana e as pessoas se relacionam com isso.

2) Estrutura e propósito.

Parte A - Estrutura.

Uma das formas eficientes de desenvolver grandes histórias é usar a fórmula "The Story Spine", criada pelo dramaturgo profissional e improvisador Kenn Adams. A Pixar usa essa estrutura de histórias para criar muitos filmes que conhecemos e amamos hoje. Confira o quadro:

Era uma vez [   ]. Todos os dias, [   ]. Um dia [   ]. Por causa disso, [   ]. Até finalmente [   ].

O "Story Spine" pode ajudar a desenvolver uma história verdadeiramente única para contar.

Parte B - Finalidade.

Como a Pixar escreve:

- Por que você deve contar esta história?
- Qual é a crença que alimenta sua história?
- Qual propósito maior disso?
- O que isso ensina?

Esse é o coração de uma ótima narrativa. Ao elaborar uma história que você é apaixonado por contar, e tendo o porquê de ela servir a um propósito real, suas histórias terão um impacto maior no mundo.

3) Personagem. Acredite ou não, as pessoas querem torcer por você (o personagem principal). E quer saber a verdade? Elas amam um bom azarão, um perdedor, um anti-herói. Isso pode parecer simples, mas vale a pena ter em mente sempre que você estiver criando uma história.

A Pixar mostra que nós, como público, admiramos um personagem quebrando a cara e tentando achar o caminho do sucesso. Em outras palavras, é mais sobre a jornada do personagem, com suas dificuldades e barreiras, do que sobre seu destino real. Quando seu personagem está lutando contra todas as probabilidades, enfrentando a adversidade, contra a parede, então provavelmente você tem uma grande história.

Na sociedade moderna, por exemplo, todo mundo adora uma boa história de "trapos de riquezas". Quantas vezes a Forbes e a PEGN publicaram matérias sobre empreendedores destemidos que abandonaram tudo, falharam dezenas de vezes ao longo do caminho, e ainda assim conseguiram criar negócios multimilionários? Dê às pessoas um herói perdedor para elas torcerem, e elas o amarão.

4) Emoções. Quanto mais você entender "como" e "quando" suas próprias emoções são puxadas, mais você apreciará como isso funciona em outras pessoas (e mais você será capaz de aprimorar essas emoções em suas histórias). Para ser um bom *storyteller*, você precisa conscientemente reconhecer as várias emoções em si mesmo e pensar sobre o "porquê" elas acontecem.

Por que você está se sentindo assim? Quais os motivos por trás de suas emoções? Como isso pode ser descrito numa história? Responder esse tipo de pergunta acabará levando você a contar mais histórias autênticas que alcançam e levam as pessoas até o lugar onde elas são importantes.

5) Quebra de padrão. Todos nós conhecemos o enredo clássico dos contos de fadas: "Uma princesa indefesa em necessidade e um príncipe encantado se aproximando para salvar a vida dela". Apesar de eu achar isso pessoalmente fofinho e romântico, sei que esse padrão hoje acaba soando chato e totalmente desatualizado para maioria das pessoas.

O que tem tornado as histórias modernas atraentes é quando as percepções da realidade são desafiadas ou mudadas de alguma forma. Pixar e Walt Disney usam filmes animados como veículos para abordar fenômenos, questões, estereótipos e normas da vida real. Filmes como "Brave", "Tangled" e "Moana" são feitos para fazer as pessoas refletirem sobre tópicos centrados no ser humano, sobre os quais, de outra forma, não teríamos tempo para pensar.

Muitas vezes, esses tópicos ou temas são surpreendentes e inesperados, deixando o público pensando na história depois do fim. Se você está empenhado em criar algo realmente único, a Pixar recomenda se livrar da primeira coisa que vem à mente. E depois da segunda, terceira, quarta e quinta. Ou seja, nos desafia a cavar mais fundo.

6) Simplicidade. Nós conhecemos uma boa história quando vemos ou ouvimos uma. Você já assistiu a um filme ou leu um livro em que tinha que ficar perguntando a si mesmo o que realmente estava acontecendo na trama? Não é uma ótima experiência.

Como escritores, naturalmente queremos incluir o máximo de informações possível em nossas histórias. Queremos embalar a história cheia de personagens e traçar reviravoltas e diálogos. E muitas vezes podemos nem perceber que estamos adicionando elementos que não deveriam estar lá.

A Pixar simplifica as coisas, portanto, simplifique também. Enquanto você, como criador de histórias, pode achar que está perdendo muitas coisas valiosas, isso o libertará no final e permitirá que seu público se perca na narrativa (o que é extremamente útil e necessário no contexto de copywriting). Uma maneira de descobrir se sua história é fácil de seguir, é contar a um amigo ou membro da família que nunca a ouviu antes. Observe seu rosto enquanto ele ouve ou lê, tente ver onde eles param e que perguntas podem fazer.

Agora, para fechar o capítulo com chave de ouro, você poderá conferir o que acabei de dizer de forma mais ampla, por meio de 22 dicas baseadas na receita da Pixar para criar um storytelling que desperta emoções das pessoas. Essas dicas foram listadas pela especialista Emma Coats, que trabalhou na Pixar por muitos anos e hoje atua como artista freelancer em Nova Iorque.

22 dicas da Pixar para criar um storytelling perfeito

1. Você admira um personagem mais pelo fato dele tentar do que por ele alcançar o sucesso.
2. Tenha em mente o que é interessante para o público, não o que é divertido para um escritor. São coisas diferentes.
3. Experimentar um tema é importante, mas você não saberá do que se trata uma história até que você chegue ao fim dela. Agora reescreva.
4. Era uma vez um (a)_____. Todo dia, _____. Certo dia, _____. Por causa disso, _____. Até que finalmente _____.
5. Simplifique. Concentre. Combine personagens. Elimine desvios. Você sentirá que está perdendo um conteúdo valioso, mas isso vai te deixar mais livre.

6. No que o seu personagem é bom e onde ele se sente confortável? Coloque-o numa situação totalmente oposta a isso. Desafie-o. Como ele lida com isso?
7. Pense no final antes de imaginar o meio. Finais são a parte mais difícil, por isso devem ser a primeira coisa a ficar pronta.
8. Termine sua história, finalize mesmo que ela não esteja perfeita. Em um mundo ideal você consegue os dois, mas siga em frente. Faça melhor da próxima vez.
9. Quando estiver preso em alguma ideia, faça uma lista de coisas que não deveriam acontecer em seguida. Na maioria das vezes o material que o desprenderá surgirá naturalmente.
10. Separe as histórias que você gosta. O que você gosta nelas é parte de você; é preciso reconhecê-la antes de usá-la.
11. Colocar no papel ajuda a melhorar a história. Se ficar na sua cabeça, a ideia perfeita não será compartilhada com ninguém.
12. Descarte a primeira coisa que vem à sua mente. E a segunda, a terceira, a quarta, a quinta – tire o óbvio da sua frente. Surpreenda a si mesmo.
13. Dê opiniões aos seus personagens. Passivos/maleáveis são mais fáceis de escrever, mas isso é um veneno para sua audiência.
14. Por que você deve contar essa história? Qual é a motivação que te queima internamente e que alimenta essa história? Esse é o centro de tudo.
15. Se você fosse seu personagem, nessa situação, como você se sentiria? Honestidade adiciona credibilidade a situações inacreditáveis.
16. Quais são os riscos? Dê uma razão para torcer pelo seu personagem. O que acontecerá se ele não tiver sucesso? Crie todas as chances contrárias.
17. Nenhum trabalho é um desperdício. Se algo não está funcionando, deixe ir e siga em frente – isso voltará à sua mente quando for necessário mais tarde.
18. Você deve conhecer a si mesmo: A diferença entre fazer o seu melhor e apenas empolgação. História é testar, não refinar.
19. Coincidências que colocam seu personagem em problemas são ótimas. Coincidências que os tiram dos problemas são trapaças.
20. Treine: Pegue os blocos que constroem a história de um filme que você detesta. Como você os reordenaria para que ficassem de uma maneira que você goste?
21. Você precisa se identificar com suas situações e personagens, não pode apenas escrever 'destemido'. O que faz você agir dessa forma?
22. Qual é a essência da sua história? Consegue resumi-la em uma frase curta? Se você souber isso, este é o seu ponto de partida.

LISTA DE INSPIRAÇÃO

Levantei para uma caminhada à beira-mar... abaixei para pegar minha tanga do chão e... flagrei meu cunhado me secando com os olhos...

Olhei com raiva para ele... Ele desviou o olhar sem graça.... Mas confesso: há muito tempo eu não sentia isso.

Querida amiga,

Não estou falando de traição. Estou falando de se sentir desejada...

Estou falando de poder vestir um maiô ou um biquíni, sem medo de mostrar seu corpo – e ainda receber olhares de desejo...

De passear pela calçada e ver que um homem quase torceu o pescoço para trás só para reparar melhor em você...

Em ver o marido se mordendo de ciúmes quando você coloca um short, ou uma mini saia...

Ou mesmo, olhar para o espelho e ver que sua pele está firme, lisa e sem celulites... Como uma seda...

Se você acha que isso é algo distante de acontecer, continue lendo esta mensagem... Porque você vai descobrir uma forma rápida e prática de recuperar a confiança e a autoestima que você esbanjava aos 22 anos...

    O trecho acima foi retirado de uma carta para um produto contra celulite, cujo planejamento foi apresentado no capítulo "Afiando o Machado". Ela foi escrita em parceria com Guilherme de Carvalho. Repare como ela é iniciada com uma narrativa curta e simples. A ideia foi inserir elementos de storytelling para prender a atenção da leitora, que saberia em breve qual o segredo da narradora, que foi cobiçada pelo cunhado.

A História de Dois Homens Que Lutaram na Guerra Civil

De uma certa cidadezinha em Massachussets, dois homens voltaram da Guerra Civil. Os dois tiveram a mesma educação, e até onde se pode julgar, seus sonhos para o futuro eram igualmente bons.

Um homem acumulou uma fortuna. O outro ficou seus últimos anos dependendo do apoio dos filhos.

Ele teve azar, as pessoas falavam. Ele "nunca pareceu estar no eixo depois da guerra".

Mas o outro homem não apenas "não perdeu o eixo". Ele parecia não ter dificuldade em ficar firme após a guerra.

A diferença entre esses dois homens não é uma diferença de capacidade, mas uma diferença de decisão. Um homem viu o pós-guerra como uma onda de expansão, treinou para aproveitar e executar a oportunidade, e nadou com a onda. O outro homem apenas boiou. A história desses dois homens se repetirá em centenas de milhares de vidas nos próximos meses.

Depois de Toda Guerra Vem Grandes Sucessos e Grandes Falhas

O seu futuro vale meia hora de pensamentos sérios? Se vale, deixe-me contar a história dos Estados Unidos. Você descobrirá essa verdade impossível de errar:

Oportunidade não segue um fluxo constante, como um rio; vem e vai como grandes ondas.

Teve uma grande onda após a Guerra Civil; E então veio o pânico de 1873.

Teve uma grande onda após a Guerra Espanhola; E então veio o pânico de 1907.

Há uma grande onda agora; e aqueles que aproveitarem não precisarão ter medo do que virá depois que a onda recuar. Os homens mais sábios do país estão se colocando agora além do alcance do medo, estão se colocando nas posições de execução que são indispensáveis.

Homens Fracos Caem em Anos Difíceis. Homens Fortes Ficam Mais Fortes

Se você está nos seus vinte, ou trinta anos, ou no começo dos quarenta, provavelmente nunca terá outro ano crítico como esse ano, 1919.

Olhando para trás daqui 10 dez anos, você dirá: "Esse foi o ponto da virada."

Milhares de homens sábios e pensadores desse país já se anteciparam para esse período e se prepararam.

Eles se treinaram para assumir as posições que os negócios não podem deixar de ter, através do Instituto Alexander de Negócios, Cursos e Serviços Modernos.

O Instituto é O Instituto Americano que provou seu poder em alavancar homens para altas posições executivas.

Esses Homens Já Decidiram Ir em Frente

Entre os 73.000 homens que entraram no Instituto, 13.534 são presidentes de empresas; 2.826 são vice presidentes; 5.372 são secretários; 2.652 tesoureiros; 21.260 gerentes; 2.626 gerentes de vendas; 2.876 contadores; de acordo com os números do último ano.

Homens como esses, provaram o poder do Instituto: E. R. Behrend, Presidente da Hammermill Paper; N. A. Hawkins, Gerente de Vendas da Ford Motor; William Darcy, Presidente do Grupo de Publicitários Associados; Melville W. Mix, Presidente da Dodge Manufacturing, e centenas de outros.

Homens, que treinaram para aproveitar a oportunidade, farão esses anos pós-guerra contar tremendamente.

Você, também, pode fazer contar para você.

Responda Para Enviar Esse Livro, Há Uma Visão do Seu Futuro Dentro Dele

Para cumprir o propósito de grandes pensadores, o Instituto Alexander publicou um livro de 112 páginas "Criando Negócios À Frente".

```
Ele é gratuito; o cupom o trará até você. Envie agora para
receber sua cópia de "Criando Negócios À Frente", enquanto
você ainda está pensando nisso. Você pode não ter aproveitado
a chance que teve após 63 e 98. Mas será sua culpa se daqui
10 anos você dizer: "Eu poderia ter ido ao sucesso com outras
75.000 pessoas, e eu nem mesmo investiguei."

Preencha o cupom e envie.
```

Talvez você tenha reconhecido a estrutura da carta acima... É a mesma utilizada na famosa carta do "The Wall Street Journal", escrita por Martin Conroy. Ambas cartas se valem da arte da narrativa para conduzir um discurso de vendas e levar o leitor à ação. Então, pronto para criar pratos narrativos deliciosos com base nesta receita?

EPÍLOGO

> "A vida é melhor quando é vista como uma caça ao
> tesouro em vez de uma festa surpresa."
> — *Jimmy Buffett*

Tesouro é uma coleção antiga de itens preciosos ocultos — como dinheiro, jóias, pedras e metais nobres — cujo proprietário não se sabe quem é ou quem foi. Em outras palavras, tesouro é uma coisa valiosa perdida há tanto tempo que já não se sabe quem é o dono. Quem encontra o tesouro é conhecido como descobridor. Segundo a área jurídica, aquele que encontra o tesouro tem o direito de ficar com a metade dele, cabendo a outra metade ao proprietário do local (se houver) onde as coisas preciosas foram descobertas.

Crianças costumam ficar fascinadas com brincadeiras de caça ao tesouro. Mas num geral, quando crescem, passam a acreditar que, no mundo real, não há tesouro escondido e que as riquezas do mundo estão reservadas aos sortudos, ou ricos, por herança e tradição. Entretanto, nem todos deixam o Tom Sawyer de dentro de si morrer. Alguns se tornam adultos como o Denis Albanese, que dedica a vida à caça de tesouros.

Para encontrar tesouros, geralmente, é preciso um mapa que forneça pistas e detalhes sobre o local dos bens. Meu objetivo com este livro foi oferecer a você "O Mapa Para o Cérebro de Ouro", para que você encontre tesouros escondidos na sua própria cabeça e na cabeça de outras pessoas. E como você já deve ter compreendido, não apenas tesouros financeiros.

Algumas coisas farão mais sentido quando você colocar esses ensinamentos em prática (se é que já não colocou). A prática e a experiência darão a você a chance de farejar trilhas para baús com "moedas de ouros e pedras preciosas". A percepção de que é possível usar as habilidades de comunicação persuasiva com êxito serão cada vez mais assimiladas e você avistará novos horizontes.

Há alguns anos, reuni-me com alguns empresários brasileiros num fim de semana numa casa de praia, em Paraty. O lema da reunião foi: *What happens at the beach house, is at the beach house.* Em tradução: "O que acontece na casa de praia, fica na casa de praia". A imersão foi na cidade de Paraty, num local paradisíaco, situado no litoral sul do Rio de Janeiro. A vista litorânea da bela casa serviu de inspiração para a escrita de alguns textos.

Foram três dias de excelentes conversas sobre negócios e marketing. O anfitrião, Samuel, nos recebeu muito bem; fomos para lá parceiros de negócios, voltamos amigos. Teve churrasco, bebida de qualidade e música boa. Destaque para a moqueca que a simpática cozinheira, Dona Margarida, fez no primeiro dia.

A maioria das conversas dos presentes em volta da mesa na casa ou na ponta do barco foi sobre copywriting. O que me impressionou é que todos os presentes sabiam da importância da aplicação do copy em suas empresas. E todos aplicavam as técnicas em algum nível desse método para tornar seus negócios mais lucrativos. Aprendi muito com aqueles homens de negócios e pude contribuir com eles também.

No segundo dia, fizemos um passeio de escuna. Como num roteiro de filme, o veleiro quebrou e ficamos o dia todo ancorados próximos à praia chamada "O Saco da Velha". Apesar do pequeno susto, continuamos nos divertindo, comendo churrasco, mergulhando e falando sobre como nossas vidas ficaram melhores com empreendedorismo e marketing.

Depois de muitas horas, quando o sol já havia se posto, o simpático Capitão do barco conseguiu resolver a questão do motor. Entendi que era "rebimboca da parafuseta náutica". Um marinheiro amigo do Capitão trouxe uma peça para substituição e, com tudo resolvido, navegamos para o litoral.

Com o barco recuperado, enquanto voltávamos para o continente, recebi, através de conexão 3G, mensagens mostrando novas inscrições no meu curso lançado na época através de uma carta de vendas. Você não faz ideia de como foi satisfatório ver pessoas garantindo suas vagas no curso enquanto eu, escorado na proa, olhava para o mar e ouvia o barulho das ondas. Naquele instante eu percebi que havia descoberto uma das melhores formas de "caçar tesouros". Eu lembro de ter brincado aquele dia: "Agora…" — como diz o Capitão Jack Sparrow, em Piratas do Caribe — "tragam-me o horizonte".

`"Ab Imo Pectore"`

SOBRE O AUTOR

Paulo Maccedo é um Escritor e Copywriter de Resposta Direta frequentemente reconhecido como Mentor de Copywriters. Isso se deve ao fato de dedicar grande parte do seu tempo a ensinar a arte de escrever discursos de vendas que mandam faturamento e lucro para o bolso.

Outros profissionais chamam Paulo Maccedo de "O Maior Escritor de Livros de Copy em Português". Isso parte da influência didática de seus livros de redação e o destaque como best-seller em grandes livrarias do Brasil, como Amazon, Saraiva e Cultura. Além da citação em grandes meios de comunicação, como Época Negócios e Afiliados Magazine.

A lista de profissionais de marketing conhecidos que fazem referência gratuita a Maccedo por sua habilidade de escrever copy aumenta a cada dia. Por exemplo:

"Paulo Maccedo é um dos poucos caras a quem recorro para discutir marketing e copywriting em alto nível. Conversas e aprendizados gigantescos com esse cara. Um profissional que não tem medo de testar as próprias verdades, reinventar boas práticas e gerar resultados além do imaginado. Sigo cada passo desse cara de perto!" (Rafael Rez, fundador da Nova Escola de Marketing)

"Paulo Maccedo tem um estilo próprio, como poucos copywriters no Brasil têm — e é isso o que traz resultados no seu trabalho." (Luiz Guilherme de Carvalho, copywriter da Jolivi e Agora)

"Depois que passei a contar com as orientações do Paulo Maccedo, minha escrita para web com foco em vendas melhorou muito — e os resultados aumen-

taram consideravelmente. Eu já trabalho com internet faz um bom tempo e vi muita "modinha" chegar e passar, mas o texto persuasivo sempre esteve presente como uma grande força na internet (e sempre será). Investir nisso é fundamental, e com os ensinamentos do Paulo, isso se tornou uma grande força aqui na empresa!" (Anderson Gomes, empresário e mentor de negócios)

"O Paulo Macedo é uma das minhas maiores referências quando se fala de escrita persuasiva. Nos últimos anos sempre recorro aos seus conhecimentos para melhorar minha comunicação escrita e vendas do meu negócio." (Gabriel Hernandes, empreendedor e infoprodutor digital)

"Paulo Maccedo é um profissional bem acima do padrão. Muito maior do que sua capacidade textual, sua habilidade de bom ouvinte faz com que o produto entregue seja muito assertivo em seu objetivo." (André Lado Cruz, empresário fundador do Digital Manager Guru)

"Conheci o Paulo Maccedo por indicação do grande Pedro Quintanilha. Encomendei alguns advertoriais com ele e depois de um tempo, descobri que a maioria das vendas estavam vindo de um dos advertoriais que o Paulo redigiu para mim. Não largo mais o trabalho deste careca simpático de Cabo Frio." (Zeca Batista, empresário e estrategista de negócios)

"O Paulo é um grande parceiro do nosso projeto. Além de ter uma postura e atendimento atencioso e profissional, suas copies e advertoriais ajudaram a elevar muito a nossa conversão e resultados. Entendo seu trabalho como altamente estratégico para nosso negócio e tenho certeza que essa é uma parceria de muito longo prazo." (Alexandre Amorim, empresário fundador da Home Chefs)

Paulo Maccedo também dá palestras em eventos e seminários de marketing 4 ou 5 vezes por ano. Entre os eventos notórios que já atuou como orador estão: Afiliados Brasil, Kopy Fest, Search Masters Brasil, Journey, Mentalidade Master, RD Summit, Vá Para o Próximo Nível e muitos outros.

Foi fundador do primeiro clube de Copywriting do Brasil e está envolvido em outras iniciativas de educação. Passa a maior parte do tempo cuidando de seu vasto grupo de alunos.

Quando não está fazendo tudo isso, se dedica a cozinhar e a cuidar de seus dois filhos, Gabriel e Benício, ao lado de sua esposa, Patricia. Gosta de ouvir rock e jazz em seu toca-discos retrô prateado.

BIBLIOGRAFIA COMENTADA

"As ideias que defendo não são minhas. Eu as tomei emprestadas de David Ogilvy, recebi-as de Gary Halbert e furtei-as de Mark Ford. E se você não gostar das ideias deles, quais seriam as ideias que você usaria?" (Paráfrase de um pensamento de Dale Carnegie)

LIVRO 1: COPYWRITING (PAULO MACCEDO)

Esse livro é o abre-alas do que foi tratado neste que você tem em mãos. A proposta deste livro é mostrar como aumentar o poder de comunicação e ensinar a desenvolver discursos altamente persuasivos e vendedores. O autor conseguiu colocar nele boa parte dos seus estudos sobre o tema e tornou o conteúdo único.

O livro também é diferente por alguns motivos:

- Primeiro, é denso e aprofundado, contendo mais de 60 mil palavras. Com isso, serve como um guia direcionado à criação de comunicações persuasivas. O que você vê em suas páginas é um resumo de mais de um século de desenvolvimento da escrita para vendas.
- Segundo, passeia por fatos históricos e escolas de copywriting mesclando isso com as partes técnicas. Foram incluídas muitas narrativas, cases e citações, o que evitou que o livro ficasse chato e enfadonho. Você aprenderá por meio de textos que geraram milhões de dólares.

- Terceiro, vale como um MBA em marketing (palavras de leitores). Não temos muitos materiais bons falando de copywriting no Brasil. A maioria trata do assunto resumindo o método a fórmulas, templates e modelos. A obra vai na contramão disso.

Se você ler o livro da primeira à última página, aprenderá a pensar como copywriter. Assim, não ficará mais refém de gurus de marketing e nem precisará consultar uma planilha com gatilhos mentais toda vez que tiver que escrever um texto de vendas.

LIVRO 2: GREAT LEADS (MICHAEL MASTERSON E JOHN FORDE)

"Em Great Leads: As Seis Maneiras Mais Fáceis de Começar Qualquer Mensagem de Vendas", o gênio do marketing Michael Masterson e o mestre redator John Forde rompem essa ignorância para fornecer um guia claro, conciso e fácil de seguir para escrever leads bem-sucedidos. Mas este não é um simples livro "Como Fazer" sobre leads. Great Leads vai muito mais fundo. Michael e John examinam aspectos cruciais sobre como escrever leads poderosos e bem-sucedidos e mostrar como esse processo começa muito antes de uma palavra ser colocada no papel.

O livro foi originalmente concebido como um livro sobre leads de carta de vendas. Mas, nos estágios de planejamento, ele rapidamente transformou-se em um exame muito mais amplo e muito mais útil de como escrever leads eficazes para qualquer tipo de anúncio de resposta direta. O interessante é que este livro não é o melhor livro de seu tipo sobre como escrever leads bem-sucedidos. É o único livro.

LIVRO 3: ARQUITETURA DA PERSUASÃO

Desde os antigos egípcios escrevendo em papiro até os anunciantes da internet hoje em dia, escrever cartas de vendas poderosas tem sido uma habilidade fundamental no desenvolvimento de negócios de sucesso.

Em Arquitetura da Persuasão, Michael Masterson ajuda você a dominar essa habilidade. E usando a metáfora estendida de um professor de arqueologia do tipo Indiana Jones em busca de romance, ele se torna divertido.

Você acompanhar o professor enquanto ele procura chamar a atenção da possível amada, descobre o que dizer e faz para que ela se apaixone por ele e, passo a passo, estabelece as bases para o estabelecimento de um relacionamento de longo prazo, mutuamente benéfico. No processo, você aprende a construir uma carta de vendas poderosa.

LIVRO 4: THE BORON LETTERS (GARY HALBERT)

Essa maravilhosa obra de 2013 traz uma série de cartas do maior redator da história, Gary C. Halbert, explicando táticas privilegiadas e indicando o caminho da sabedoria para seu filho mais novo, Bond.

O livro pode ser compreendido como mais do que um mestrado em vendas e persuasão, melhor que um treinamento específico sobre como convencer as pessoas a comprar seus produtos ou serviços.

Leitura obrigatória para redatores e profissionais de marketing, pois as estratégias, segredos e dicas apresentados lidam honestamente com a parte da psicologia humana que nunca muda, ensinando como convencer e converter as pessoas em compradores, usando uma linguagem clara e muito acessível.

LIVRO 5: 5 LIÇÕES DE STORYTELLING (JAMES MCSILL)

James McSill compartilha seu conhecimento adquirido em mais de 30 anos de experiência na arte de contar histórias – seja como consultor literário ou palestrante – e como usá-las para influenciar as pessoas.

A narrativa é direta, bem-humorada, parecendo uma conversa com o leitor, e nela o autor aplica diretamente os conceitos e técnicas apresentadas, explicando como faz.

Assim, James consegue expor os princípios do Storytelling mostrando, de forma original, as suas diversas aplicações no universo do entretenimento para criação de livros e enredos, em geral; no mundo corporativo, com o uso das histórias em negociações, para motivar equipes e gerar novos negócios; e na vida pessoal, para entender a própria história e mudar a própria vida.

O texto também é recheado de dicas e quadros que ajudam a planejar, estruturar e desenvolver uma história, e apresenta, no fim de cada lição, exercícios de aplicação.

LIVRO 6 - STORYTELLING: HISTÓRIAS QUE DEIXAM MARCAS (ADILSON XAVIER)

Neste livro, o publicitário Adilson Xavier examina todas as etapas da estrutura de uma narrativa, mostrando como o conceito de Storytelling representa tanto a arte quanto a técnica de contar uma história.

O autor apresenta um panorama abrangente, desde os relatos feitos pelos judeus, que deram origem ao Velho Testamento, até exemplos e cases de grandes marcas que têm a habilidade de mexer com a percepção de consumidores, através de histórias cuidadosamente construídas.

Algumas dessas empresas, que estão presentes no livro, são a Apple, a Disney, a Coca-Cola, a Ford, as Havaianas e a Nike, consideradas, pelo autor, como excelentes contadoras de histórias.

O livro traz um ponto de vista interessante, mostrando que o modo como estas marcas famosas – de onde elas vieram e como chegaram onde estão hoje – contam suas histórias, também pode ser usado para contar nossa própria história, tanto do ponto de vista pessoal quanto de negócio.

Outro aspecto interessante, discutido pelo autor, é o aumento da popularidade das redes sociais, fazendo com que todos se tornem storytellers, autores de uma autobiografia que não tem data pra acabar, contada em fragmentos através de fotos, vídeos e textos nas nossas linhas do tempo.

Portanto, precisamos saber como transcrever com precisão quem somos para que sejamos interpretados de forma correta. E esse conceito pode ser estendido para a marca do seu negócio.

Excelente aprendizado para quem precisa captar a atenção e gerar engajamento e vendas de consumidores com excesso de informação e estímulos do mundo de hoje, e cada vez mais desatentos.

LIVRO 7 - O HERÓI E O FORA DA LEI
(MARGARET MARK E CAROL S. PEARSON)

O livro mostra como construir marcas extraordinárias usando o poder dos arquétipos, baseados no trabalho original do psicólogo Carl Jung.

Arquétipos se referem a algo que tem uma marca ou passa uma impressão sobre determinadas coisas, podendo ser usados para evocar os padrões narrativos mais duradouros e apreciados no mundo todo.

Assim, segundo as autoras, você pode identificar, entre os arquétipos apresentados no livro, aqueles que tenham mais relação com a essência da sua marca e trabalhar na sua divulgação.

Usando estes conceitos, as autoras escreveram o livro buscando oferecer uma estrutura que pode ser seguida por quem deseja trabalhar determinadas características do seu produto ou do seu negócio.

E, assim, conseguir se conectar mais profundamente aos clientes, contar a história da sua marca, entre outras coisas. O livro 'O Herói Fora da Lei' oferece um sistema estruturado para que profissionais do mundo dos negócios e do marketing possam seguir e reproduzir.

LIVRO 8 - O HERÓI DAS MIL FACES
(JOSEPH CAMPBELL)

Joseph Campbell foi um dos mais famosos pesquisadores de mitologia e religião comparada. Neste livro ele salienta que o mito está presente em todas as demonstrações culturais humanas, como a arte, filosofia, religião, interações sociais e até mesmo nos sonhos.

Campbell realizou diversas pesquisas sobre a figura do mito ao redor do mundo, buscando não as diferenças, mas observando as semelhanças entre costumes e crenças existentes em vários povos e civilizações.

O resultado pode ser visto no livro, onde ele analisa e compara mitologias de vários lugares do mundo, de várias épocas, de vários continentes, tentando identificar o que elas têm em comum.

Seria possível existir alguma coisa em comum entre as histórias contadas pelos índios, pelos gregos, pelos japoneses, pelos romanos, pelos esquimós?

Campbell, então, demonstra que sim, através do que ele chama a 'jornada do herói', que inicia com a partida dele da sua terra natal até seu retorno, com seu aprendizado e crescimento trazendo transformações não apenas para ele, mas para o mundo.

Essa jornada estaria, constantemente, presente nas crenças vividas e repetidas por todos os povos, com algumas particularidades, mas tendo um mesmo enredo.

Para ilustrar sua teoria, o autor conta, ao longo da narrativa, histórias de mitos de vários lugares do planeta: como Teseu derrotou Minotauro, como Siddhartha Gautama se transformou no buda, do herói esquimó que escapou da barriga de uma baleia e também de como Jesus Cristo ressuscitou dos mortos e se transformou no salvador da humanidade.

LIVRO 9 - SOBRE A ESCRITA (STEPHEN KING)

Este livro foi eleito pela "Time Magazine" um dos 100 melhores livros de não ficção de todos os tempos e vencedor dos prêmios Bram Stoker e Locus na categoria Melhor Não Ficção.

Ele apresenta uma verdadeira aula sobre a arte de escrever, além de mostrar várias memórias e experiências do mestre do terror, desde a infância até o difícil início da carreira literária, o alcoolismo, o acidente quase fatal em 1999 e como a vontade de escrever e de viver ajudou em sua recuperação.

O livro é dividido em 3 partes.

Na primeira, King conta fatos de sua vida que, acredita, terem influenciado em sua carreira como escritor. São casos pessoais ocorridos desde sua infância até a faculdade, que nos mostram sua formação como escritor.

A segunda e maior parte é relacionada ao processo da escrita, onde ele fala sobre praticamente tudo o que você precisa para se tornar um bom escritor. Desde as ferramentas necessárias, como a gramática, por exemplo, passando pela criação de diálogos e de personagens, até seus próprios métodos para escrever.

A terceira parte conta mais um pouco da sua vida pessoal, especificamente, do famoso acidente que quase o matou, ocorrido no período em que King escrevia o livro.

Sendo fã ou não de Stephen King, vale a pena a leitura, tanto pelo aprendizado com um dos mestres do suspense, quanto pela narrativa, que é bem leve e divertida.

LIVRO 10 - A ARTE DE ESCREVER (SCHOPENHAUER)

O livro traz ensaios escritos pelo filósofo alemão Arthur Schopenhauer sobre o pensamento, a escrita, a leitura e avaliação de obras literárias.

Para quem quer aprender mais sobre o ofício do escritor, o livro traz algumas críticas e levanta reflexões sobre o assunto.

Os textos abordam o universo da literatura, valorizando alguns aspectos e desmerecendo outros, principalmente os autores que escreviam para sobreviver e lucrar com suas obras – assunto que continua polêmico até os dias atuais.

A obra traz 5 ensaios escritos por Schopenhauer: "Sobre a erudição e os eruditos", "Pensar por si mesmo", "Sobre a escrita e o estilo", "Sobre a leitura e os livros" e "Sobre a linguagem e as palavras", da primeira metade do século XIX.

LIVRO 11 - GATILHOS REPTILIANOS (FRED RIBAS)

O livro ensina os fundamentos de neurociência e copywriting para que o leitor entenda com mais clareza como funciona o processo de decisão da compra na mente das pessoas.

Segundo o autor, 85% de nossas decisões de compras são tomadas de maneira inconsciente pela parte do nosso cérebro conhecida como Cérebro Reptiliano.

Esta é a parte do cérebro responsável pelo nosso instinto de sobrevivência, sendo ativada pela fuga da dor e busca pelo prazer.

O livro ensina como usar algumas técnicas para ativar os gatilhos mentais controlados por esta parte da mente humana, relacionando dor e prazer com a oferta de produtos e serviços, influenciando, assim, o processo de vendas.

LIVRO 12 - COMO FALAR EM PÚBLICO E INFLUENCIAR PESSOAS NO MUNDO DOS NEGÓCIOS (DALE CARNEGIE)

Dale Carnegie foi um dos maiores especialistas nas técnicas de oratória e persuasão do século XX, pioneiro na administração de cursos a empresários e outros profissionais, desfazendo o caráter elitista que a arte de falar em público possuía no passado.

Seus conhecimentos e métodos foram adotados por centenas de organizações. Seu legado abrange uma empresa voltada para o desenvolvimento profissional, e diversos livros recomendados não apenas a executivos, mas a todas as pessoas que desejam se comunicar com desenvoltura e segurança.

Entre essas obras está este livro, que aplica os princípios básicos defendidos pelo autor, como saber o que dizer, e dizê-lo com sentimento, vivacidade e clareza, nas relações comerciais e empresariais.

O texto apresenta, em todos os capítulos, exemplos reais que podem ser usados para aplicação prática dos ensinamentos contidos no livro, incluindo os erros mais comuns e como evitá-los.

O livro foca muito na questão comportamental, dizendo, exatamente, o que fazer para aperfeiçoar suas apresentações em público, incluindo exercícios práticos sobre como se expressar com maior facilidade e autoconfiança em reuniões de negócios.

LIVRO 13 - HEADLINES E E-MAILS QUE VENDEM (ANDRÉ CIA)

André Cia, atualmente, é um dos profissionais de copywriting mais conhecidos no meio do Marketing Digital, tendo participado de vários projetos com alto faturamento.

Segundo ele, nos últimos anos vem escrevendo e-mails para vários segmentos do mercado e que, em conjunto com outras estratégias, já renderam milhões de reais, tendo, inclusive, recebido alguns prêmios do seu segmento de mercado.

O livro contém 12 tipos de Headlines, que foram testadas pelo autor e que o ajudaram a alcançar esses resultados. Além disso, o livro também ensina quando e como usar cada uma delas, aumentando a responsividade da lista de e-mails.

É um texto prático, objetivo e de rápida aplicação. Quase não possui teoria, apenas comentários do autor falando das melhores maneiras de usar cada Headline.

Quem trabalha com escrita persuasiva, ou precisa aprender, sabe que o primeiro passo para atrair o leitor é o título do texto. Isso vale para cartas de vendas, e-mails, artigos em blog e postagens em redes sociais. Daí a importância deste livro para o seu negócio.

LIVRO 14 – A ARTE DA GUERRA (SUN TZU)

Esse é um pequeno livro com apenas 130 páginas, mas que contém ensinamentos e preceitos que ultrapassam os limites do tempo.

Sun Tzu, filósofo-estrategista, foi um general chinês que viveu de 544 a 496 a.C., o homem mais versado que já existiu na arte militar. No comando do exército real de Wu, acumulou inúmeras vitórias, derrotando exércitos inimigos e capturando seus comandantes.

Foi um profundo conhecedor das manobras militares e escreveu A Arte da Guerra, ensinando estratégias de combate e táticas de guerra.

O livro está dividido em treze capítulos, e cada um deles mostra diferentes estratégias e situações de combate.

A ideia central, defendida pelo autor é que devemos estar sempre preparados para qualquer batalha, mesmo quando não a desejamos.

Apesar da obra possuir conselhos e ensinamentos de estratégias usadas em guerras, ela acabou tornando-se um guia para administradores, empresários e economistas, que passaram a adaptá-las e aplicá-las ao mundo dos negócios.

SITES USADOS PARA PESQUISA

https://www.awai.com/

https://www.copyblogger.com/

https://rayedwards.com/

https://frankkern.com/

http://www.thegaryhalbertletter.com/

https://nobsinnercircle.com/

https://www.abraham.com/

https://copycon.com.br/

http://copyhacks.com.br/

https://paulomaccedo.com/

https://onovomercado.com.br/

http://www.russellbrunson.com/hi

https://sbcopy.com.br

https://www.fredribas.com.br/

https://novaescolademarketing.com.br/

https://thecopywriterclub.com/about/

https://www.robertcialdinibf.com/

http://www.markthecopywriter.com/

https://www.markford.net/

http://swiped.co/

https://www.bly.com/

EXTRATO

Introdução

Redação Super Interessante: "O caçador de tesouros": https://super.abril.com.br/historia/o-cacador-de-tesouros/

Flavia Ribeiro: "Tesouro Perdido Na Baía De Guanabara É Avaliado Em R$ 1 Bilhão": http://bit.ly/2IqNnwA

Napoleon Hill: "A Lei do Triunfo", 2017.

Napoleon Hill: "Quem Pensa, Enriquece", 2014.

Mark Twain: "As Aventuras de Tom Sawyer", 2002/2004.

Seção 1

Jeff Bradford: "Why Writing Ability Is The Most Important Skill In Business (And How To Acquire It)": ttp://bit.ly/jeff-forbes

Sonia Simone: "The Killer and the Poet: How to Get Rich as a Copywriter": http://bit.ly/get-copywriter

Roy Fur: "Here's How The Richest Copywriters I Know Got That Way…" http://bit.ly/roy-fur

Mark Sandoval: Exemplo #1: http://www.markthecopywriter.com/

Frank Kern: Exemplo #2: https://frankkern.com/about/

Seth Godin (Inspiração para "Os Sete tesouros"): "Quebre as regras e reinvente: Qual foi a última vez que você fez algo pela primeira vez?" https://amzn.to/2PftysO

Seção 2

"Bíblia Sagrada", João Ferreira de Almeida.

Stéphane Pincas e Marc Loiseau: "A History of Advertising", 2008.

BBC: "Pryce Pryce-Jones, homem de negócios de Newton que introduziu a compra da ordem de correio ao mundo" (Arquivado).

"Direct Response Marketing":http://bit.ly/2XsELcv

"Nerd Desesperado de Ohio": http://bit.ly/2ZfXidv

Gary Halbert: http://www.thegaryhalbertletter.com/

John Carlton: https://www.john-carlton.com/about-2/

Super Fast Business (Entrevista com John Carlton): https://www.superfastbusiness.com/business/john-carlton-internet-marketing-interview-number-2/

"The Five Sales Letters Every Marketer Should Know, Hands Down": https://www.crazyegg.com/blog/sales-letters-every-marketer-know/

Seção 3

Paul Maclean: "The Triune Brain in evolution: Role in paleocerebral functions", 1970.

Leonard Mlodinow: "Subliminar", 2014.

Giovanni Frazzetto: Alegria, Culpa, Raiva e Amor, 2013.

Taylor Lindstrom: "Slaying Writer Dragons: Epic Skill #2, Emotional Prowess:" https://menwithpens.ca/emotional-writing/

Edouard: "How to Tap into the Mind of Your Customers": https://www.baconexperiment.com/how-to-tap-into-the-mind-of-your-customers/

Livia Owens: "Why Emotional Copywriters Sell More": https://www.crowdcontent.com/blog/2016/08/16/why-emotional-copywriters-sell-more/

Andreas Bartels e Semir Zeki: "The neural basis of romantic love", 2000: http://www.vislab.ucl.ac.uk/pdf/NeuralBasisOfLove.pdf

Sebrae: "Entenda o comportamento dos consumidores": http://bit.ly/2vcToEp

Seção 4

Philip Kotler: "Administração de Marketing", 1981.

Sun Tzu: "A Arte de Guerra", 2015.

Al Ries e Jack Trout: "Marketing de Guerra", 1986.

Daniela Rosário: "Copy Strategy": http://knoow.net/cienceconempr/marketing/copy-strategy/

Matthew D. Rocklage, Derek D. Rucker, Loran F. Nordgren: "Persuasion, Emotion, and Language: The Intent to Persuade Transforms Language via Emotionality": http://bit.ly/2GoMEIX

Guilherme Panayatou: "Como matar as 15 objeções: http://bit.ly/2PerlOl

Paul Hollingshead: "What's the "BIG IDEA"?": http://www.thebarefootwriter.com/articles/copywriting/whats-big-idea

Mark Ford: "Why Every Copywriter Needs a Big Idea": https://www.earlytorise.com/the-big-idea/

Seção 5

Samuel J. Woods: "Great Leads: The Six Easiest Ways to Start Any Sales Message" By Michael Masterson & John Forde: http://bit.ly/2vce2o9

John Woods: "7 Tips for a Stronger Call to Action and a Bigger Response: https://www.awai.com/2015/11/7-tips-for-a-stronger-call-to-action/

Mark Ford: "A Short Lesson in Writing Lift Letters" https://www.markford.net/a-short-lesson-in-writing-lift-letters

Darcy Juarez: "One Simple Exercise That Can Help Turn You Into A Top Marketer": http://bit.ly/2GiwvEH

Mark Ford: "How to Write A Good Headline": https://www.markford.net/how-to-write-a-good-headline

Mark Mason: "Anatomy Of A Sales Letter": https://www.latenightim.com/anatomy-of-a-sales-letter/

Charles Sledger: "The Anatomy Of A Sales Letter": http://charlessledge.com/anatomy-sales-letter/

EPÍTOME

Guia Avançado de Escrita Persuasiva
Para Geração de Riqueza

Copywriting: A habilidade de ouro usada por milionários para transformar palavras em lucro

Guia. Também chamado de manual de instruções, é um material que contém informações que ensinam a operar um método, equipamento, objeto, um software ou ferramentas. O manual explica detalhadamente cada passo com muito cuidado. Quando o objeto a ser construído é muito complexo, os manuais vêm com imagens ou então com vários detalhes sobre como criá-lo.

Escrita. Consiste na utilização de sinais (símbolos) para exprimir as ideias humanas. É considerada uma tecnologia humana. A comunicação escrita é, antes de tudo, uma forma de comunicação interpessoal. Nesse sentido, retoricamente, ela preserva características interativas da conversação, ou seja, a conversa entre pessoas que estão distantes fisicamente.

Persuasão. Estratégia de comunicação que consiste em utilizar recursos emocionais ou simbólicos para induzir alguém a aceitar uma ideia, atitude ou realizar uma ação. É o emprego de argumentos com o propósito de conseguir que outros indivíduos adotem certas linhas de conduta, teorias ou crenças. A persuasão prova que convencer alguém a fazer algo não é apenas reflexo de carisma, é ciência.

Riqueza. Riqueza é a situação referente à abundância na posse de bens materiais (dinheiro, propriedades móveis, imóveis *et cetera*) ou imateriais (conhecimento, sabedoria, arte *et cetera*). Também se aplica à condição de alguém ter em abundância um determinado bem de valor. O maior bem de um homem é a sua consciência que está ligada a seu espírito; o corpo terreno e os bens materiais são matéria, e o que dá valor à matéria é a mente.

Copywriting. Ato de escrever textos para fins de marketing, vendas ou publicidade. O produto, chamado copy, é um conteúdo escrito que visa aumentar o reconhecimento da marca e, finalmente, persuadir uma pessoa ou grupo a realizar uma determinada ação. Copywriting também é entendido como método e conceito que representa a forma de usar palavras para influenciar pessoas.

Habilidade. Grau de competência de um sujeito frente a um determinado objetivo. Segundo Voltaire ter habilidade significa ser "mais do que capaz, mais do que instruído", pois mesmo aquele que houver lido e presenciado tudo sobre um determinado assunto, pode não ser capaz de reproduzir a ação na prática com êxito. Habilidade assim, seria um indicativo de capacidade, particularmente na produção de soluções para um problema específico.

Ouro. O ouro (do latim *aurum*, que significa "brilhante") é um elemento químico que, na natureza, é produzido a partir da colisão de duas estrelas de nêutrons. O ouro é usado como símbolo de pureza, valor, realeza e ostentação. O principal objetivo dos alquimistas era produzir ouro a partir de outras substâncias, como o chumbo. O ouro também é usado como símbolo do Sol.

Milionário. O indivíduo que possui no mínimo US$ 1 milhão disponível para investimentos. A palavra foi difundida no século XVIII, na Europa, e se referia aos milionários da época, quando possuir uma quantia equivalente a um milhão em valores era extremamente difícil. Atualmente, ser milionário não se refere mais apenas ao valor da moeda e sim a um conceito: "Alguém que é rico e faz parte da Classe Alta".

Palavra. Na língua portuguesa, uma palavra pode ser definida como sendo um conjunto de letras ou sons de uma língua, juntamente com a ideia associada a este conjunto. A função da palavra é representar partes do pensamento humano, e por isso ela constitui uma unidade da linguagem humana.

Lucro. Do termo latino *lucru*, em sentido amplo, é todo ganho ou vantagem obtidos. No campo mais estrito da economia, é o retorno positivo de um investimento, deduzido dos gastos que este exigiu. Um conceito relacionado, muitas vezes considerado como sinônimo em determinados contextos, é o de renda econômica — o lucro econômico pode ser considerado como a renda empresarial.

Outras Obras do Autor

Copywriting - Volume 1
O Método Centenário de Escrita mais
Cobiçado do Mercado Americano

A Arte de Escrever para a Web

Eu, Vendedor

www.dvseditora.com.br